邪馬台国時代の王国群と纒向王宮

はしがき

西暦二三九年の冬、倭使・難升米一行は魏都・洛陽にようやく到着し、魏都をめぐる幅約二〇メートル余の土城を見上げたことであろう。数日後には魏の皇帝・明帝に謁見し、ここに魏・倭の国交が開始された。

難升米たちは倭国を出発して六カ月余り、朝鮮半島西岸中央にある帯方郡庁で魏王朝への表敬訪問の趣旨を説明し、仲介を依頼し、数日滞在して水や食料の補給をおこない、帯方郡司の案内のもと洛陽へと向かったはずである。

二〇〇九年一一月五日、奈良県の二上山麓に集った「ふたかみ史遊会」の一行は漢魏洛陽城に到着した。夕景のなかに土城が浮かぶ。まさに落陽の時だった。ポプラ並木の向うに夕日が沈んでいった。「ふたかみ史遊会」は、一九九二年四月にオープンした香芝市二上山博物館友の会として一九九三年に発足し、遺跡の見学会や邪馬台国シンポジウムなど多くの活動をしてきたが、おしくも二〇一七年に解散することとなった。

二上山博物館の入口には、洛陽付近から出土した西晋時代（二六五～三一六年）の武人俑をモデルにした等身大の像が立つ。なぜ武人俑なのか。それは市内の別所城山二号墳出土の四世紀の札甲《さねよろい》と似た甲を伝洛陽出土の武人が着用しているからであった。博物館開館の前年に急遽北京に向かい、北京大学でその土製の武人像に対面した。奈良県立橿原考古学研究所に留学していた同行の蘇哲さん（北京大学卒業、奈良県立橿原考古学研究所に留学）は、その武人像が三世紀の中国北方民族の顔をよくあらわしていると教えてくれた。帰国後、奈良市の石工、佐野勝治さんに依頼し、二上山産凝灰岩で石像を無償でつくっていただいた。

西晋初期の二六六年には倭国の使者が洛陽に派遣されているので、この石像は二上山博物館で始まる邪馬台国シンポジウムにふさわしい武人像となった。そして、博物館と「ふたかみ史遊会」が主催する二〇〇一年の第一回邪馬台国シンポジウムから二〇一七年の第一七回までの一七年間を洛陽の石人が見守ってくれることとなった。

一七回のシンポジウムでは、主に邪馬台国時代の周辺地域はどのようであったのかを探ってきた。今回、一七回のシンポジウムの資料集に寄稿した論考に加えて、関連する講演録をまとめ、三世紀の都市・纏向遺跡と邪馬台国論を一書とし、あらためて邪馬台国の問題に迫ってみた。

なお、本書の地域名は、飛鳥・奈良時代以降の旧国名を漢字表記のまま仮に使用している。弥生時代から古墳時代にかけての地域的特色が、現代の都道府県名より近いと感じられるからである。

二上山博物館の前に立つ武人像

邪馬台国時代の王国群と纒向王宮◉目次

Ⅱ

I

邪馬台国時代の王国群

1 倭人は文字を使っていた

弥生時代以来、日本列島各地に中国商人たちがつくった植民地が存在する、という一九七七年の岡田英弘氏の説は強烈だった。当時、弥生時代の日本列島にその痕跡がある可能性を私はまったく考えていなかった。しかし、武末純一氏は北部九州をはじめ、ごく少量ながら近畿にも楽浪系遺物があることを指摘している。武末氏は、旧伊都国の領域となる福岡県糸島市三雲番上《みくもばんじょう》遺跡では五〇メートルほどの小さな発掘区内から楽浪土器《らくろう》が坏《つき》・壺《つぼ》・大甕《おおがめ》・鉢《はち》など器種セットをそろえて五〇点ほど出土しており、楽浪郡の人びとが来ていた可能性があり、おそらく楽浪系官人が伊都国中枢にいて文字によって朝鮮半島との交易や外交交渉の一端を担っていたとする。後漢・光武帝から金印を受けた「委奴国」の外交も当然、文書外交であり、文字を読み、書く官人が存在していたはずである。

日本列島の文字資料は弥生中期に伝来した中国鏡にある吉祥句が最初であろう。当時、倭人はそれを文字と認識していないし、認識しても読めなかった、と考えられている。しかし、福岡県須玖《すぐ》王墓や三雲王墓には三〇～四〇面の文字のある漢鏡が副葬されており、入手した王が外交を担当する漢人に鏡に描かれている図柄や文字らしきものについて質問し、次の機会には〝この吉祥句のある鏡を〟という注文があったにちがいない。つまり、鏡にある文字が倭人の文字への関心をひろめ、福岡県糸島市三雲甕棺の「竟」をはじめ、三重県津市大城《だいしろ》遺跡の二世紀後半の「奉」などにあらわれているように思われる。

では、弥生時代に文字があったかというと、奈良県の唐古《からこ》・鍵《かぎ》遺跡などからは、弥生時代後期の記号のついた長頸壺《ちょうけいつぼ》などが出土しているが、この記号は後続する三世紀の纒向式土器《まきむく》には刻印されることなく消滅する。纒向式期の土器には長頸壺もない。

地域を離れても共通した表記をおこなっている一、二世紀（弥生時代後期）の記号がその共通性のゆえに文字に発展する要素が強いのだとすれば、その中枢地である近畿中部（奈良・大阪）でなぜ突然に記号は消滅したのか。考えられるのは、このときに漢字が導入され、文字に発展する可能性を秘めた記号は消滅した、ということである。このように考えると、記号が消滅した地域に文字が早く導入され、記号が残る地域への文字の導入は遅いとみられる。記号が消える時期は、女王卑弥呼の登場の時期とほぼ同時であり、女王を中心とした倭国の外交中枢地と関連しているのではないだろうか。

武末氏は、韓国の李健茂氏の見解を紹介し、前一世紀の茶戸里《タホリ》一号墓に副葬されていた筆五本に注目している。そして倭人も文字を読めただけではなく、書けたのではないかと指摘した。

奈良県桜井市大福《だいふく》遺跡の三世紀前半の木棺の底から編物の管が検出されている。管は径〇・八センチ、長さ八センチで両端に何かを着装した痕跡はない。後漢の『論衡《ろんこう》』には「一尺の筆」とあり、漢の一尺は二三センチで、大福遺跡の例は一致しない。したがって筆軸とは断定できない。しかし、大福遺跡の管は、茶戸里一号墓の筆と同様に棺の下から出土しているので、筆である可能性を保留しておきたい。

弥生時代の文字使用をさらに決定づけたのは、二〇一六年三月に発表された「伊都国」三雲《みくも》・井原《いわら》遺跡の一～二世紀の硯片《すずり》である。四・三×六センチの片面が研磨されている板石で木製の台上に固定して使用したらしい。同様の硯片は島根県松江市田和山《たわやま》遺跡にもあり、日本海沿岸の国々と楽浪郡《らくろう》との文書外交が確実さを増してきた。また近年、福岡県筑前町薬師《やくし》ノ上《うえ》遺跡から完全な形の硯が出土した。

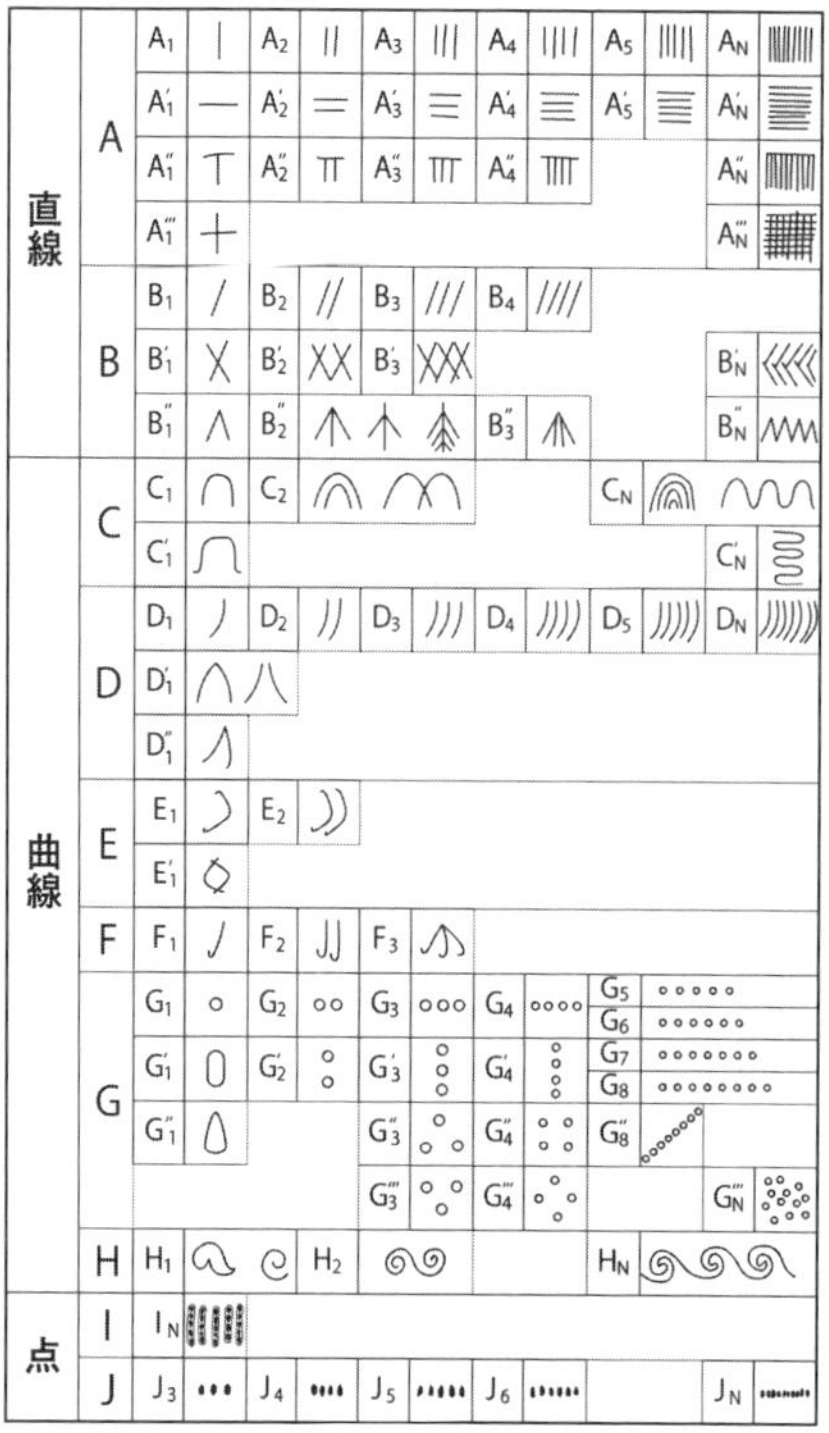

弥生時代の記号体系

直線の記号

曲線・円形の記号

龍の絵画から記号に変化

直線と曲線の組み合った記号

図1　奈良県唐古・鍵遺跡出土記号のついた土器

福岡県薬師ノ上遺跡出土の硯

島根県田和山遺跡出土の硯

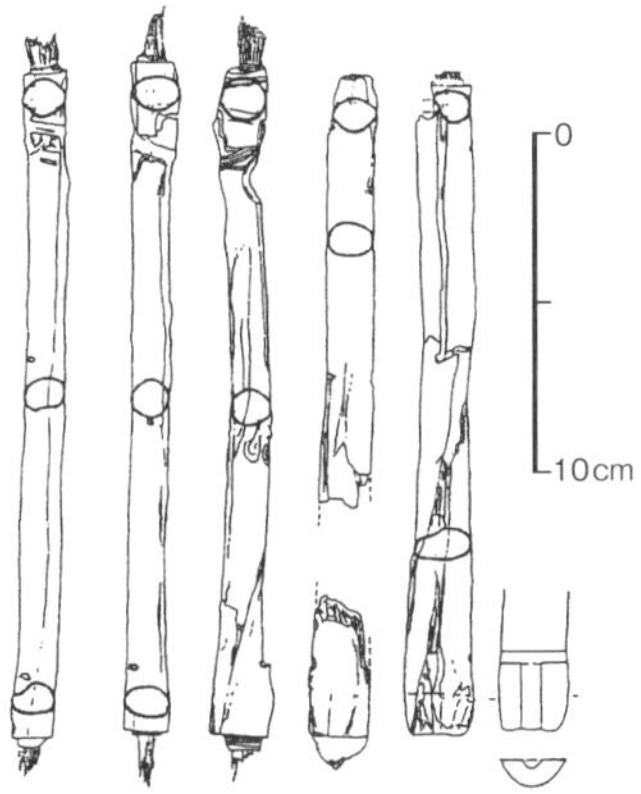

韓国・茶戸里１号墓出土の筆

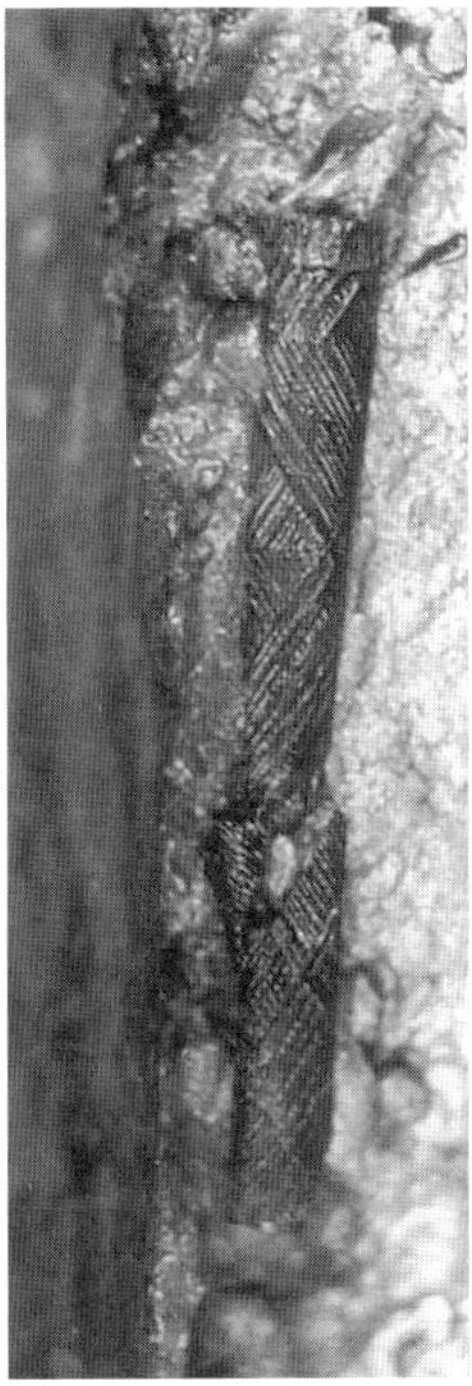

奈良県大福遺跡出土の筆軸か？

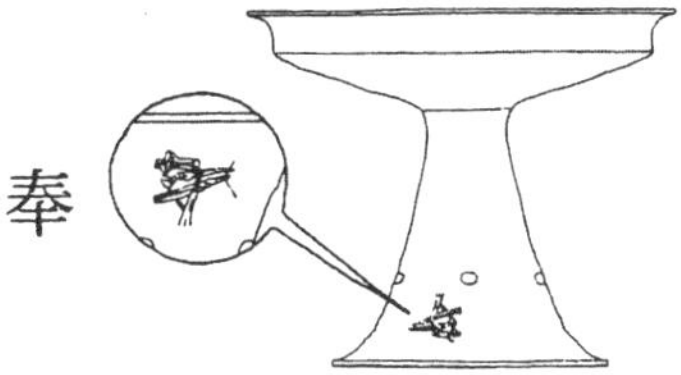

三重県大城遺跡出土の「奉？」字

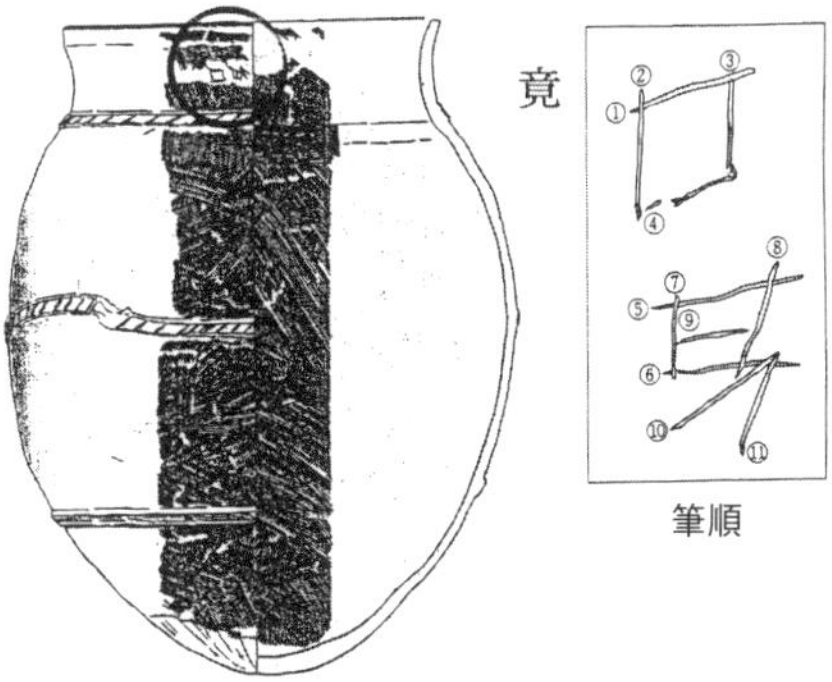

福岡県三雲遺跡出土の「竟」字

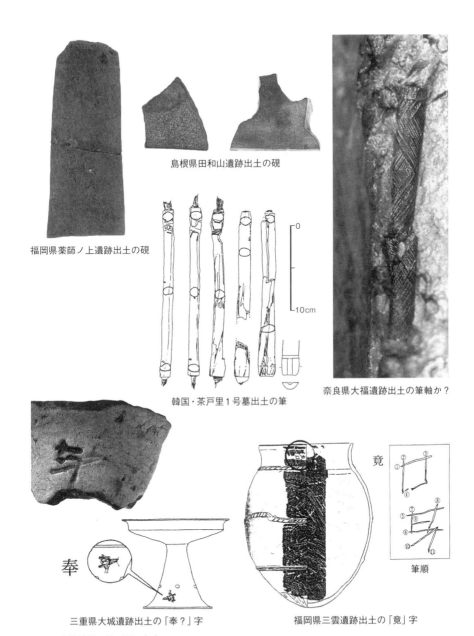

図２　弥生時代の筆・硯、文字

2　三、四世紀の祭殿──家屋文鏡の世界

佐味田宝塚古墳《さみたたからづか》は、奈良県北葛城郡河合町にある全長一一二メートルの四世紀後半の長突円墳（前方後円墳）で、三六面の銅鏡をはじめ多くの出土品が知られている。なかでも家屋文鏡は梅原末治氏による紹介以来、多くの研究が積み重ねられている。この鏡に描かれているA〜Dの四棟の建物の性格について、木村徳国《のりくに》・池浩三・辰巳和弘氏は左の図のように推定している。

木村氏は倭政権が成立する過程をC・A・Dの各棟が象徴すると考定した。

池氏は、新嘗祭・大嘗祭の分析から王位就任儀礼のための建物群と考えた。つまり、高倉（B）に稲穂を収めた後、脱穀・精米して酒殿（D）で酒を醸《かも》し、飯を炊く。王は禊《みそぎ》の後、伏屋（C）で床に臥《ふ》すことにより再生し、高殿（A）で即位式をおこなう。王が高殿に向かうとき、高倉・酒殿・伏屋の三棟は壊すか消去する。

辰巳氏は四棟の建物は豪族居館に併存しており、ハレの空間にA・D棟、ケの空間にB・C棟を比定している。

私は、家屋文鏡の四棟の建物は、四世紀の北葛城の豪族居館内の建物群を象徴する、と考えている。四世紀の豪族居館に併存する建物群という点では辰巳説に近いが、祭祀王と政治王＝ヒメ・ヒコ制を想定している点と、C棟＝伏屋を居住棟とし、A棟＝高屋を祭祀棟とする点で他の二氏とも大きく異なる。

C棟は、池氏の綿密な考察のとおりムロであり、穴屋＝竪穴建物の可能性が高い。

A棟 【入母屋造高屋＋キヌガサ＋雷神】

宮殿＝宗教的王者……………………木村
高殿＝王の即位式場 ………………池
豪族首長による祭儀用建物 ………辰巳
祭祀王の祭祀棟………………………石野

D棟 【入母屋造平屋】

倭国政権の宮廷正殿―大王を象徴 …木村
酒殿または炊屋＝禊の場…………池
豪族首長の夏の住居？ …………辰巳
政治棟 ……………………………石野

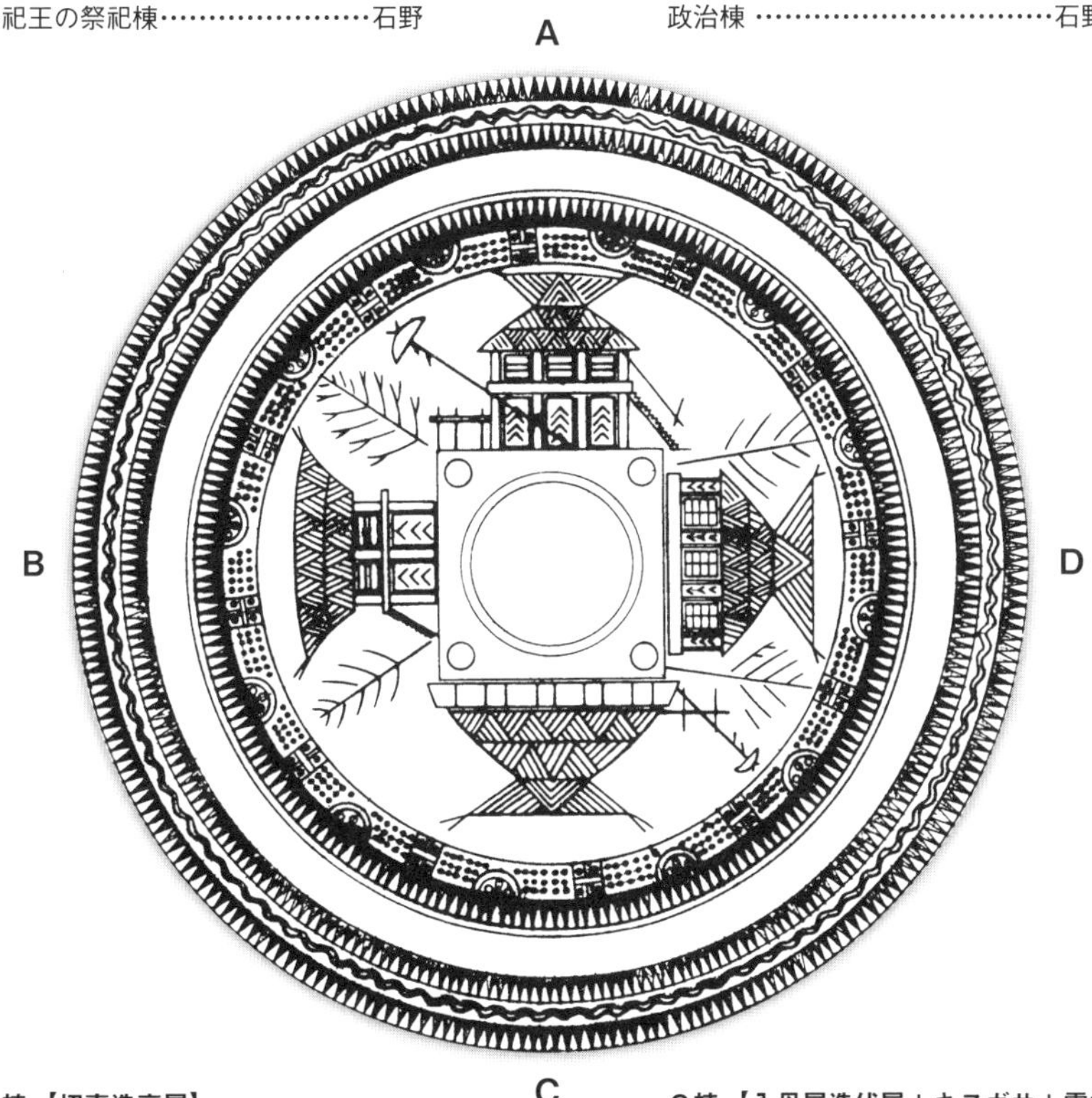

B棟 【切妻造高屋】

高倉―稲魂の象徴…………………木村
高倉―新嘗の稲穂の収納…………池
高倉―A棟の付属棟 ……………辰巳
高倉―高倉 …………………………石野

C棟 【入母屋造伏屋＋キヌガサ＋雷神】

新族長の住居 ………………………木村
神婚と再生の場……………………池
豪族首長の住居……………………辰巳
祭祀王の居住棟……………………石野

図3　奈良県佐味田宝塚古墳・家屋文鏡の図像解釈

ムロ＝室は、神武天皇が宴をもよおした〝忍坂の大室屋〟（神武天皇即位前紀）や熊襲国の川上タケルが宴を開いた室（景行紀二七年）など、宴の場として登場する。さらに、諏訪大社の大祝《おおほうり》は、ムロにこもって祭儀をおこなうという。

穴屋は、縄文時代以来の伝統的住居であるが、記紀が伝承された頃、宴＝祭礼の場と意識されている場合もあった。

三、四世紀の奈良盆地には、シキとカヅラキという東西に並ぶ勢力圏があった。シキ南部の中心が纒向であり、北部は萱生《かよう》から和爾《わに》の東大寺山《とうだいじやま》古墳におよぶ。カヅラキもまた、ほぼ二上山麓を境として南部と北部に分かれ、南部には御所市南郷《なんごう》遺跡群と室宮山《むろみややま》古墳が、北部には馬見《うまみ》古墳群がある。

先に祭祀王の居住棟とした家屋文鏡の伏屋＝穴屋と同型の建物が東大寺山古墳の鉄刀の把頭《つかがしら》に装着されている。シキとカヅラキで、四世紀後半の穴屋の中に、単なる居住棟ではない建物が共通の認識としてあったことを示している。

四世紀中葉に突然消滅する纒向遺跡と室宮山古墳・東大寺山古墳には若干の時期差があるが、纒向遺跡の穴屋は中枢地の太田地区ではなく、南辺の箸中地区と東辺の巻の内・穴師地区に四棟前後認められるだけである。すべての穴屋が祭祀棟とはいえないが、焼却された穴屋はない。ただし、静岡県登呂遺跡のように、周堤付伏屋があって、それが人為的に破壊されたとすれば、その有無は現状では確認しがたい。

家屋文鏡の四棟の建物は、いずれも恒常的な建物で仮設建物とはみなしがたい。纒向遺跡には、祭祀にともなうと推定した仮設の平屋か高屋が五棟余りある。

たとえば、三世紀後半の多量の祭祀用具（土器・機織具・籾殻・焼木など）を納めていた辻地区土坑4のかたわらにある一間四方の建物2の柱根は、径一五センチ余と細く祭祀のたびごとに建てて、取り壊したようだ。それは、家ツラ地区の導水施設にともなう三世紀末の建物にもあてはまる。

南葛城の南郷遺跡群の一画にある極楽寺ヒビキ遺跡では、五世紀前半の大型建物（五間×五間、一二・五×一三・五メートル）の柱痕跡に焼土と炭灰が充満していて、意図的に焼却されたらしい。建物の周囲の出土土器に供膳具である高坏が多いことから、日常の生活の場とは考えられず、祭儀や政務をおこなった公的な性格をもった施設と考えられている。纒向遺跡とは一五〇年前後、家屋文鏡とは五〇年前後の年代差があるが、カヅラキ本宗家の非日常的建物の焼却例として興味深い。

肥前の吉野ヶ里《よしのがり》遺跡には弥生後期の多くの平屋・高屋と穴屋があるが、焼却例はなく、取り壊し例も不明である。

筑紫には、紀元前一世紀から紀元後三世紀に至るまで筑後・以来尺《いらいじゃく》遺跡などの太柱建物があり、大和には唐古《からこ》・鍵《かぎ》遺跡などに紀元前一世紀には径九〇センチ余の太柱建物があるが、三世紀の纒向遺跡の建物の柱はそれより細い。纒向遺跡では北辺の烏田川流域で〝電柱のような材木があった〟という伝聞があるが、径三二センチの纒向王宮建物Dの柱痕が最大である。

他方、出雲世界には太柱建物を想定できる高楼が伯耆《ほうき》の稲吉角田《いなよしすみた》遺跡の土器に描かれている一方、青《あお》谷上寺地《やかみじち》遺跡には厚さ二センチ程度の長大な板材を加工する技術がある。

地域により、集落によって太柱と細柱の使い分けがあり、それぞれの技術の背景にある地域と思想に差異があるようだ。

図４　奈良県纒向遺跡の復元された東西に並ぶ建物

図５　佐賀県吉野ヶ里遺跡の復元された建物群（北内郭と大型祭殿）

3　近畿勢力はどうやって大陸や半島と交易したのか

三世紀の近畿勢力が大陸・半島と交易しようとすれば、海洋民の助けが必要であった。交易ルートは瀬戸内海だけではなく、日本海・太平洋の航路も想定できる。この瀬戸内、日本海、太平洋の三航路の実在と継続を考古資料に求めれば、三航路それぞれの津々浦々の近畿系土器と在地の拠点集落と大型古墳の存在であろう。

兵庫県豊岡市の袴狭《はかざ》遺跡や鳥取県米子市の稲吉角田《いなよしすみた》遺跡から出土している二〜四世紀の板や土器に描かれた船では、近畿から朝鮮半島・大陸への一気の航行はむずかしく、津々浦々に寄港し、水や食料の補給が必要であった。したがって、寄港地には近畿系土器や大陸・朝鮮半島系の文物が集積し、寄港を受け入れた在地首長の墳墓が存在することは、十分に予想できる。

日本海航路では島根半島の松江市の南講武草田《みなみこうぶくさた》遺跡、太平洋航路では高知市仁淀《によど》川河口の仁《に》ノ遺跡などに近畿系土器が集中していて両航路の存在が予測できるが、ここでは近畿勢力にとって大陸・朝鮮半島への主要航路と想定される瀬戸内航路について考えてみよう。

■三世紀の瀬戸内航路

大阪湾から明石海峡を越えて瀬戸内海に入ると、兵庫県西部＝播磨沖を航行する。海峡を越えてすぐ明石川流域の神戸市の玉津田中《たまつたなか》遺跡や播磨町の大中《おおなか》遺跡などからは少量の河内系纒向甕（庄内甕）が出土するが、むしろ播磨中部、姫路市の長越《ながこし》遺跡や同、丁《よろ》・柳ケ瀬《やながせ》遺跡において出土する四〇〜五〇パーセントの北近畿系と讃岐系土器の存在が注目される。とくに姫路市の丁遺跡には三世紀後半の全長一〇九メートルの長突円墳（前方後円墳）である丁瓢塚《よろひさごづか》古墳がある。墳形は大和の箸中山古墳（箸墓）型で、供献土器は北近畿系（丹波系）で、この古墳と播磨、丹波との政治的・文化的交流が考えられる。

さらに航路を西にたどると、高梁《たかはし》川流域の岡山県総社市の津寺《つでら》遺跡が外来系土器の集積地であり、まさに「川津」の様相を示している。数量は示されていないが、山陰・東海・近畿・四国・九州など各地の土器が出土している。つまり、人びとと物資が往来していたことがわかる。流域には倉敷市の酒津《さかづ》遺跡もある。酒津式土器は、九州・近畿・山陰へと拡散する。そこには二世紀末の中円双方墳である楯築《たてつき》古墳があり、楯築型葬儀用器台（特殊器台）が山陰や近畿に伝播する。

広島県福山市の御領《ごりょう》遺跡には纒向甕があり、山口県湯田楠木《ゆだくすのき》遺跡には多量の近畿第5様式系の叩甕《たたきがめ》がある。三世紀の近畿には奈良県纒向遺跡をはじめとして多くの遺跡で纒向甕（庄内甕）と5様式系甕が同程度の割合で共存するので、瀬戸内西部の拠点である御領遺跡や湯田楠木遺跡には伝統的甕を使用する近畿勢力の一族が定着し、交易の拠点を築いていたようだ。

瀬戸内海の西端に位置する大分県国東半島の安国寺《あんこくじ》遺跡には纒向大和型甕（庄内大和型甕）がある。周防灘に面する大分県宇佐市の豊前赤塚《ぶぜんあかつか》古墳の周辺や小部《こべ》居館跡からは纒向型壺の出土があり、これらの地にも大和などの近畿勢力の人びとが交易の拠点を形成したと考えられる。

■ 三世紀の関門海峡周辺

『平家物語』にも語られているように関門海峡の潮流は、はげしい。熟練の「海導者」(『神武紀』)の助力がなければ、航行はむずかしい。当然、潮待ちの期間があり、津を管理する在地首長の援助が必要である。

関門海峡に近い瀬戸内海沿岸で川津が想定できるのは、木屋川《こや》をはじめ数本の河川があるが、三世紀の墳墓が集中する椹野川《ふしの》中流の山口市の朝田《あさだ》墳墓群の地域が候補にあがる。深く湾入する入江の河口から朝田までは約六キロで、近くには津としての時代は不明だが「仁保津《にほづ》」がある。

関門海峡から陸伝いに一二〇キロ余の山口県熊毛郡田布施町には三世紀の一辺二五メートル余の方墳、国森《くにもり》古墳がある。副葬品には前漢鏡一面をはじめ多くの鉄製品がある。岡山県楯築古墳や奈良県ホケノ山古墳と共通するヤス(「へ」の字形鉄製品、一七九ページ図61参照)があり、海洋民を想定させる。

無事、関門海峡を越えて響灘《ひびきなだ》に入り、筑前の海岸沿いに西航すれば四〇キロ余で宗像《むなかた》に着く。宗像には、宗像三女神を祀る辺津宮《へつみや》・中津《なかつ》宮・沖津《おきつ》宮があり、とくに四世紀後半から平安時代に及ぶ航海安全を祈願した沖ノ島祭祀遺跡群に至る。

沖ノ島では弥生時代にも祭祀をおこなっていたことが、二〇一一年に武末純一氏によって報告された。それによると、一九五四年以来の調査資料の中に纒向式土器や布留式土器がある。甕は纒向河内型だ。宗像市久原瀧《くばらたき》ヶ下《がした》遺跡や福津市今川《いまがわ》遺跡には三世紀の纒向式土器類がある。博多湾岸の西新町《にしじんまち》遺跡では、在地の土器とともに朝鮮半島系と近畿系土器がそれぞれ約三〇パーセントずつ出土していて、在地の人びとと半島系・近畿系の人びとが住み分けながら暮らしていたことがわかる。

以上のことから三世紀の近畿人は瀬戸内海と北部九州諸勢力の協力を得ることによって、半島・大陸へ到達することができたのであって、その見返りは、当然、半島・大陸で入手した文物であったろう。商談が不成立に終われば、以後、航海の安全は保障されない。したがって、近畿にもたらされる大陸・半島系文物はわずかであった。

近畿で、半島の搬入土器が多種・多量に認められるようになるのは、四世紀末以降である。この時期に、はじめて近畿勢力は半島との交流を主体的におこなえるようになったのであった。

宗像・沖ノ島のみそぎ

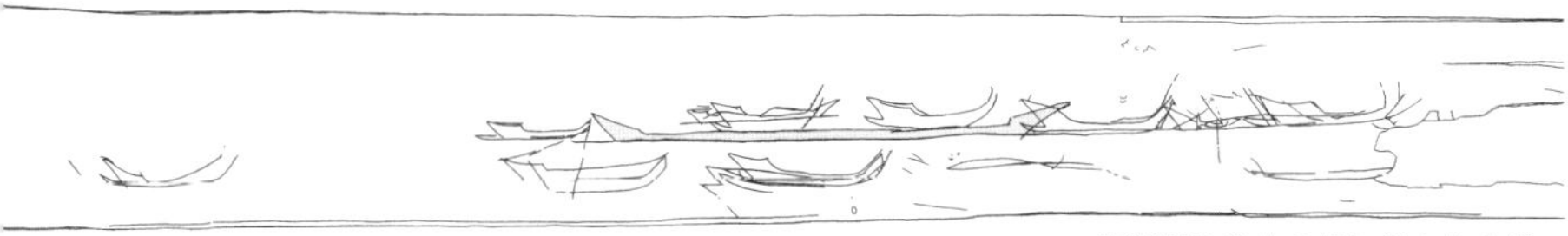

袴狭遺跡出土の板に描かれた船

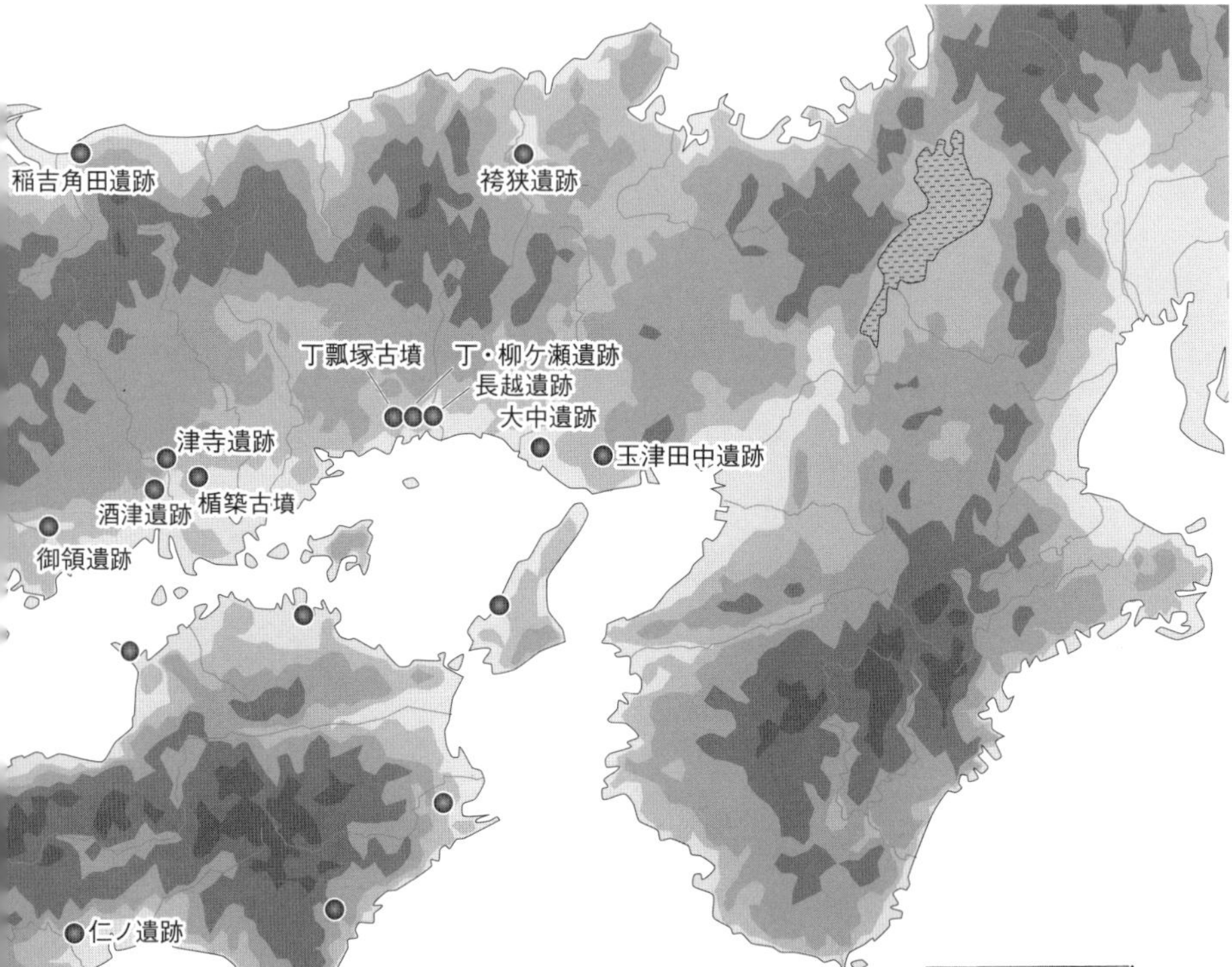

稲吉角田遺跡出土の土器に描かれた舟

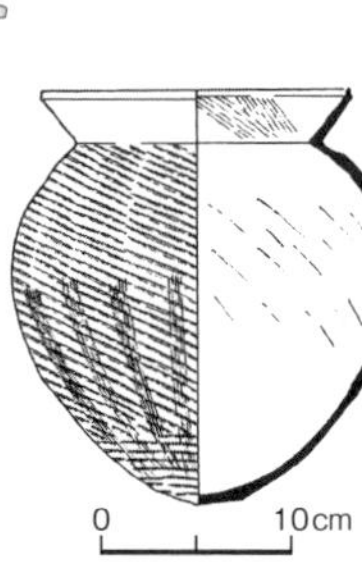

纒向遺跡出土甕

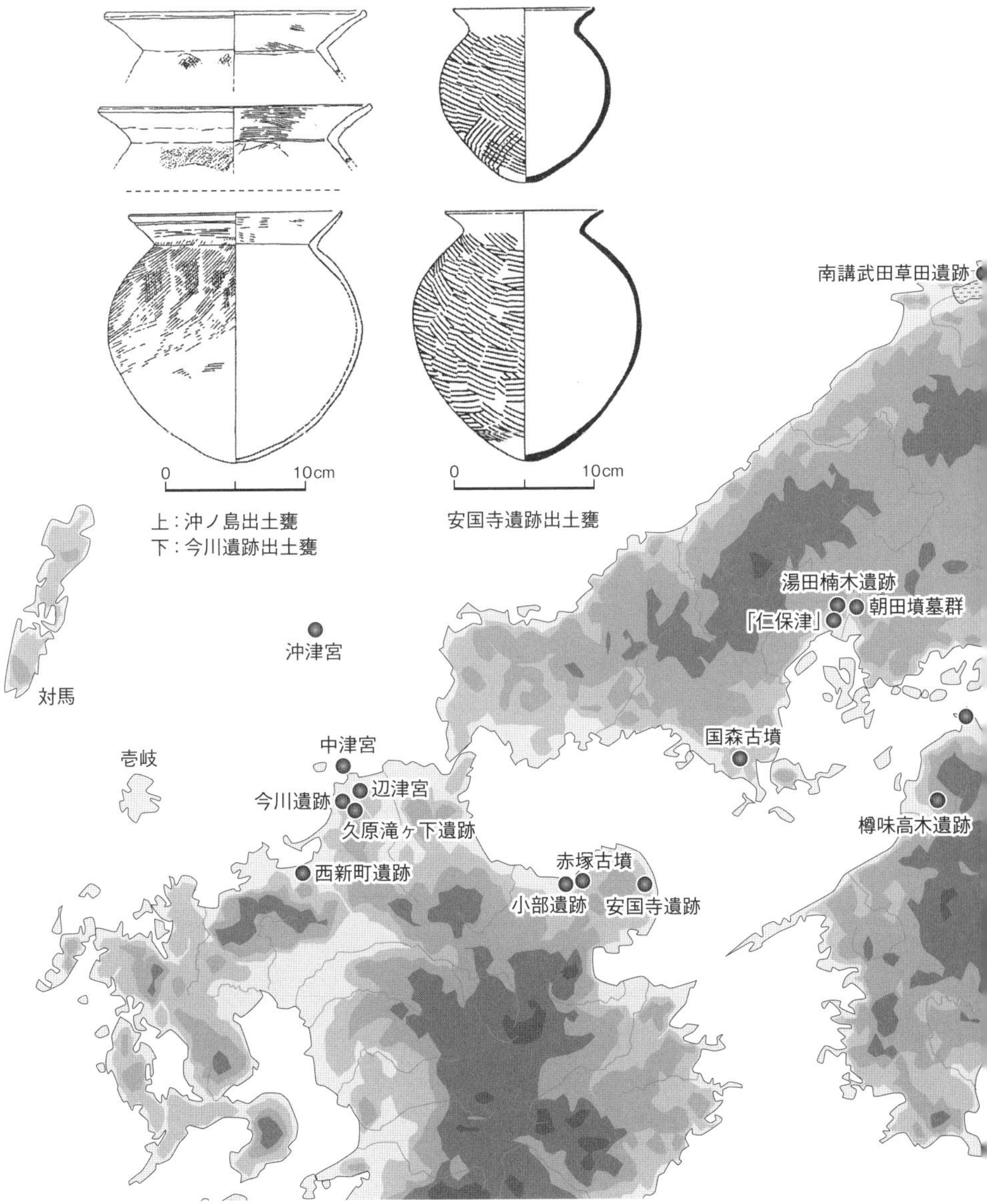

図6　3世紀の瀬戸内航路

4 住居からわかる海洋民の西部瀬戸内への進出

■屋内に高床部をもつ九州の住居

屋内に高床部をもつ住居は、弥生後期に筑後に定着する。二本主柱の長方形プランで、内部に短辺二カ所に高床部をもつのが主流（方短2型）で、ほかに一カ所に高床部をもつ住居（方短1型）や、四隅に高床部をもつ住居（方角4型）などがある。福岡県八女市の室岡《むろおか》遺跡から多く出土しているので、これを室岡型と仮称しよう。この室岡型住居の近畿への波及は、兵庫県播磨町の大中《おおなか》遺跡に顕著に認められるが、数は少ない。

一方、豊前では、方形の四主柱住居地帯で、筑紫とは住居型が異なる。そして屋内の高床部の類型にも差がある。弥生時代の福岡県行橋市の下稗田《しもひえだ》遺跡にはL字型の高床部をもつ住居（方3L型）や三辺に高床部をもつ住居（方3型）などの住居内に高床部占有面積の高い類型がある。それは、そのまま古墳時代早期に継続する。この傾向は、同じ方形の四主柱住居地帯である豊後の大分県竹田市の寺ノ前遺跡にも認められるので、「豊」地域の特色と考えられ、この型をもつ住居を豊型住居としよう。

古墳時代早期の筑紫には、伝統的な方短1・2型を基本としながらも「豊」的な方3L型類似例が加わってくる（福岡県朝倉市小田道《おだみち》遺跡）。そして古墳時代前期には、筑前、筑後とも「豊」型の方3L型や方3型が普及し（福岡市板付《いたづけ》遺跡・八女市道添《みちぞい》遺跡）、その余波は佐賀県姫方原《ひめかたばる》遺跡におよぶ。

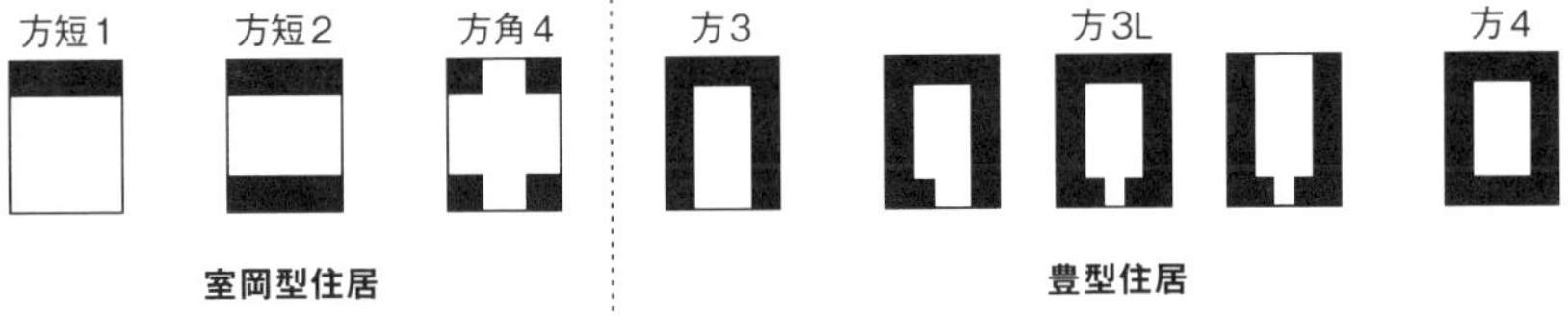

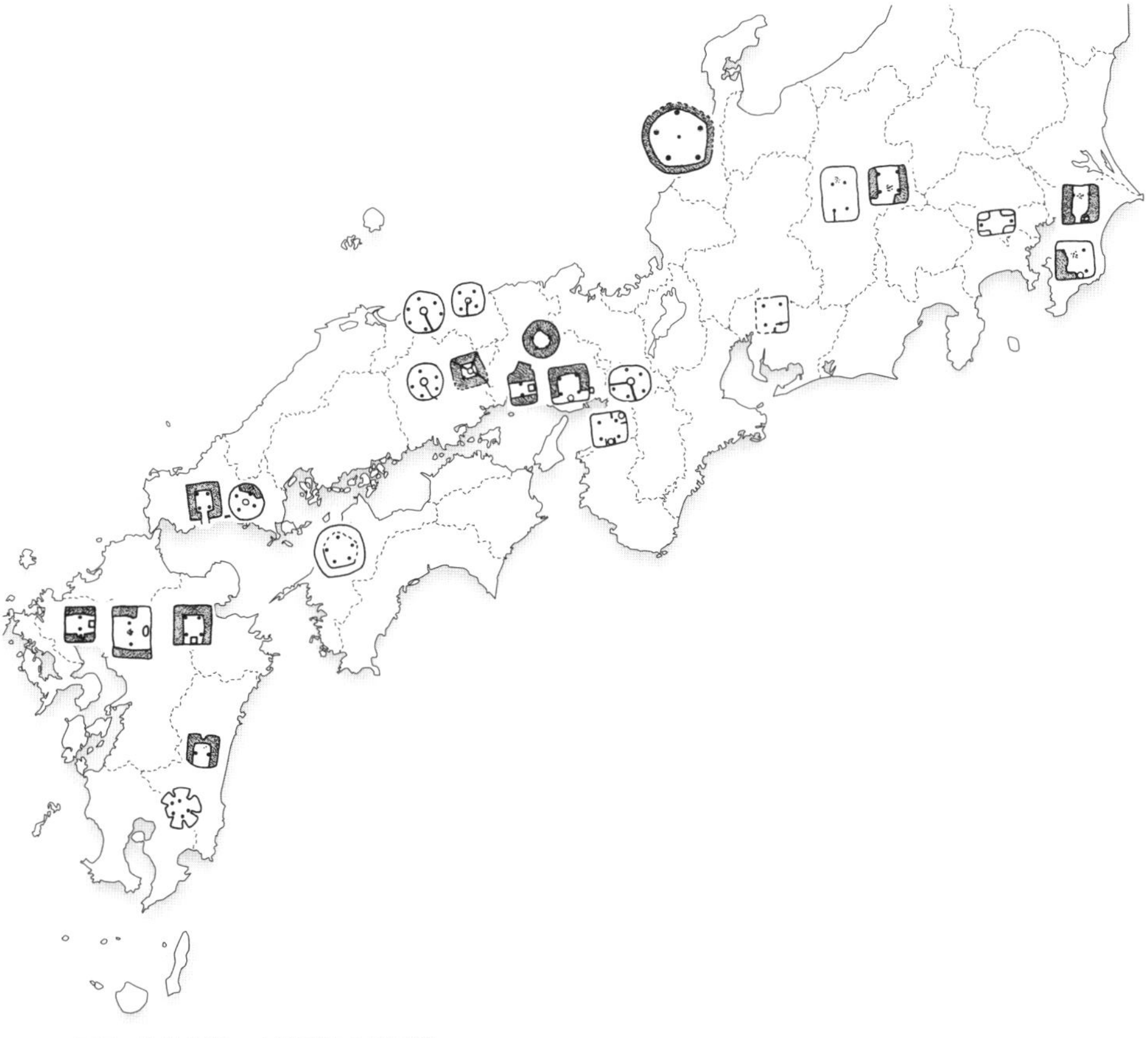

図7　弥生後期・古墳早期の住居型

■高床部をもつ住居の広がり

古墳時代早期には、瀬戸内西部から関東まで屋内に高床部をもつ住居が点々と広がる。しかし、それは集落内では常に少数派であった。古墳時代早期と前期を通じて山陽・四国・近畿の屋内高床部の類型は方4型と方3型が主流である。つまり、住居の全周か三方に高床部を設ける場合が多い。このような屋内高床部の類型は「豊」の地域で弥生後期にはじまったのあり、瀬戸内東端にあたる「豊」地域からの伝播を考えなければならない。

整った屋内高床部の方3型と方3L型の分布をみると、弥生時代後期に「豊」の地域にはじまり、古墳時代早期に伊予（愛媛県松山市福音寺遺跡）・讃岐・播磨（兵庫県加古郡播磨町大中遺跡）を経て紀伊（和歌山市北田井遺跡・和歌山県岩出市吉田遺跡）に至るルートが想定される。播磨と紀伊は、近畿周辺にあって弥生・古墳時代を通じて西方の文化を受け入れ、あるいは西方へ進出している地域であり、興味深い分布状況である。

なお、古墳時代早期の中国山地（備中北部・美作地域）に集まる四辺、あるいは三辺に屋内高床部をもつ住居（岡山県真庭市谷尻遺跡・同新見市岸本遺跡・同真庭市赤野遺跡）の出自は、現段階では常識的に瀬戸内沿岸からの河川による伝播と考えておこう。

■谷尻遺跡の高床部をもつ住居

岡山県谷尻遺跡の古墳時代早期の住居から、中国地域における屋内高床部住居の集落内でのあり方をみてみよう。この遺跡には古墳時代早期の住居が二〇基ある。二基の円形住居のほかはすべて方形か隅丸方形（丸方型）プランで四本柱の住居である。そのうち屋内高床部は、三基の丸方4型住居と一基の4型に設けられている。集落は調査された山裾の平地の幅四〇メートル余、長さ二五〇メートル余の間にある。その間に四つの住居群があり、屋内高床部住居は各群に一基ずつ検出されている。ただし、それぞれの住居群が全掘されているわけではないので、各群に一基と限定することはできない。

住居面積は、最小一〇平方メートルから最大一四〇平方メートルまであり、平均は三九・四平方メートルである。ただし、群を抜いて大きい一九一号住居を除いた平均は二九・三平方メートルである。そして一九一号住居を除いた屋内高床部をもつ住居の平均面積は三〇・六平方メートルで、一九一号住居を除いた全体の平均とほぼ等しい。つまり、屋内高床部をもつ住居は、必ずしも大型住居に付設されるとは限らないことを示している。住居面積六二平方メートルの一四一号住居に屋内高床部が設けられていないのは、その例証である。

一九一号住居は特殊である。方4型住居で、中央に炉、四周に高床部、L字型の床溝をもつとともに、高床部の堆積土

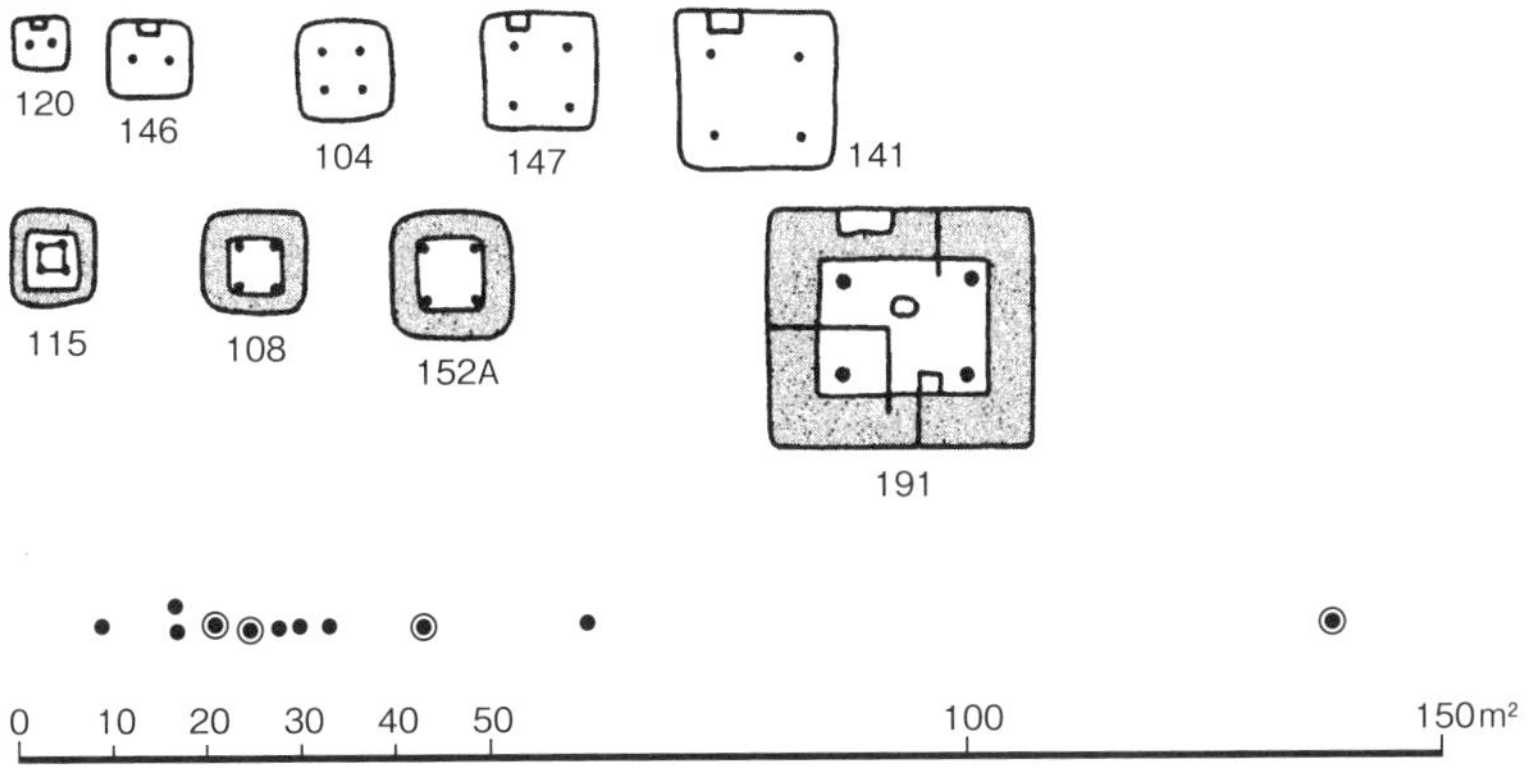

図8　岡山県谷尻遺跡の住居と面積構成

から巴形銅器が出土している。全国的に屋内高床部と床溝が一つの住居の中で共存する例はきわめて少ないが、一九一号住居には両方ともそなわっている。床溝は三カ所にあり、一つは屋内の約四分の一をL字型に区画している。各辺の壁溝内には小柱穴があるが、ここに支柱を立てて立壁を設けていたのかもしれない。出土土器には酒津型甕とともに庄内型甕、穂積型甕（近畿第5様式の叩目をもつ甕）、山陰系甕、鼓型器台などの広域の外来系土器があり、大型住居の背景を示唆している。巴形銅器はその象徴であろう。

■ 大中遺跡の高床部をもつ住居

大中遺跡は、北部九州からの移住者を含むムラと考えられるほど屋内高床部住居の多い遺跡である。住居型がわかる古墳時代早期の一四基のうち、九基に屋内高床部がある。九州の除く日本列島でもっとも屋内高床部住居の比率が高い集落である。

その住居型は多種多様で、円形・方形・長方形・扇形・六角形の各種がある。屋内高床部は、そのすべての住居型に採

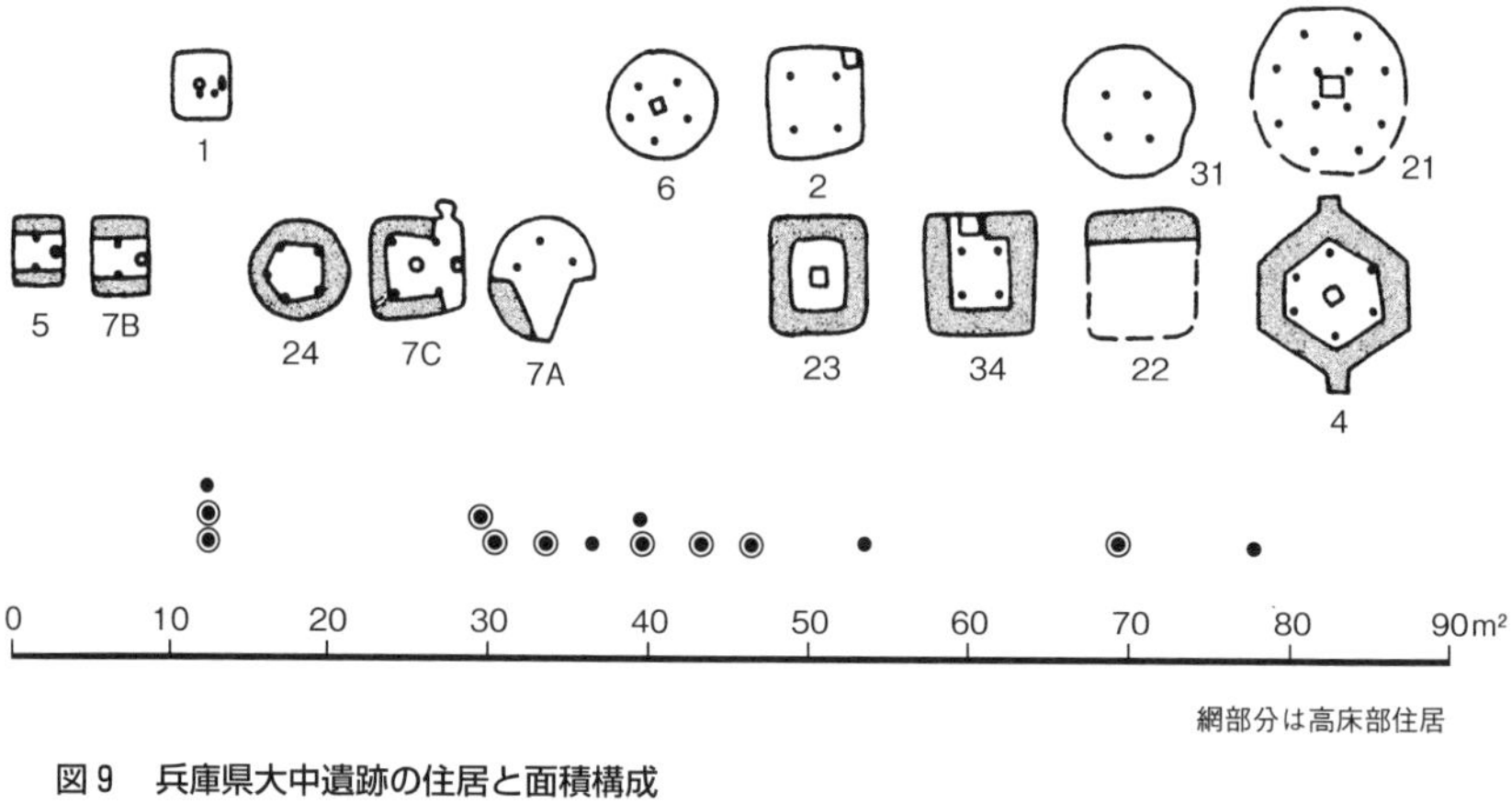

図9　兵庫県大中遺跡の住居と面積構成

用されている。しかし、長方形住居（三基）と多角形住居（二基）はすべて屋内高床部をもつのに対し、方形住居は六〇パーセント（五基中三基）とやや低く、円形住居は二五パーセント（四基中一基）と少ない。

両短辺に高床部をもつ長方2型住居は、筑後の室岡型そのものであり、全辺あるいは三辺に高床部をもつ方4型住居は、豊前の下稗田型である。先に大中遺跡への筑後の人びとの移住を想定したが、必ずしもそうではなく、直接には「豊」（豊前・豊後）の地域からの移住と考えるべきであろう。

二世紀前半から三世紀前半の弥生時代後期後半から古墳時代早期にかけて、播磨大中の地に北部九州系の人びとが来住した。住居型からみると、その人びとは豊前からの来住者らしい。人びとは大中ムラの西北部に集住し、地域の人びととも交流していた。人びとは豊前の下稗田型の往事の住居を建てて故郷の生活習慣を保持しているが、日常の生活用具である土器類は播磨の人びととまったく同じである。伝統的な家屋は保持しながら日常容器に象徴される生活習慣は播磨に同化したのだろうか。移住者集団の一様相として興味深い。

5 阿波・讃岐・播磨の連合はあったか

■阿波・讃岐・播磨は連合していたか

一九九二年頃から三世紀前後の阿波と讃岐の連合（略称、阿讃連合）の有無に関心を持ちはじめた。その動機は、勤務先が徳島文理大学に移ったことによる個人的な事情と、一九六九年調査の播磨・川島遺跡の讃岐系土器の拡散や阿波・足代東原《あしろひがしはら》遺跡（徳島県三好郡東みよし町）や讃岐・稲木《いなぎ》遺跡（高松市）などの積石塚・積石遺構の共通性がみえてきたことによる。

以前に播磨・石見北山《いわみきたやま》積石塚群（兵庫県たつの市）を中溝康則氏の案内で訪れて以来、〝なぜ、播磨に積石塚が……〞と考え、やがて積石塚の阿波・萩原《はぎわら》一号墳（徳島県鳴門市）や、讃岐・鶴尾《つるお》神社四号墳（香川県高松市）との関係を想定しはじめた。

一九九九年から二〇〇〇年にかけての大和・ホケノ山古墳（桜井市）の「石囲い木槨」（図14参照）の調査は、大和の早期古墳（纒向式期、葬儀用器台〈特殊器台〉使用期の古墳）を考えるうえで画期的であった。「石囲い木槨」の被葬者は大和の出自ではなく、阿波か讃岐の出身者の墳墓と推定した。

二〇〇三年三月三日、調査中の播磨・綾部山《あやべやま》三九号墳（兵庫県たつの市）を訪れた。現地では芝香寿人氏と中溝康則氏が「石囲い木槨」の墳丘形態の調査に集中していた。これで阿波・讃岐・播磨のこの地域に共通する三世紀の積石塚と石囲い埋葬施設が揃った。中溝氏はこれを〝阿讃播連合〞とよんだ。

三世紀の阿波・讃岐・播磨に吉備を加えた東部瀬戸内と大和・河内の近畿中部との関係は微妙だ。葬儀用器台は、吉備以外では圧倒的に大和に多いが、他では播磨・権現山《ごんげんやま》五一号墳（兵庫県たつの市）と讃岐・天満宮西《てんまみやにし》遺跡（香川県高松市）に限られ、阿波は黒谷川郡頭《くろだにがわこうず》遺跡（徳島県板野町）の弧帯文土器だけで、阿波・讃岐ともに墳墓には使用されていない。つまり、阿讃播連合に吉備の文化流入は認められるが、吉備の葬送儀礼は主体的には採用されていないことを示す。三世紀の積石塚は吉備・大和にはなく、阿波・讃岐・播磨に集中する。讃岐・成重《なりしげ》遺跡（香川県東かがわ市）には前二世紀（弥生中期中葉）の積石塚があり、一世紀の讃岐・稲木遺跡、二、三世紀の阿波・足代東原遺跡、三世紀の讃岐・鶴尾神社四号墳から四世紀の石清尾山《いわせおやま》古墳群（香川県高松市）へと継続的に続く。古墳墳丘上の葺石を積石塚の外面的表現と認めれば、そのルーツは阿波・讃岐・播磨にあり、吉備や大和ではない。石囲い木・石槨もまた阿波・讃岐・播磨に集中し、積石塚と連動しているようだ。ただし、木槨墓としてみると韓国・伽耶地域をはじめ出雲・丹波・近江・越などの日本海沿岸や日向・吉備、そして常陸まで広く認められるので、時間的にも空間的にも幅広い検討が必要となる。阿波・讃岐・播磨三地域の共通性が政治的連合と言えるのかどうか新たな課題となる。

■ 時代の最先端をゆく播磨

播磨、とくに兵庫県たつの市域とその周辺には、古墳の出現を語るときには

表1　考古資料からみた吉備・讃岐・阿波・播磨と大和の接点

考古学的特色	吉　備	讃　岐	阿　波	播　磨	大　和
葬儀用器台	○	●	×	●	○
積　石	×	○	○	○	×
石囲い	×	○	○	○	●

＊○は普遍的に、●は少数みられることをあらわす。

見逃すことができない重要な遺跡が存在している。

養久山古墳群《やくやま》はその代表例であろう。とくに養久山一号墳は、初期の長突円墳として著名である。しかし、養久山古墳群の中で、養久山一号墳がもっとも古いわけではなく、先行する小型古墳や中方双方墳（五号墳）がある。このことは、養久山周辺の在地勢力が養久山に墓地を営みはじめ、その中の一人が長突円墳を築いたことを示している。

このような状況は、単に養久山だけでなく、九州的な小型仿製内行花文鏡をもつ白鷺山《しらさぎやま》箱形石棺などにもあり、長突円墳をつくり出す背景が播磨全体の中で動き出していたと考えることができる。

近畿地方には、弥生時代を通じて墓に鏡などの副葬品を納める風習はなかったし、竪穴式石室もつくられていない。このようなときに、加古川市西条五二号墳では、列石で方形突出部の区画をおこなって、竪穴式石室をつくり、鏡を副葬している。西条五二号墳の時期は、供献されていた土器によれば纒向式期である。弥生時代数百年間に、かつてなかった風習が出現したのである。これは墓制の変革を示すものであって、私は纒向式期には長突円墳は存在した、したがって纒向式土器は古墳時代の土器＝土師器であると考えている。

このように、古墳出現の時期を決めるためにも土器の編年は大事であり、播磨での基準資料の一つが門前《もんぜん》遺跡（たつの市）の土器群である。門前遺跡では、弥生時代後期から古墳時代前期にかけての土器が層位的に、多量に検出しており、なおかつ河内・吉備や山陰の土器が持ち込まれていて、各地域との交流関係を知ることができる貴重な資料である。古墳出現期の播磨の人びとは、各地域との交流をもちながら、時代の先頭集団として歩んでいたことがわかる。

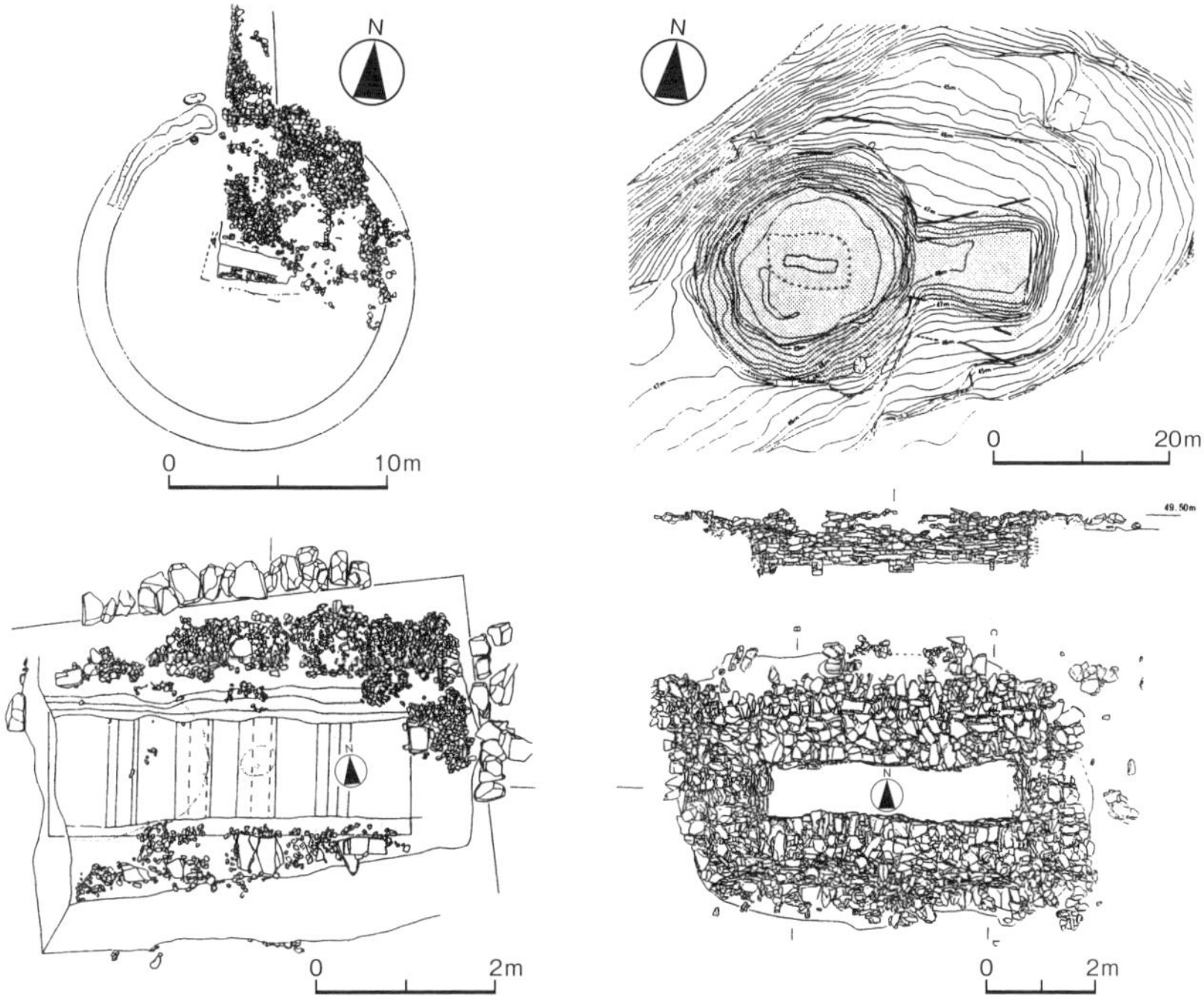

徳島県萩原１号墳　　徳島県宮谷古墳

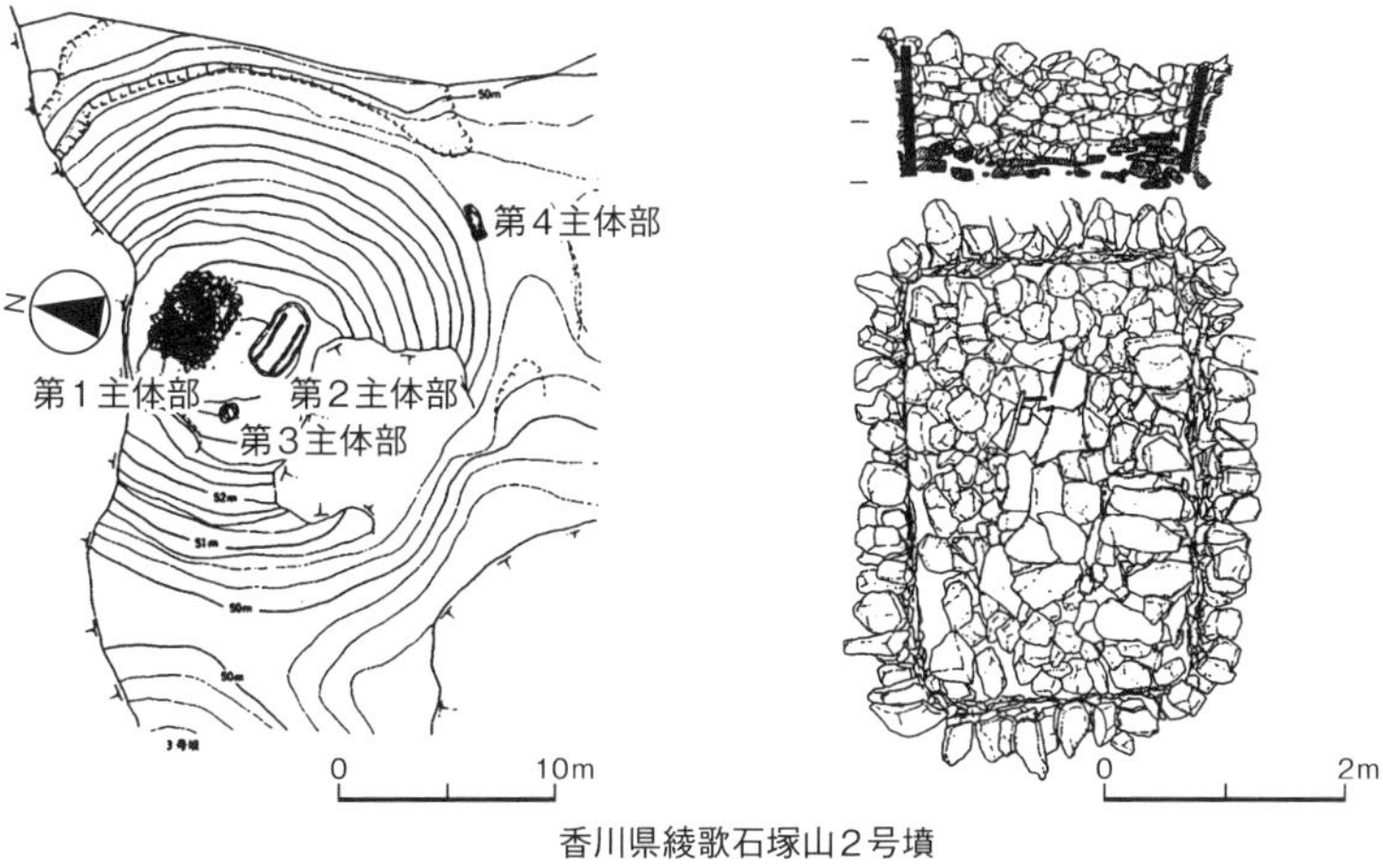

香川県綾歌石塚山２号墳

図 10　阿波・讃岐の早期古墳

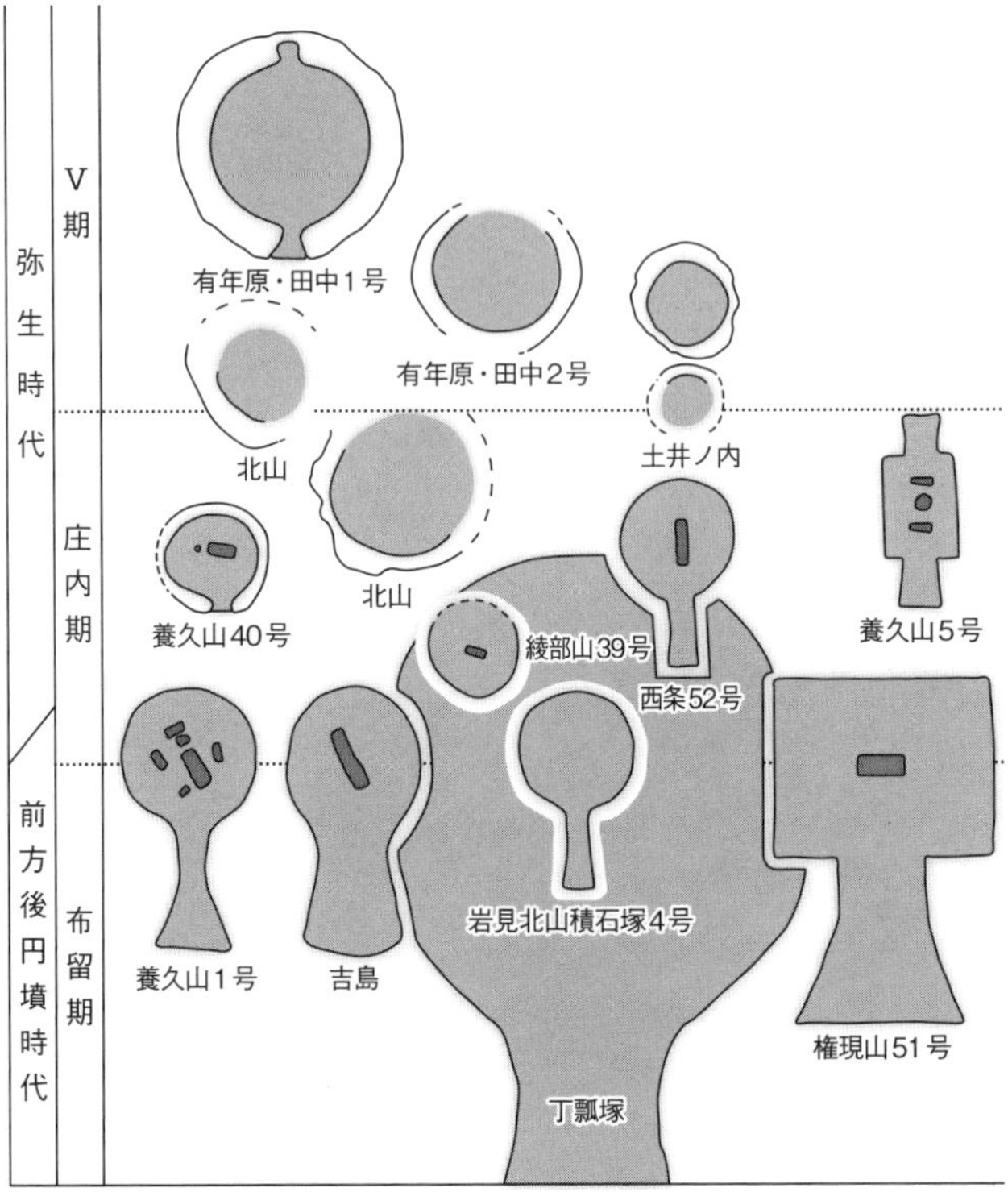

図11　播磨各地の主要墓制

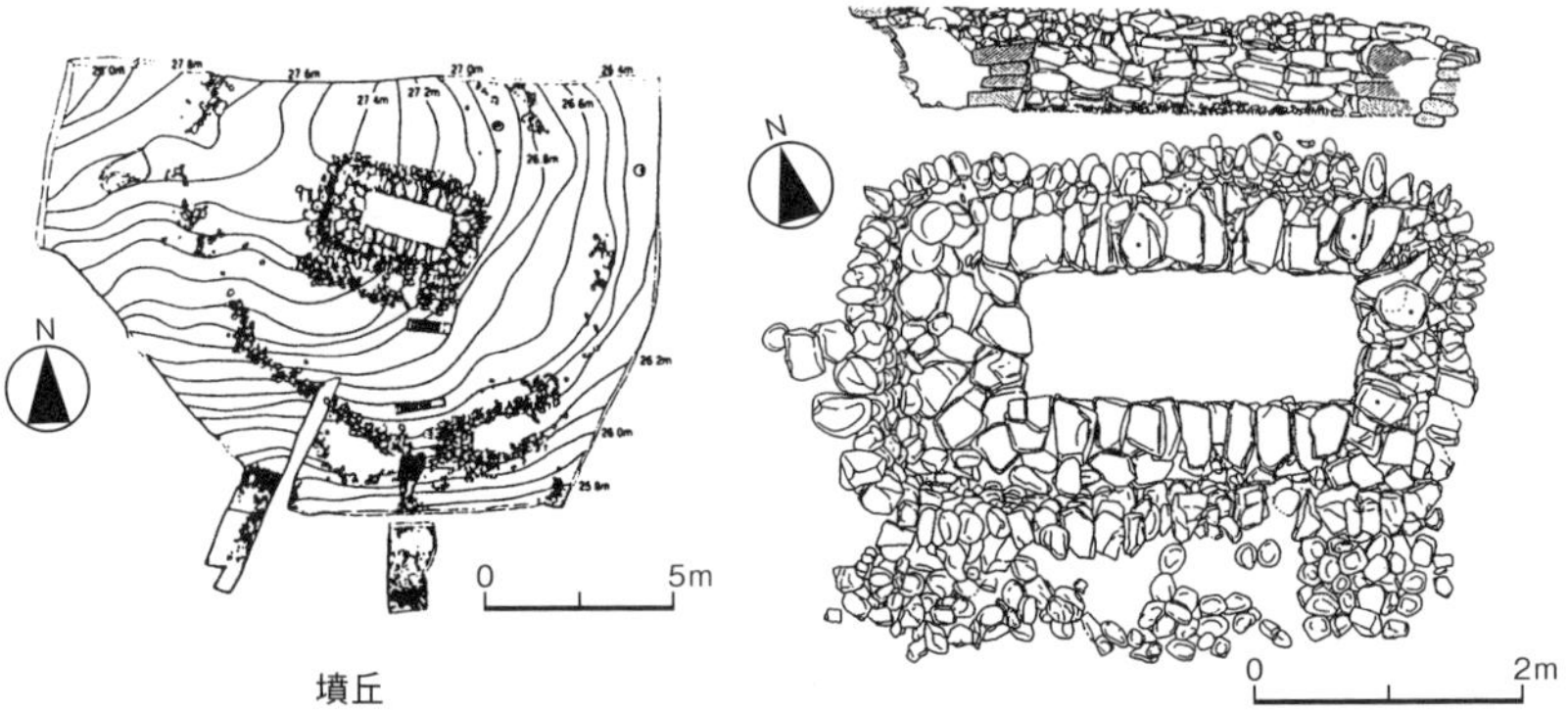

図12　兵庫県綾部山39号墳

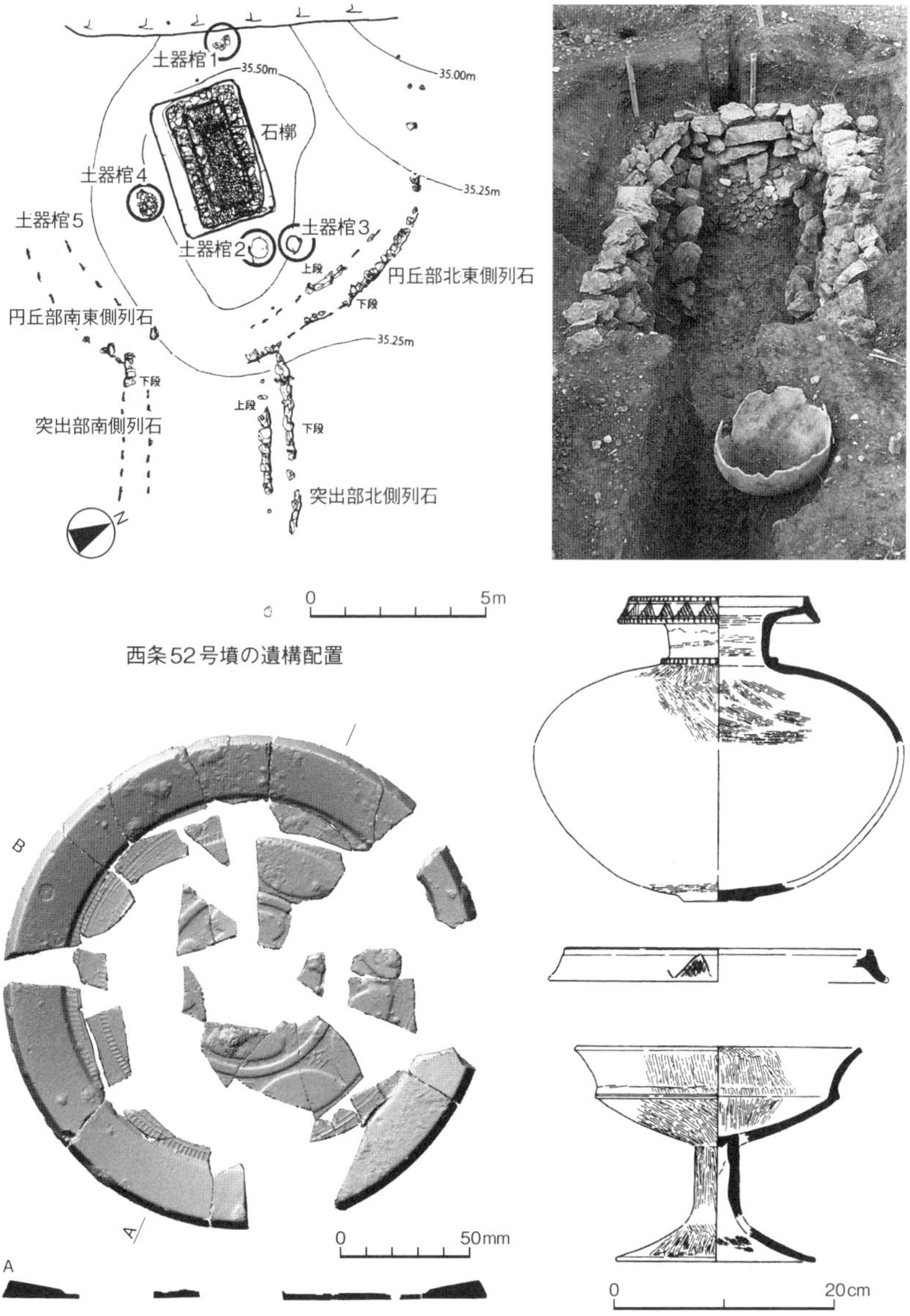

西条52号墳の遺構配置

図13　兵庫県西条52号墳

6 ホケノ山古墳の大壺は何に利用されたのか

ホケノ山古墳は三世紀中葉の全長八〇メートルの長突円墳（前方後円墳）で、石囲い木槨内に組合式U字底木棺を置き、画文帯神獣鏡・内行花文鏡をはじめ、多量の銅鏃・鉄鏃や鉄刀・剣が副葬されていた。積石木槨にはいくつかの類型があるが、ホケノ山古墳と同型は、阿波の萩原《はぎわら》一・二号墳（徳島県鳴門市）、讃岐の綾歌石塚山《あやうたいしづかやま》二号墳（香川県丸亀市、図10参照）、安芸の弘住《こうずみ》三号墳（広島市）や丹波の黒田《くろだ》古墳（南丹市）などがあり、現段階の最古例は萩原二号墳である。数少ない類例ではあるが、石囲い木槨墓は黒田古墳を除いて瀬戸内沿岸に集中しており、韓国南東部をルーツとする海人文化の一つとして瀬戸内沿岸に流入したように思われる。

ホケノ山古墳のくびれ部には葺石をこわして設置された木棺墓があり、大型の複合口縁壺（以下、大壺という）が添えられていた。この大壺は梅木謙一氏の検討によると伊予系であり、松山平野から今治平野にかけての地域（とくに今治市唐子台《からこだい》遺跡の土器棺）を故地とするという。

私は西部瀬戸内、とくに周防・長門からこの大壺がもたらされたのではないかと考えた。古墳時代早期に近畿に流入する西部瀬戸内系土器の多くは大壺に限られるのである。おそらくそれは、海洋航行に必要な飲料水を入れる容器だったのではないだろうか。ホケノ山古墳の大壺の初現は三世紀前半であり、西日本の国々と半島・大陸との交流が活発化したときである。石囲い木槨の類似から、ホケノ山古墳の被葬者を阿波・讃岐出身者と推定したが、その背景には西部瀬戸内に通ずる海人が存在していたのである。

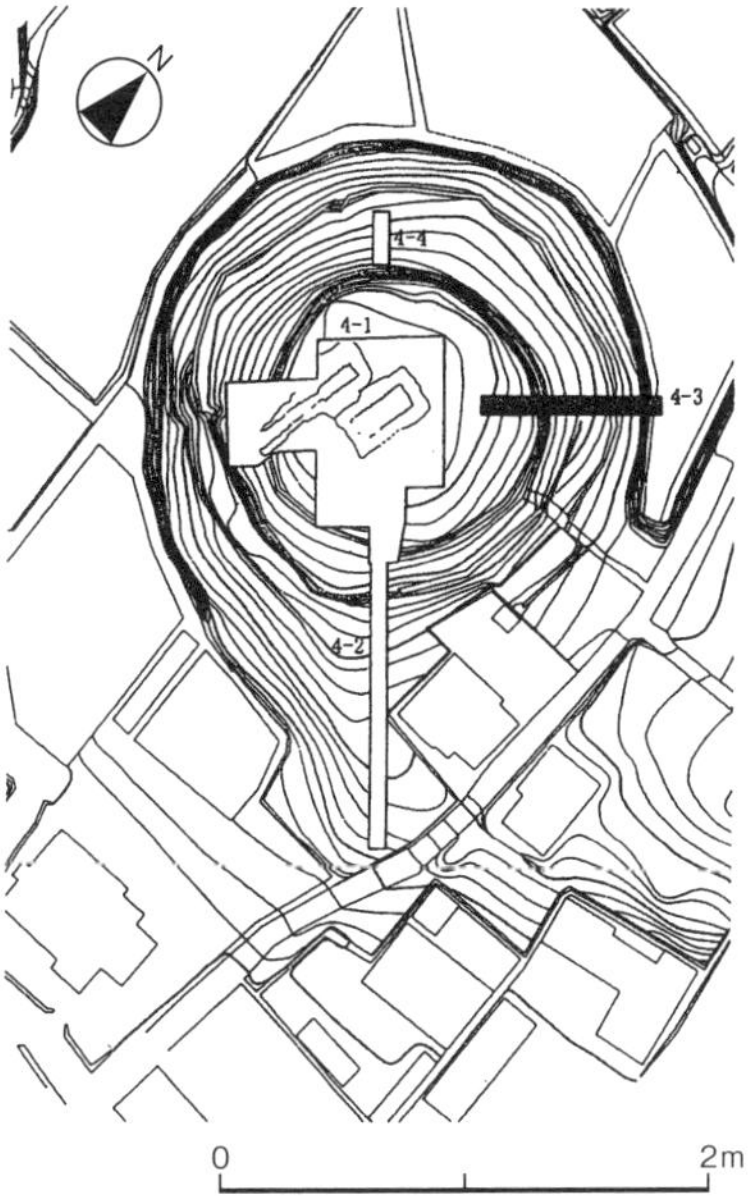

ホケノ山古墳

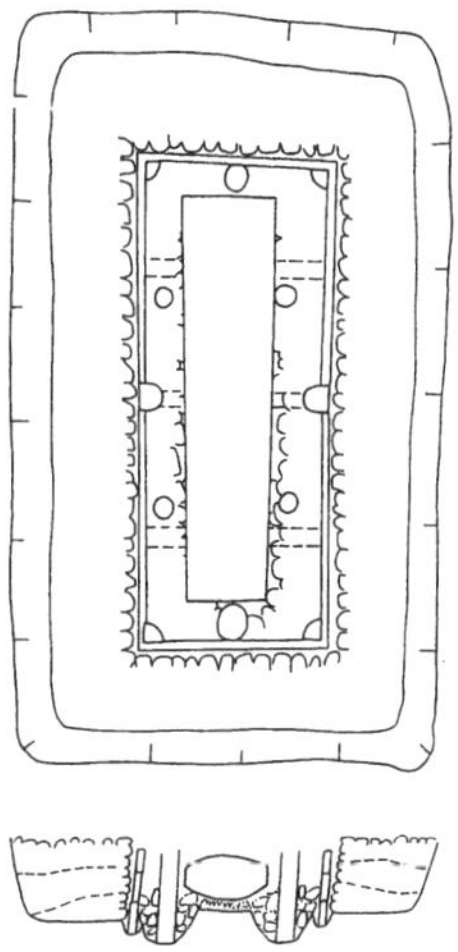

石囲い木槨

木槨側板の積み上げと並行
して石槨壁を積み上げる。
この過程で木棺を搬入する。

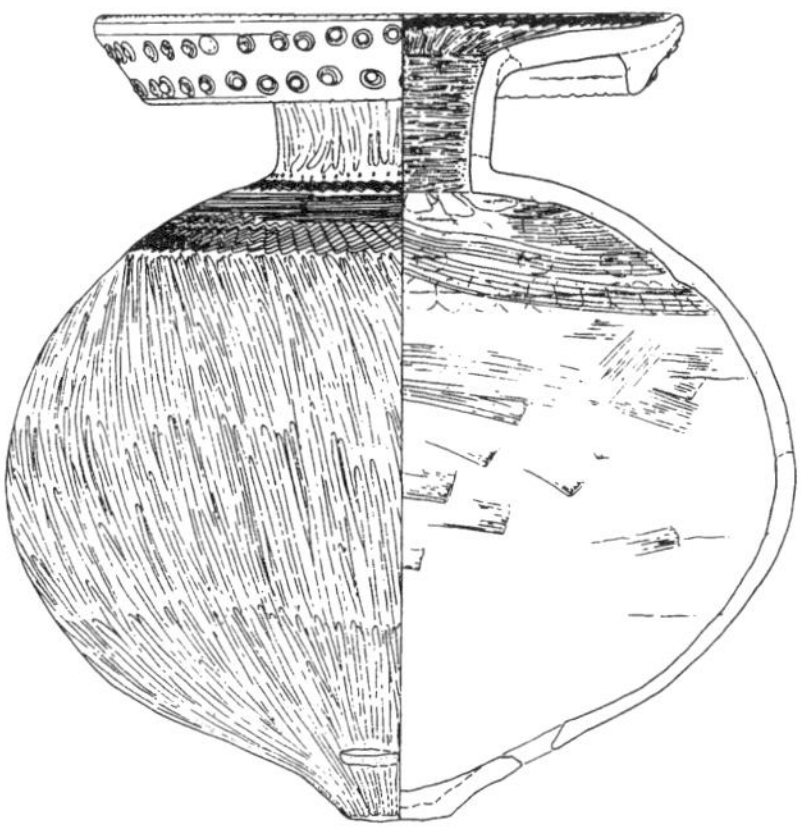

大壺

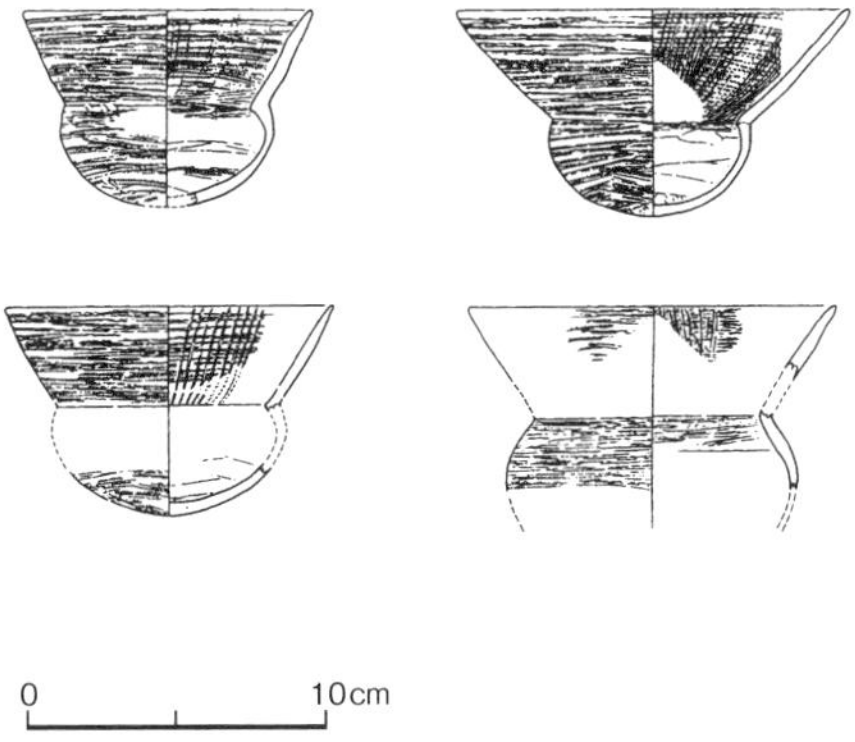

ホケノ山古墳出土土器

図14　奈良県ホケノ山古墳の埋葬施設と土器

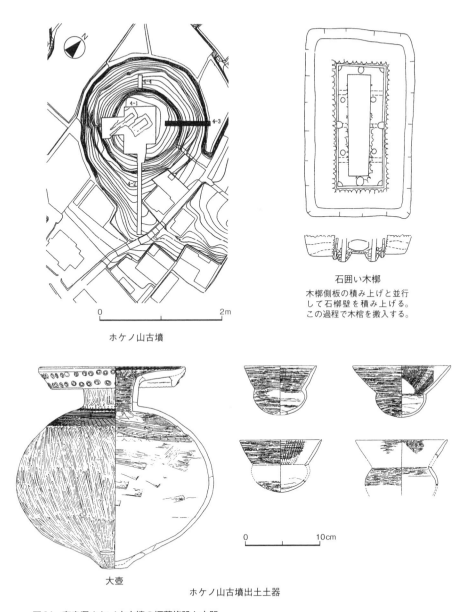

7 二、三世紀の筑紫と大和を結ぶ太平洋航路

二、三世紀の九州と近畿の交易ルートは、日本海、瀬戸内海、太平洋の三ルートがあった。そのうち主なルートは瀬戸内海で、日本海がそれに次ぎ、太平洋ルートはほとんど注目されていない。しかし近年、阿波南部と土佐中央部海岸から三世紀の畿内系土器（纏向式土器）をもつ集落があらわれ、九州―近畿の太平洋ルートの港津的役割をはたしている可能性が考えられるようになった。

このことは、柳沢一男氏によって注目されてきた南九州の纏向型古墳の動向と関連するのかどうかが、新たな課題として浮上してきた。

■阿波と土佐の纏向式土器

西日本の太平洋ルート上の阿波の芝《しば》遺跡（徳島県海陽町）と土佐の仁《に》ノ遺跡（高知市仁淀川河口）などから纏向式土器が集中して出土している。

芝遺跡は高知県との県境に近い海岸部に位置している。この遺跡からは外来系の土器が多く出土しており、一九六個体の土器のうち、在地の土器は一八パーセントと少なく、四八パーセントを吉野川支流の鯉喰川下流域の土器が占める。外来系の土器では河内系纏向式土器（纏向河内型）が二〇パーセント、残りを讃岐、土佐、吉備系の土器が占める。象徴的なのは、土佐独特の長胴甕と纏向河内型の甕が共存する点で、まさに太平洋ルートは河内が主動し、阿波や土佐が合流していたことがわかる。時には讃岐

と吉備も参画していたようだ。

高知県中央部、物部《ものべ》川と仁淀《によど》川流域の各遺跡には三、四世紀の纒向河内型甕が散在する。出原恵三氏によれば、南四国では二〇遺跡四〇点、西南部では三遺跡四点の畿内系土器の出土が確認されていて、中央部における畿内系土器はそのほとんどが搬入品であり、しかも圧倒的多数が河内産纒向甕で占められているという。瀬戸内の伊予三遺跡六点、讃岐一遺跡四点という纒向式土器の出土数と比較すると、土佐海岸部の突出ぶりは出原氏が強調するとおり、きわだっている。

しかし、この傾向は三世紀の纒向式土器段階に限られ、四世紀の布留式土器の段階になると、土佐の畿内系土器は希薄になる。これは邪馬台国時代の土佐と大和政権時代の土佐、ひいては太平洋ルートの占める位置が反映されている。つまり四世紀の大和政権は、危険な太平洋ルートではなく、日本海ルートと瀬戸内ルートを安定して通行できるようになったということであろう。

■南九州の纒向型古墳

寺沢薫氏と柳沢一男氏は大和起源の纒向型古墳が三世紀のうちに南九州に到達しているという。寺沢氏は鹿児島県川内市の端陵《はしのりょう》古墳、柳沢氏は宮崎県宮崎市の檍《あおき》一号墳と同県西都市の西都原《さいとばる》八一号墳などを例示している。その伝播ルートについて考えてみよう。

三世紀の南九州と近畿をつなぐルートは、一般的には日向灘―豊後水道―瀬戸内海―大阪湾が想定される。寺沢氏は、瀬戸内ルート上に吉備の楯築古墳（岡山県倉敷市）をはじめとして矢藤治山《やとうじやま》古墳（岡山市）・宮山古墳（岡山県総社市）などをあげ、さらに大久保一号墳（愛媛県西条市）、下原古墳（大分県国東市）などを示す。吉備には津寺遺跡（岡山市）をはじめ少量ながら纒向式土器が存在するので、三世紀の瀬戸内ルートを想定できる。

一方、前項で述べたように、土佐には仁淀川流域の仁ノ遺跡をはじめとして瀬戸内海沿岸の遺跡よりも多量の纒向式土器をもつ集落が存在する。したがって、近畿―南九州間に、大阪湾―紀淡海峡―太平洋（阿波・土佐）―大隅・日向ルートも考えねばならない。このルートでは、萩原一号墳（徳島県鳴門市）以外には纒向型古墳は未検出だが、二世紀の弥生後期の土佐は周知のように近畿式銅鐸と広型銅矛の分布圏であり、航路はすでに開通していたことも三世紀の太平洋ルートの前提として考慮すべきであろう。

■日向の土器絵画

弥生時代の土器絵画は、弥生中期末には奈良県唐古・鍵遺跡をはじめとして近畿地方に集中的に分布する。二世紀の弥生時代後期と三世紀の古墳時代早期には、唐古・鍵遺跡では記号文が主流となるが、西日本各地では象徴的図像が描かれるようになる。なかでも大阪湾水系では大和の組帯文や河内の竜文、日本海沿岸では但馬の海獣（シュモクザメ）に加えて日向の海獣が著しい。

日向の土器絵画の背景は、神話に登場する〝因幡《いなば》の白兎〟のウサギとサメの説話を想起するまでもなく、海洋民がもつサメへの畏怖が宮崎市下郷《しもごう》遺跡の弥生後期土器に強調されている背鰭群のように、二、三世紀に芽生えてきたようだ。それが南九州の日向に多いのは、神武伝承の背景に海洋民の存在が想定されていることの傍証となる。そのうえ、下郷遺跡の絵画土器は完形のまま土坑内に埋納されていて、唐古・鍵遺跡などにみられるように絵画土器を破壊し、旧河道に投棄された破片群として検出されるのとは異なった背景がありそうだ。

図 15　宮崎県下郷遺跡出土土器に描かれたサメの背鰭の強調（1998年 1 月、石野メモ）

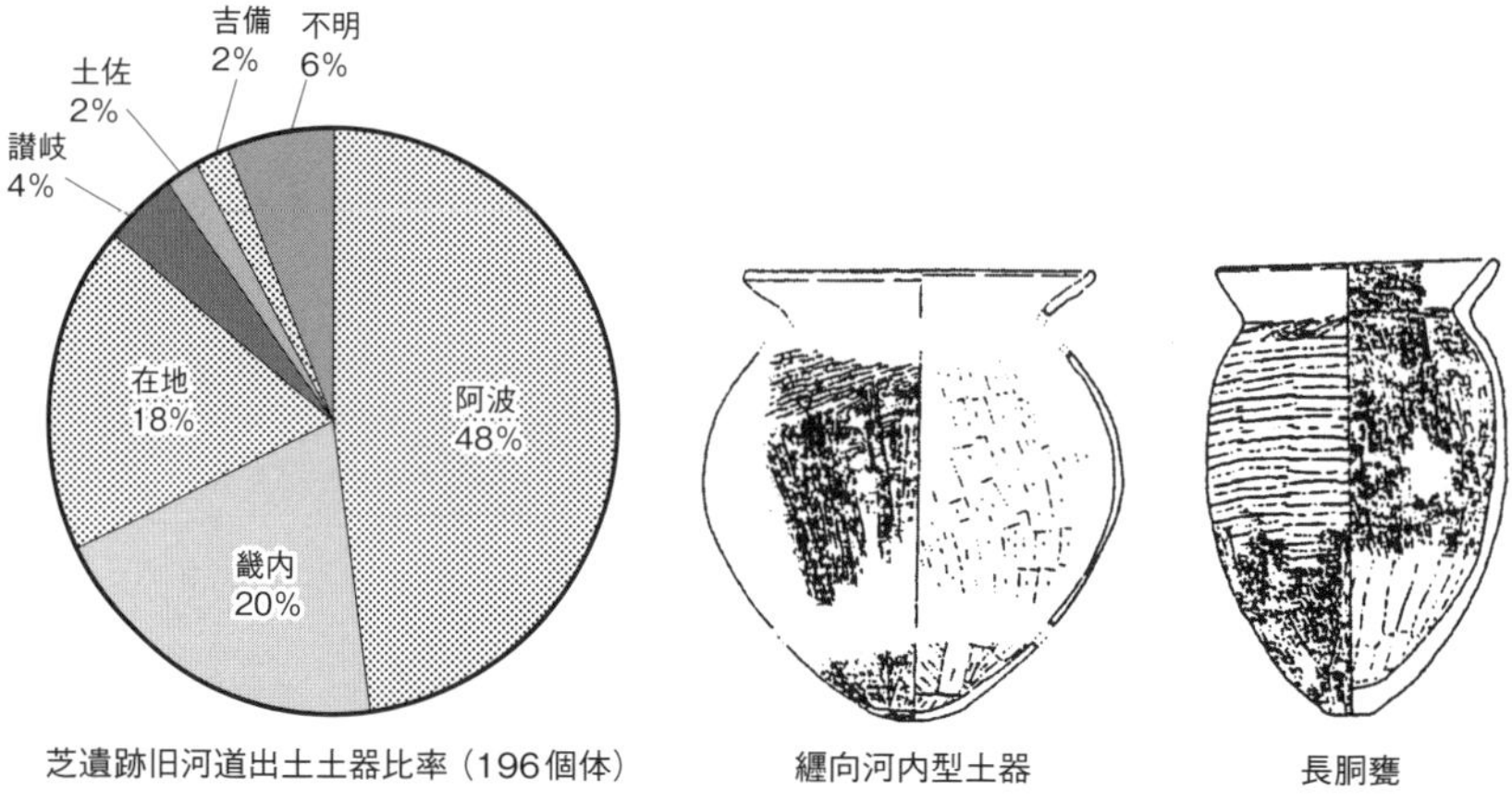

図 16　徳島県芝遺跡の 3 世紀の土器と外来系土器比率

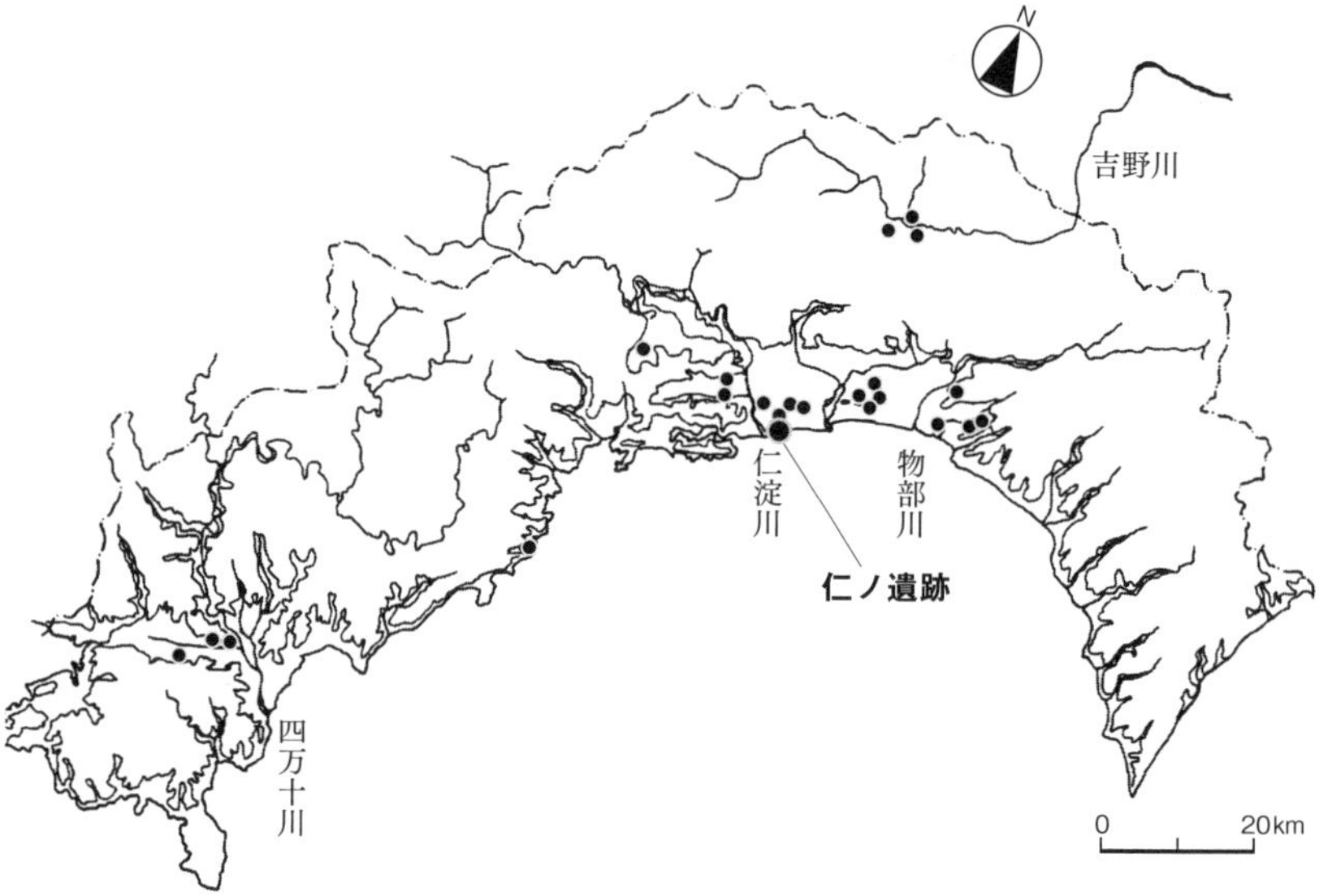

図 17　南四国の畿内系土器出土遺跡

図18　3世紀の太平洋航路

8　三世紀の大和と吉備の関係は？

■楯築古墳の登場

一八〇年頃、吉備に巨大な墓が築かれた。岡山県倉敷市楯築《たてつき》古墳である。径四〇メートルの円丘部の両側に、それぞれ二〇メートルの方形突出部を設け、全長八〇メートルとなる。楯築古墳以前の吉備の大型墓は一辺二〇メートル程度であり、当時の人びとは〝山をつくる〟ような大工事に驚嘆したであろう。しかも、墳丘のまわりに石をめぐらせ、さらに墳頂に背丈を超える巨石を立てめぐらせた。そのうえ中心は円丘で、伝統的な方墳をつくりつづけてきた吉備の人びとにとって、きわめて奇異な墓であっただろう。奇妙さは埋葬施設におよぶ。長辺九メートルの大きな墓壙と二重の木槨と木棺、その中はまさに〝朱の海〟で、三〇キロ余の水銀朱が遺体を包む。

列島最古、最大の巨大な突出部付円丘墓と墳丘をめぐる石垣と墳頂の列石、そして二重の槨棺と多量の水銀朱。木槨上には礫を積み上げて密封し、礫内に特殊文様を刻んだ組帯文石（弧帯文）を砕いて混ぜ、礫上に呪縛した人面付組帯文石を置いた。墳丘の巨大さと棺槨の二重構造、まさに古墳の出現にふさわしい。そのうえ、円丘部斜面には約三〇個の葬儀用器台（特殊器台）が散在し、復元された一個体は「高さは約一一二センチ、口縁径・底径とも四六・五センチ」で、その間に刺突文や波状文の文様をめぐらす。近藤義郎氏命名の「特殊器台」は、弥生時代末から古墳時代初頭にかけて吉備の葬送儀礼用具として使用され、埴輪のルーツとなる。

■後れて纒向石塚古墳

この頃、大和では伝統的な方形周溝墓が一般的であって、大きさも一〇〜二〇メートルしかない。もちろん、墓に石をめぐらせることもなく、木槨もない。

ほぼ一世代後れの二一〇年頃、全長九六メートルの突出部付円丘墓である纒向石塚《まきむくいしづか》古墳がつくられた。吉備の最新情報は、どの程度大和に伝わっていたのだろうか。大きさは楯築古墳を超えたが、墳丘をめぐる石垣・葺石も墳頂の列石もなく、突出部は一つになった。吉備では、楯築古墳につづいて一突起円丘墓の総社市の立坂《たちざか》古墳や宮山《みややま》古墳が築造されているので、それらの情報が加わっていたのかもしれない。とくに、宮山古墳の葺石は一部に限られているので、墳丘に石をめぐらせることのない大和型を考案したのかもしれない。纒向地域には石垣も葺石もない纒向勝山《かつやま》古墳、纒向矢塚《やづか》古墳、東田大塚《ひがいだおおつか》古墳がつづけてつくられている。

■大和の葬儀用器台と弧文円板

大和の古墳に吉備ルーツの葬儀用器台が登場するのは、三世紀の中山大塚《なかやまおおつか》古墳（全長一三〇メートル）、箸中山《はしなかやま》古墳（箸墓、全長二八〇メートル）、西殿塚《にしとのづか》古墳（全長二三〇メートル）などで、それぞれ墳頂の一部に樹立された。とくに、最初の大王墓である箸中山古墳では円丘上部に一辺四〇メートル余、高さ四メートル余の円礫壇を設け、その上部に葬儀用器台群を置き、方丘部には葬儀用壺群を置く。吉備では二世紀末以降、葬具としての器台と壺がセットで使用されているのに、大和では円丘部と方丘部に分離しており、葬送儀礼が変質している。

変質のもう一つは、纒向石塚古墳の墳丘周濠から纒向1類（従来の弥生5様式末）の土器群と共伴した「弧文円板」である（図45参照）。弧文円板は、径五六センチの円板の一面に吉備ルーツの弧文を描き、高さ三メートル余の棒上にとり付け樹立した。この弧文の祖型は、楯築古墳の弧帯石の文様にあり、吉備の弥生時代後期中頃の葬送儀礼が大和の弥生時代後期末（纒向1類期）に採用されており重要である。

■大和では異質なホケノ山古墳

三世紀の中頃、纒向地域の一画に全長八〇メートルの一突起円墳であるホケノ山古墳がつくられた（図14参照）。墳丘には二段に石垣をめぐらせ、埋葬施設は〝石囲い木槨、木棺〟で、その上に礫の方丘をつくる。楯築古墳と同様、槨底に〝枕木〟を数本置くが、異なるのは槨内に四本柱と棟持柱を立てて、墳丘内に家形木室を設けている点である。さらに大きな違いは、吉備特有の葬儀用器台がないことと、楯築古墳にはなかった銅鏡をもつことである。

ホケノ山古墳は大きく瀬戸内中・東部の二〜三世紀の墓と共通するが、葬儀用器台をもたない点で阿波や讃岐の墓といっそう親縁関係がありそうだ。墓壙内柱穴は朝鮮半島南部の慶尚道から全羅道に三十数基知られているので、瀬戸内海をこえた交流が考えられる。ホケノ山古墳の被葬者は半島と往来していた阿波、讃岐の海洋民であろう。大和は彼らの協力によって、海外貿易を進めることができた。

■大和には葬儀用器台をもつ大型古墳が多い

大和には吉備系といわれている葬儀用器台と葬儀用器台系埴輪が多い。おおやまと古墳集団のなかの中山大塚古墳や箸中山古墳（箸墓）などである。中山大塚古墳の宮山型器台の文様は、向木見《むこうぎみ》型のある段階から分かれて成立し、同古墳で共伴する都月型葬儀用器台の文様の祖型は纒向石塚古墳の「弧文円板」だと豊岡卓之氏は言う。また、宇佐晋一氏と斉藤和夫氏は纒向石塚古墳の「弧文円板」がなければ、楯築古墳の弧帯石文様は成立しえないと指摘している。

しかし、楯築古墳と纒向石塚古墳の共伴土器は、明らかに楯築古墳のほうが古いので、私は纒向石塚古墳では二世紀後半には吉備で成立していた組帯文を弧文円板に刻み、三世紀初頭に使用したと考えている。

■吉備に少ない大和系土器、大和に少ない吉備系土器

吉備創案の突出付円丘墓を早い段階で受け入れている大和には、吉備の土器が意外と少ない。二世紀後半（纒向1類）から大和纒向へやってくる〝外人〟が目立ってきた。なかでも、美濃・尾張・伊勢の人びとがその五〇パーセントを占めたが、吉備も約二〇パーセントと目立っていた。それが三世紀に入ると、吉備は七パーセント（纒向2類、同3類前半）から三パーセント（纒向3類後半、同4類）へと激減する。

秋山浩三氏によると、河内には約七〇パーセントのムラやマチに吉備人が来ており、大和との違いが著しい。河内と吉備の交流は盛んで、岡山市津寺の纒向型甕の大半は河内型で大和型はきわめて少ない。人びとの交流を具体的に示す土器が少ないのに、大和では葬送儀礼用具である吉備系の特殊器台が多いのは、なぜだろうか。

A　楯築古墳と次世代の纒向石塚古墳段階には、祭政を含む吉備主導のトップクラスの強い関係があった。その後、大和が主導権を握って大型墓をつくりつづけ、人的交流は河内が担当した。

B　吉備が大和・河内を征服し、河内に新政権を築いて大和を墓域とした。

C　……

D　……

と想像はふくらむ。

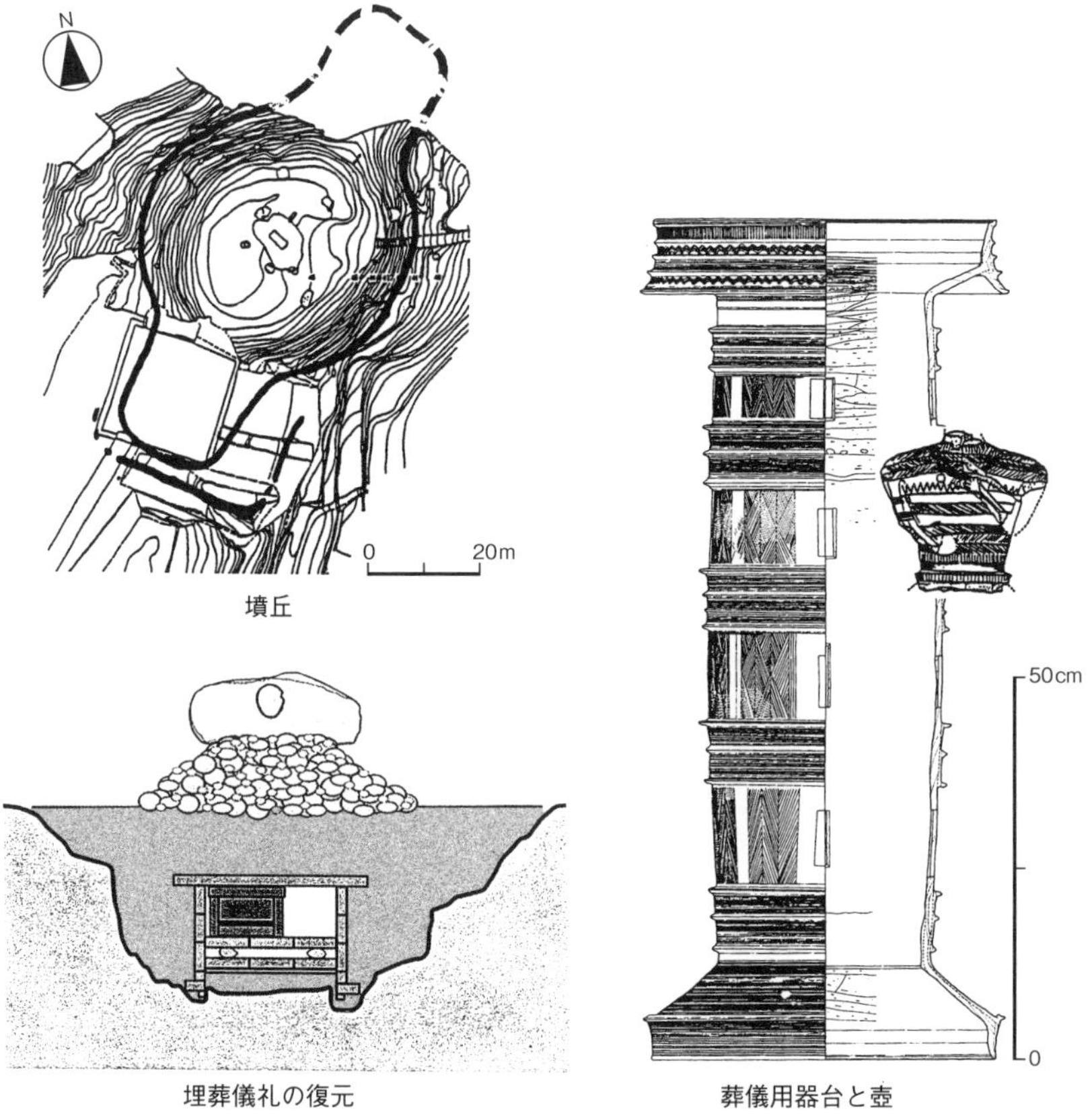

墳丘　埋葬儀礼の復元　葬儀用器台と壺

図19　岡山県楯築古墳

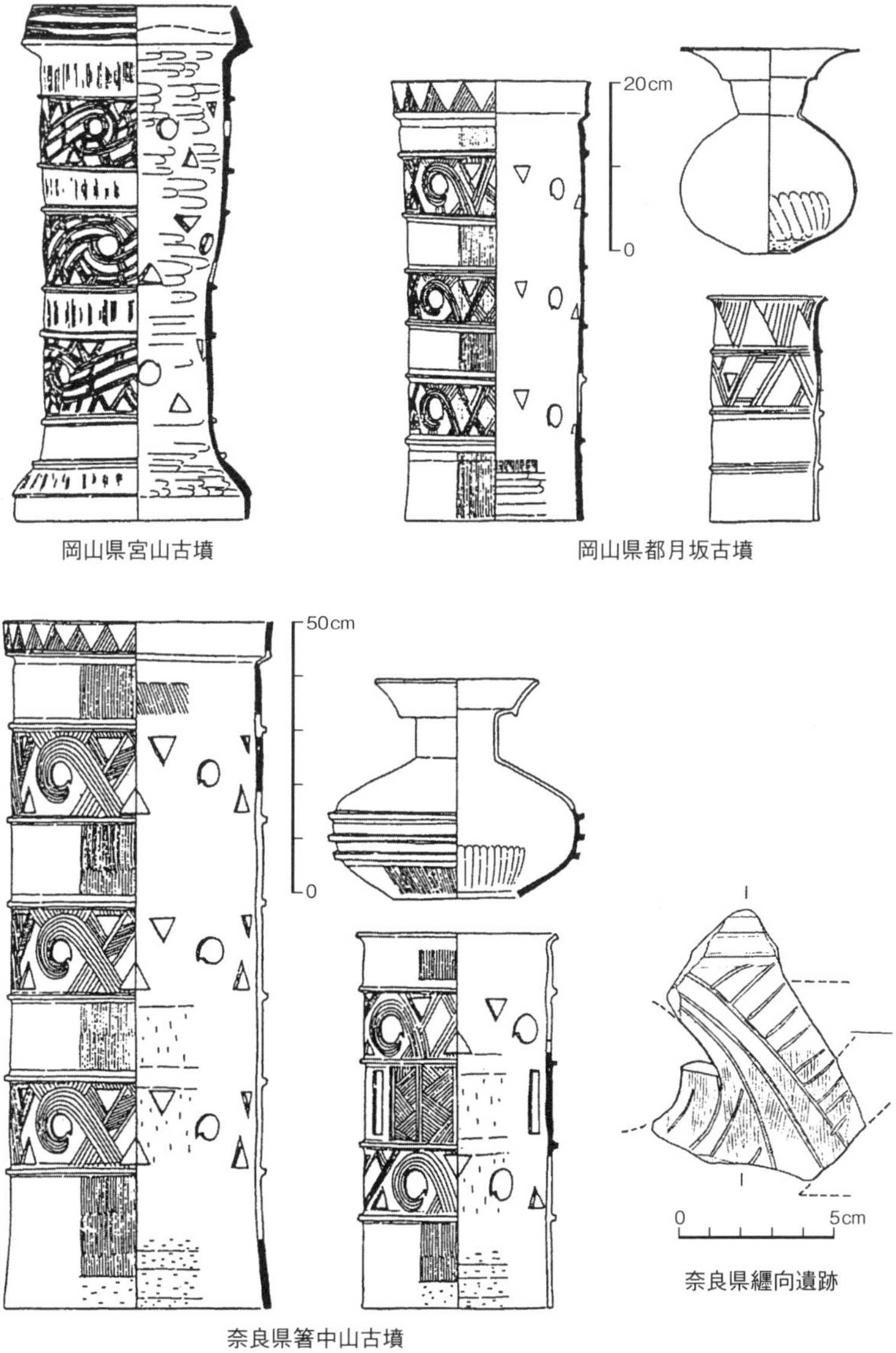

図 20　吉備と大和の葬儀用器台

9 三世紀の三角関係──出雲・吉備・大和

三世紀の倭国連合は一様ではなかった。国々は独自に対外貿易をおこない、離散集合していた。西日本の対外ルートである日本海・瀬戸内海・太平洋の各沿岸地域の国々も同様である。大和・吉備・出雲の関係をみてみよう。

■出雲の動き

二世紀末、出雲西部の王墓（出雲市西谷三号墳）は吉備の葬送儀礼用具である葬儀用器台（特殊器台）で飾られ、丹但《たんたん》（丹後《たんご》・但馬《たじま》）の使者が葬礼に参列した。同じころ、丹但越《こし》（丹後・但馬・越前・越中・越後）の人びとが因幡《いなば》に集団移住し（鳥取市西大路土居《にしおおろどい》遺跡）、さらに三世紀前半には伯耆《ほうき》東部（下張坪《しもはりつぼ》遺跡）に進出してきた。二、三世紀を通じて丹但越と因伯雲（因幡・伯耆・出雲）の間に航路が定量的にあったことを示している。

二世紀末に出雲と共通の葬送儀礼をおこなった吉備の王がいた（岡山市楯築古墳）。楯築古墳は二世紀末の列島最大（全長八〇メートル）の墳墓であるだけでなく、二突起円丘形・木槨構造・多量の水銀朱という画期的な要素を備えている。

三世紀前半から後半にかけて、伯耆西部と出雲東部（松江市南講武草田《みなみこうぶくさた》遺跡）に和河（大和・河内）の人びとがあらわれ、定住した。それとともに吉備の人びとは出雲から姿を消し、出雲独特の四隅突出型方形墓も衰退に向かった。
出雲は吉備との連合を解消し、大和との連合に向かったのだろうか。

■ 大和の動き

二世紀末、大和には吉備の人びとが尾張人についで多く住んでいたが、三世紀に入ると激減する（纒向遺跡）。ところが三世紀中葉から後半にかけて大和の王は吉備系の葬送儀礼を採用しつづける（天理市中山大塚古墳・桜井市箸中山古墳などの葬儀用器台）。河内には葬儀用器台をもつ墳墓は少ないが、吉備系土器は大和よりはるかに多い。吉備の畿内系土器の多くも河内系であって大和系ではない（岡山市津寺遺跡）。河内を通じて大和は吉備と連携し、瀬戸内航路を確保していたようだ。

二世紀末から三世紀前半の大和への来住者は圧倒的に尾張人が多い（纒向遺跡五〇～六〇パーセント）。しかし、三世紀中葉以降、尾張系は激減し、近江系が増加する。このころ、大和は出雲に進出しており、吉備では少ない。吉備と大和の関係は冷え、大和は近江経由の日本海ルートを選択したようだ。三世紀中葉はヒミコからトヨへの交替期であり、邪馬台国が大和であれば、トヨの新たな選択といえる。尾張と大和の関係は希薄となり、大和と近江が結んで、大和は日本海ルートを通じて出雲に進出し、半島から大陸へのルートの確保に乗り出した。

三世紀後半の大和・出雲連合の成立だが、出雲の四隅突出型方形墓は衰退するとはいえ、方形墓世界が継続するところに出雲世界の新たな展開がよみとれる。

■ **吉備から独立する大和**

葬儀用器台は二世紀末・弥生後期以来の地のカミをまつる祭具であり、四世紀中葉には消滅する。鏡、とくに三角縁神獣鏡は三世紀後半に天のカミをまつる祭具として登場した、という。

その二者が、播磨の権現山《ごんげんやま》五一号墳（たつの市）で共伴した。権現山五一号墳は、三世紀末の全長四二メートル余の長突方墳（前方後方墳）で、葬儀用器台と五面の三角縁神獣鏡をもつ。地と天のカミをともにまつるのは播磨人の知恵だ。

吉備では円丘墓に葬儀用器台をまつるが、鏡はなく（宮山古墳・矢藤治山《やとうじやま》古墳など）、大和には円丘墓＋葬儀用器台＋鏡（中山大塚古墳）と円丘墓＋鏡（葬儀用器台ナシ、ホケノ山古墳）がある。阿波・讃岐にはホケノ山古墳と同類型の萩原一号墳（徳島県鳴門市）や奥古墳群（香川県さぬき市）があり、ホケノ山古墳は葬儀用器台をもたない瀬戸内東部系であろう。

出雲の王墓の一部は葬儀用器台をもつ（西谷三号墳）が、多くは方丘墓で葬儀用器台も鏡も、もたない。

円丘墓と葬儀用器台は吉備で生まれて大和に波及し、大和で鏡が加わった、と考えられる。そして、四世紀中葉には大和の王墓から葬儀用器台が消えた（行燈山古墳・渋谷向山古墳など）。

大和の吉備からの独立である。吉備主導のヤマト王権から大和主導へと転換したのである。

表2　葬儀用器台をもつ古墳と鏡をもつ古墳

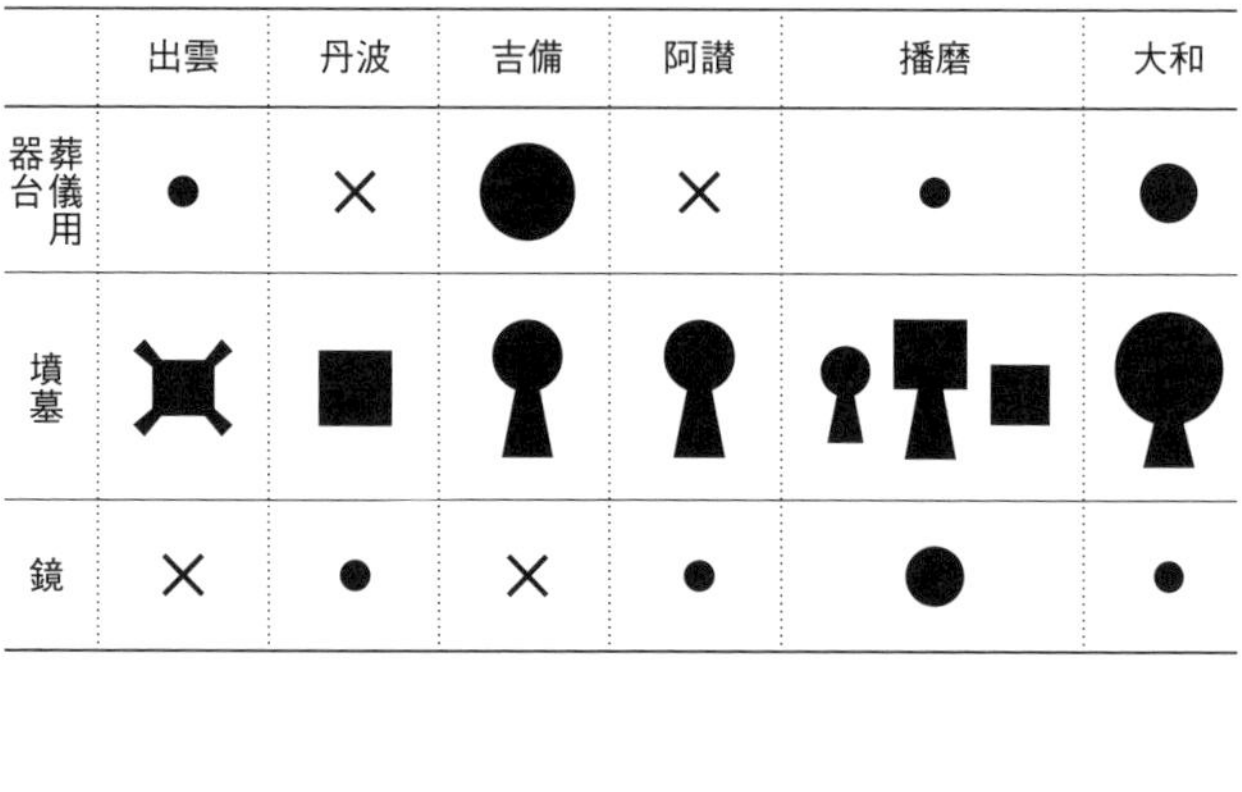

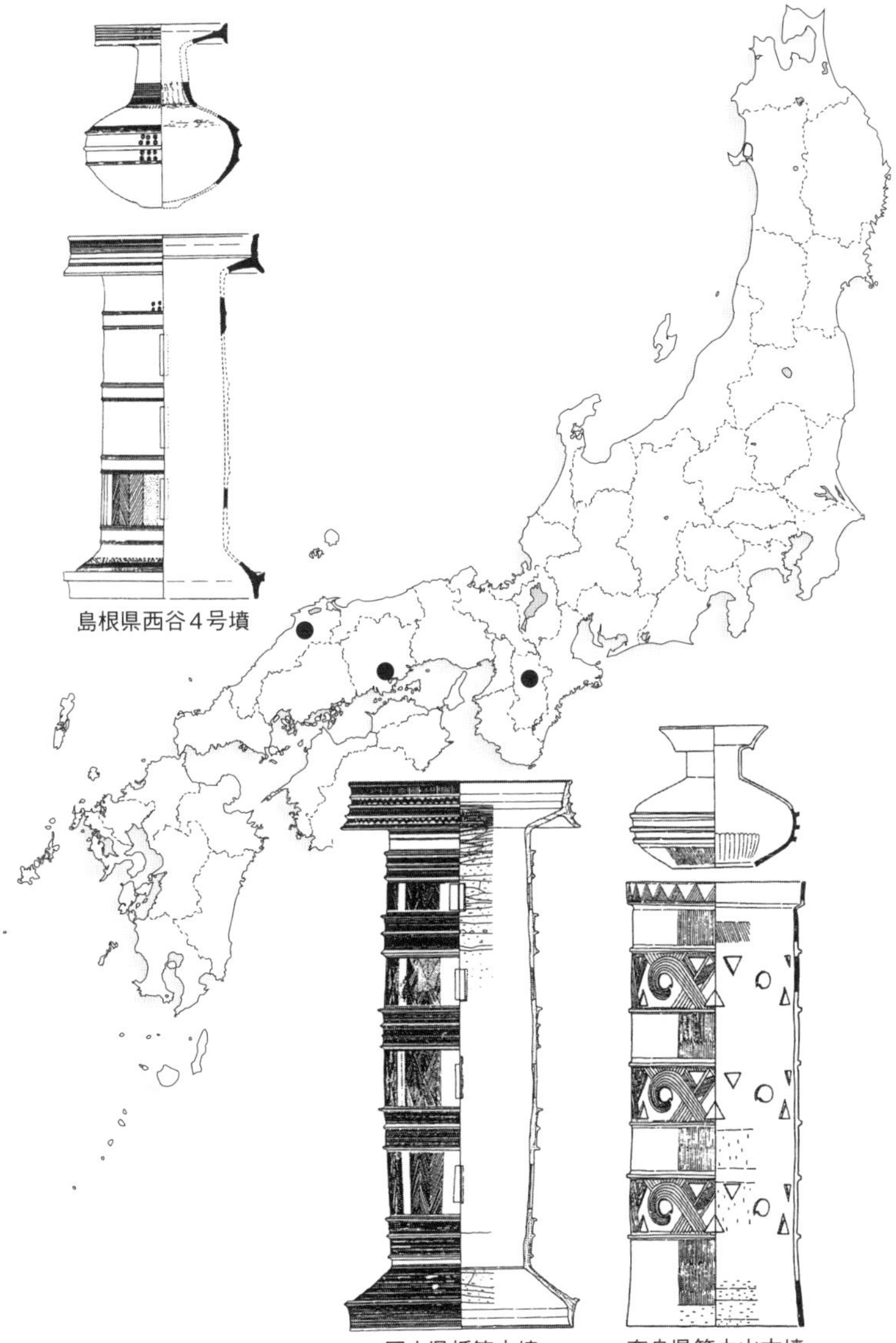

図21　出雲・吉備・大和の葬儀用器台

10 丹・但・摂の紀年銘鏡

■三世紀の紀年銘鏡

北は群馬県から南は宮崎県まで、三世紀の紀年銘をもつ鏡は一三面出土している（表3）。

青龍三年（二三五年）銘鏡　二面（大田南《おおたみなみ》五号墳、安満宮山《あまみややま》古墳）
赤烏元年（二三八年）銘鏡　一面（鳥居原《とりいばら》古墳）
景初三年（二三九年）銘鏡　二面（黄金塚《こがねづか》古墳、神原神社《かんばらじんじゃ》古墳）
正始元年（景初四年〈二四〇年〉）銘鏡　五面（森尾《もりお》古墳、柴崎蟹沢《しばざきかにざわ》古墳、外山茶臼山《とびちゃうすやま》古墳、竹島《たけしま》古墳、広峯《ひろみね》一五号墳）
赤烏七年（二四四年）銘鏡　一面（安倉《あくら》古墳）
出土古墳が不確実な二面（伝宮崎県出土の景初四年銘鏡・伝京都府上狛《かみこま》古墳の元康□年銘鏡）

出土地が不確実な二面を除くと紀年銘鏡一一面のうち五面が丹・但・摂に集中していることがわかる。

また、青龍、景初、正始は魏の年号だが、赤烏は呉の年号である。

紀年銘鏡は小型の円・方墳からの出土が多く、一一面中七面を占める。四面は、長突円墳（前方後円墳）からの出土で、そのうち二面は山口県の竹島古墳と大阪府の黄金塚古墳の出土である。この二基の古墳は四世紀後半の築造で、鏡の製作年代とは約一四〇年余の開きがある。

紀年銘鏡をもつ小型古墳のうち、土器によって相対年代を推定できるのは大田南五号墳と神原神社古墳である。大田南五号墳の土器は、三世紀後半から三世紀末のもので、二九〇年以前におさまる。神原神社古墳の土器は、四世紀前半であろう。共伴土器が不明確な安満宮山古墳や森尾古墳は、墳形・墓壙・共伴副葬品などから四世紀前半までと推定できるので、紀年銘鏡をもつ小型古墳は、三世紀後半から四世紀前半の幅の中で考えることができる。

つまり、小型古墳の紀年銘鏡は列島にもたらされてから一〜三世代間に副葬され、長突円墳の紀年銘鏡は四〜七世代間に副葬されたこととなる。このことから、小型古墳被葬者は紀年銘鏡を中国から直接輸入した可能性があるのに対し、長突円墳被葬者は間接入手の可能性が考えられる。

この場合、小型古墳の被葬者が直接交渉したのは中国の魏とは限らない。公孫氏は二三八年に魏によって滅ぼされるまで半島北部から中国東北部に君臨しており、魏・呉と外交交渉をおこなっていた。公孫氏は、その製品に魏や呉の年号を付し、背後の倭と交渉していた可能性は十分に考えられる。したがって、魏の年号である青龍三年銘鏡は魏鏡とは限らず、公孫氏鏡であるかもしれない。

列島内の国々の首長は、卑弥呼遣使以前、すなわち二三八年以前から公孫氏と交易をおこなっていた。韓国の遺跡から出土する二、三世紀の出雲の九重《くのう》式土器や筑紫の西新町《にしじんまち》式土器は国々の交易の傍証となるだろう。

それでは、呉の赤烏七年銘鏡（二四四年）をもつ摂津・安倉古墳被葬者は公孫氏滅亡後に呉と直接交渉していたのだろうか。

旧公孫氏領域で、公孫氏滅亡後に呉の年号鏡を製作することはありえないし、魏の官営工房で呉の年号鏡製作はさらにない。そうなると、安倉古墳被葬者の独自の活動を想定させる。卑弥呼政権は、必ずしも外交権を掌握していたわけではないことは、魏の皇帝下賜品である「五尺刀」に近い長刀が筑紫・上町向原《うえまちむかいはら》、伯耆《ほうき》・宮内《みやうち》第一、丹波・内場山《ないばやま》、但馬・妙楽寺《みょうらくじ》、越前・乃木山《のぎさん》などで出土（図32参照）していることからも推定できる。それでは、なぜ安倉なのか。安倉の位置が、のちの武庫《むこ》の泊《とまり》をもつ武庫川中流域であり、海洋民を想定できる。

このころ、大和の土着豪族に海洋民は存在しない。しかし、卑弥呼を共立した三〇の国々には海洋国があり、その一つが阿波（萩原古墳群）を故郷とする大和のホケノ山古墳被葬者である。現在、大和からは三世紀の紀年銘鏡は出土していないが、ホケノ山古墳を含む纒向古墳群の中に三〇の国々の出身者の墳墓があり、その中から今後検出される可能性が高い。

二〇一〇年、奈良県桜井市外山茶臼山古墳から八一面の銅鏡とともに正始元年銘と推察できる鏡片が検出された。外山茶臼山古墳は全長二〇〇メートル余の長突円墳だが、おおやまと古墳群から離れた地点にあり、王権中枢との関係は微妙だ。

■存在しない「景初四年」銘鏡のナゾ

日本で出土している紀年銘鏡一三面のなかに、存在しない年号「景初四年」の銘をもつ鏡が二面ある。一面は京都府福知山市の広峯一五号墳出土、もう一面は辰馬考古資料館所蔵の鏡で、宮崎県持田古墳群から出土したと伝えられる。

景初三年一月に魏の明帝は逝去しており、翌年は改元されて正始元年であって列島内でも正始銘鏡が四面出土している。それなのになぜ景初四年銘が存在するのか。

漢の正統的な後継王朝といわれている東晋（三一七～三八五年）に「升平」という年号がある。敦煌莫高窟《とんこうばっこうくつ》の周辺にあるおびただしい墳墓群の中から「升平一三年」（三六九年）の墨書のある五穀瓶が出土している。この頃、敦煌一帯は前漢を建てた張氏一族が支配しており、東晋の勢力は及んでいなかった。しかし、東山健悟氏によれば、漢民族の名族たる晋の涼州刺史張軌の曾孫にあたる帳天錫は晋の忠臣をもって自任し、遠く離れたこの砂漠地帯を固守し、好んで東晋の年号を使用しており、東晋では「升平」の年号は五年までなのを知らず、升平一三年と記しているという。

景初一、二年にすでに倭に入国していた魏明帝の忠臣が存在し、改元を知らずか、あるいは知っていても景初の年号を固守したのではないか。その場合、魏人が倭の長突円墳（前方後円墳）に埋葬されたのかが問題となる。

類例としては年代が新しいが、一七世紀にベトナムで死去した日本人、谷弥次郎衛はベトナム型の亀甲墓に葬られている例（黒板勝美建碑）が参考になる。時代を問わず、外国で客死したとき、出身地の葬法をとらず、その土地の葬法をとる一族がありうる一例と考えておきたい。

そうであれば、存在しない年号である景初四年銘鏡によって、卑弥呼が下賜された鏡ではないと否定された三角縁神獣鏡は後世に鋳造されたが、かつて魏へ遣使したという記念すべき年号を記入した、という考え方もとりうるし、同鏡の国産説を補強することになろう。

表3　3世紀の紀年銘鏡

	紀年銘鏡	紀　年	出土古墳	墳　形
1	青龍三年銘鏡	235年	京都府京丹後市（丹後） 大田南5号墳	方　墳
2	青龍三年銘鏡	235年	大阪府高槻市（摂津） 安満宮山古墳	方　墳
3	赤烏元年銘鏡	238年	山梨県市川三郷町 鳥居原古墳	円　墳
4	景初三年銘鏡	239年	大阪府和泉市 黄金塚古墳	長突円墳
5	景初三年銘鏡	239年	島根県雲南市 神原神社古墳	方　墳
6	景初四年銘鏡	240年	京都府福知山市（丹波） 広峯15号墳	長突円墳
7	景初四年銘鏡	240年	辰馬考古資料館蔵 伝宮崎県持田古墳群	不　明
8	正始元年銘鏡	240年	兵庫県豊岡市（但馬） 森尾古墳	方　墳
9	正始元年銘鏡	240年	群馬県高崎市 蟹沢古墳	円　墳
10	正始元年銘鏡	240年	奈良県桜井市 外山茶臼山古墳	長突円墳
11	正始元年銘鏡	240年	山口県周南市 竹島古墳	長突円墳
12	赤烏七年銘鏡*1	244年	兵庫県宝塚市（摂津） 安倉高塚古墳	円　墳
13	元康□年銘鏡*2	291～299年	五島美術館蔵 伝京都府上狛古墳	不　明

＊1　赤烏七年か十年　　＊2　元康□年文字不明

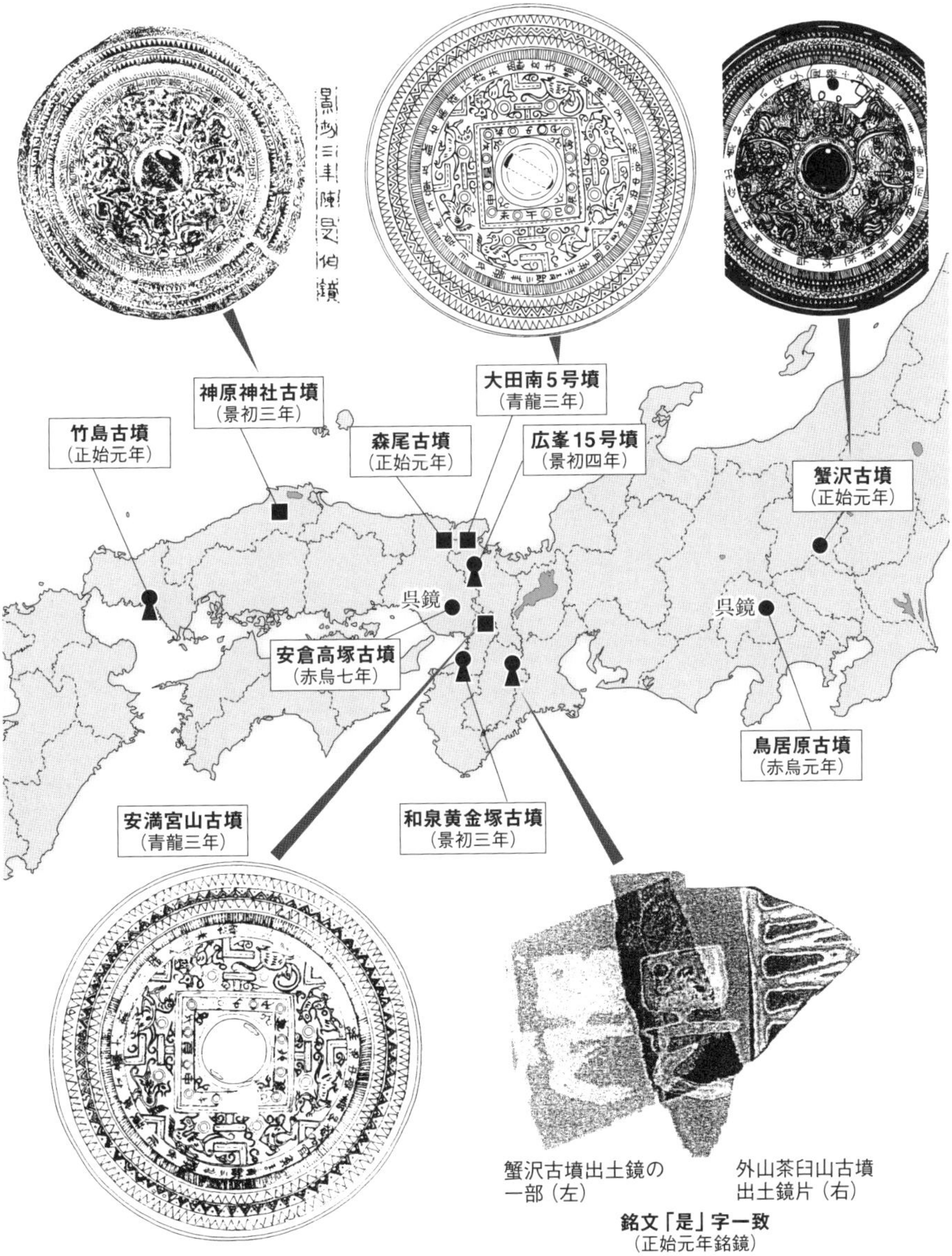

図22　3世紀の紀年銘鏡の分布（呉鏡以外は魏の年号鏡）

11　卑弥呼擁立を図った祭場か？——伊勢遺跡

滋賀県守山市の伊勢《いせ》遺跡は、弥生時代後期中葉に突然琵琶湖東岸に出現し、弥生時代末期まで継続した祭場である。

径二二〇メートル余の円周の中央部に一辺一二〇メートル余の二重の柵に囲まれた長方形区画があり、その東部に「楼閣」、西部には二間×四間の「祭殿」を含む四棟以上の建物を設けて中心建物群とする。そして、円周上には七棟以上の高屋（高床建物）を等間隔に配置している。この七棟の高屋は、すべて一間×五間の同規模で建てられており、円周上にすべて配置されていれば二〇棟が並び、建物の間から神体山・三上山《みかみやま》が遠望できる。

二〇〇三年一月に調査中の伊勢遺跡を訪ねたとき、環状配置の建物に接して一辺一三・五メートルの弥生後期中葉の竪穴建物が調査されていた。壁高は約五〇センチで床面の数メートル余はガチガチに焼きしまり、一辺二〇センチ余で厚さ五センチ余のレンガ状の粘土板が壁材として使われていた。弥生時代から古墳時代の竪穴建物は全国で数千基は見学してきたが、そのなかでもこのような建物は見たこともない。異常なレンガ造りのような建物が二〇棟余の円形配列の高屋に接して建つとは何事であろうか。

弥生時代末期に「倭国乱」を鎮めるため、国々の王たちが伊勢遺跡に集まって女王・卑弥呼を擁立した、という憶説が流布しているらしい。その時、一部をレンガ造りした竪穴建物がはたした役割はなんであろうか？　史跡整備のための再調査が期待される。

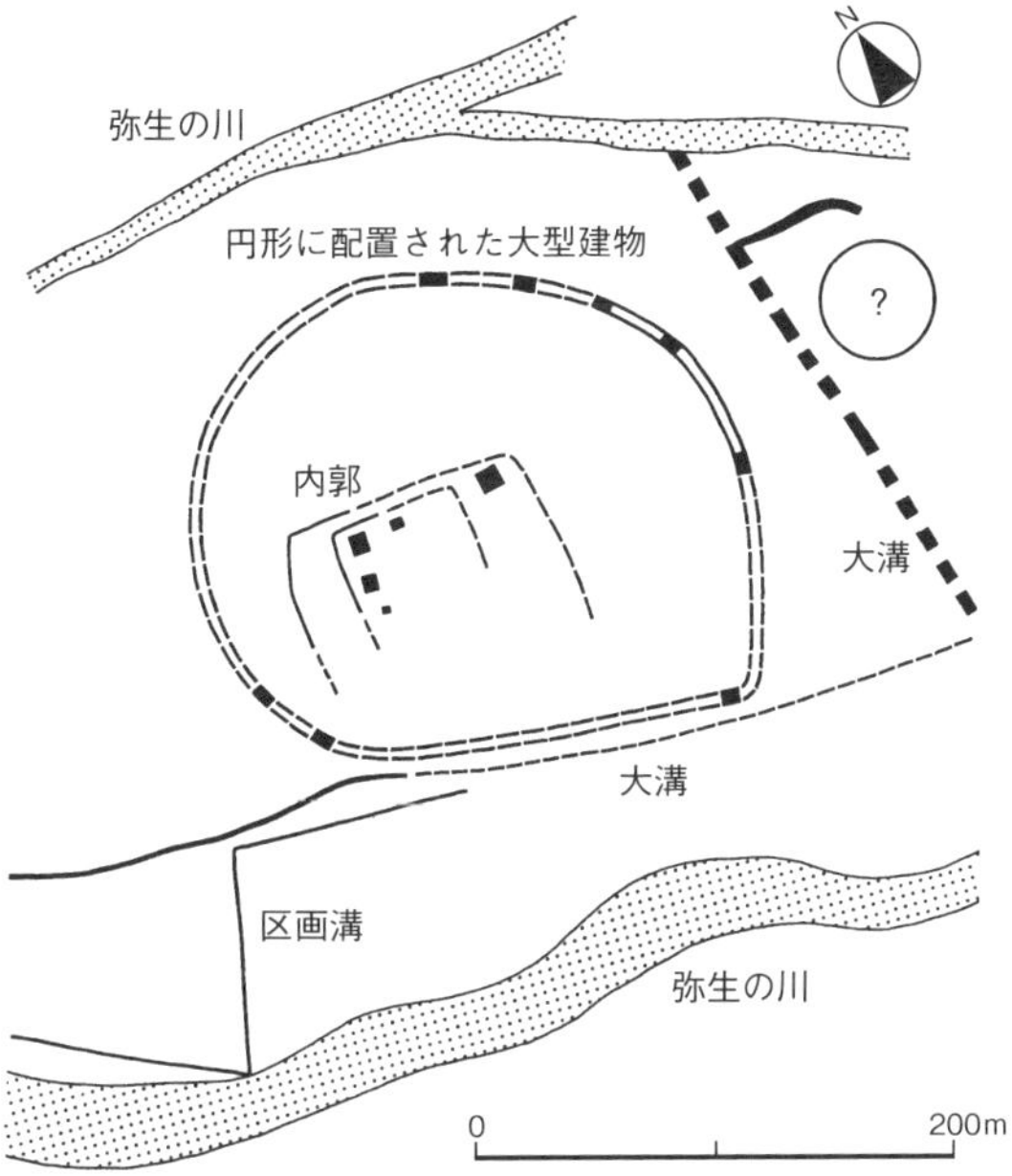

伊勢遺跡の弥生時代後期集落の構造（模式図）

伊勢遺跡の想定復元図（制作：小谷正澄）

図 23　滋賀県伊勢遺跡

12　独自の文化圏を保った近江

一九九八年九月、滋賀県長浜市の古保利《こほり》古墳群内の小松《こまつ》古墳を訪れて驚いた。全長六〇メートルの長突方墳（前方後方墳）で主丘部中央の乱掘坑から三世紀中葉の土器群とともに内行花文鏡片と銅鏃が検出されていた。三世紀に大型の長突方墳が湖北にあるという驚きであった。それより前、一九八二年には野洲市冨波《とば》遺跡で全長四二メートルの長突方墳から当時二世紀と考えられていた土器群が出ていたし、一九八七年には米原市法勝寺《ほっしょうじ》古墳の方形墓群の中に二世紀の全長二二メートルの長突方墳の調査現地を訪ねた記憶がよみがえってきた。一九九九年から二〇〇〇年にかけて東近江市神郷亀塚《じんごうかめづか》古墳と高島市熊《くま》野本《のもと》六号墳が相ついで調査された。神郷亀塚古墳は、はじめて平野部に立地する全盛土の長突方墳（全長三五・五メートル）であり、熊野本六号墳は尾根上にある古墳群内の長突方墳（全長二八メートル）である。両者とも墳丘内外の土器によって三世紀前半に位置づけられている。資料が少ないため今後の確認が必要ではあるが、近江にはなぜこれほど初期の長突方墳が多いのか。

日本海沿岸には、出雲の四隅突出型方形墓や丹波の貼石方形墓が弥生後期以降さかんにつくられ、若狭や越の地域に拡大している。三世紀の前半には京都府京丹後市の赤坂今井《あかさかいまい》に一辺三五メートル、高さ五メートルの雄大な方形墓が出現する。他方、東方の美濃・尾張には二世紀末・三世紀初の廻間《はさま》第一号短突方墳（愛知県春日井市、全長二七メートル）が出現し、三世紀中葉の西上免《にしじょうめん》長突方墳（愛知県一宮市、全長四〇メートル）へと継続する。

近江と美濃・尾張には相前後して突出部をもつ方形墓が出現している。両地域には大和・河内と比較して土器様相にも共通点が多い。加飾壺と受口壺（S字甕）である。大きくみると、三世紀の両地域は共通する文化圏と認められる。その中で、二世紀末～三世紀初の湖東に法勝寺長突方形墳が出現し、ほぼ同時に隣接する長浜市鴨田《かもだ》にほぼ同規模の短突円形墓（全長一八メートル）が併存する。

三世紀前半と推定されている神郷亀塚古墳と熊野本六号墳の年代が確認されると、その存在意義は大きい。三世紀前半には近江・美濃・尾張を通じて全長三五メートル余、高さ四メートルの大型盛土墳は存在しない。神郷亀塚古墳は三世紀前半の両地域の盟主墳の可能性をもつ。そして三世紀中葉には、その地位は全長六〇メートルの湖北、小松古墳へと移り、古保利古墳群として継続する。

大和では、少なくとも三世紀初頭に全長九六メートルと一二〇メートル以上の長突円墳（前方後円墳）の纒向石塚古墳や纒向勝山古墳が築造され、円形墓優位の世界に入った。その先駆は、二世紀末の全長八〇メートルの二突円墳である吉備の楯築《たてつき》古墳であり、ほぼ同時期の阿波の萩原《はぎわら》一号長突円墳とともに大和円形墓世界を創出した可能性がある。

それに対して近江は、美濃・尾張とともに方形墓優位の世界を形成し、独自の文化圏、政治圏を保持した。湖北には三、四世紀の集落、高月南《たかつきみなみ》遺跡（長浜市）に滑石製臼玉・勾玉・管玉や有孔円板などの先駆的な祭祀具があり、四世紀の湖東・斗西《とのにし》遺跡（東近江市）には初期竈《かまど》と埋没煙突（オンドル？）をもつ穴屋（竪穴建物）がある。近江は、日本海ルートによって半島・大陸の新しい文化を導入しやすい位置にある。大和とは異なる文化圏・政治圏を保持しつづけたのは、独自の外交ルートを確保していたからであろう。

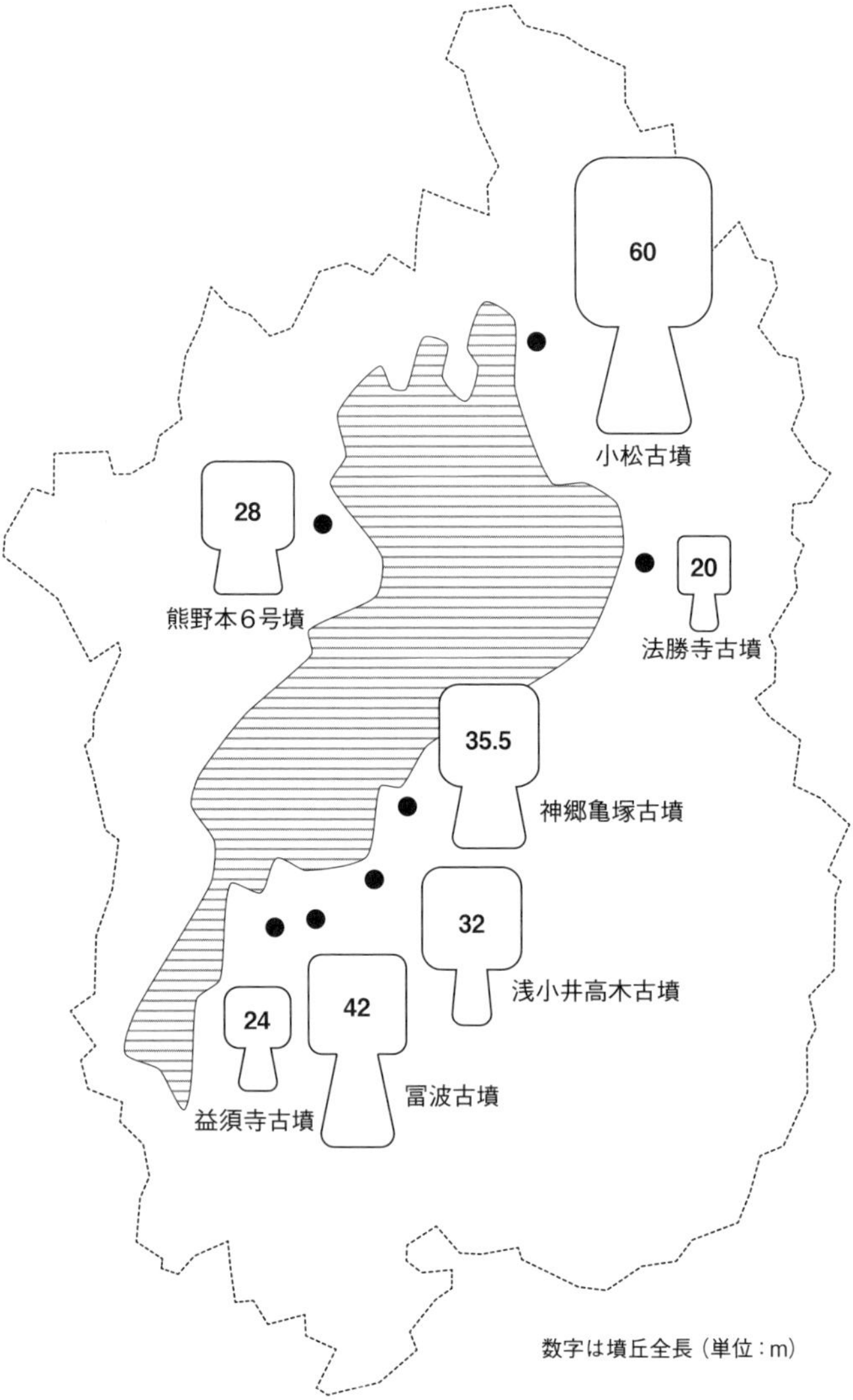

図 24　琵琶湖周辺の初期古墳

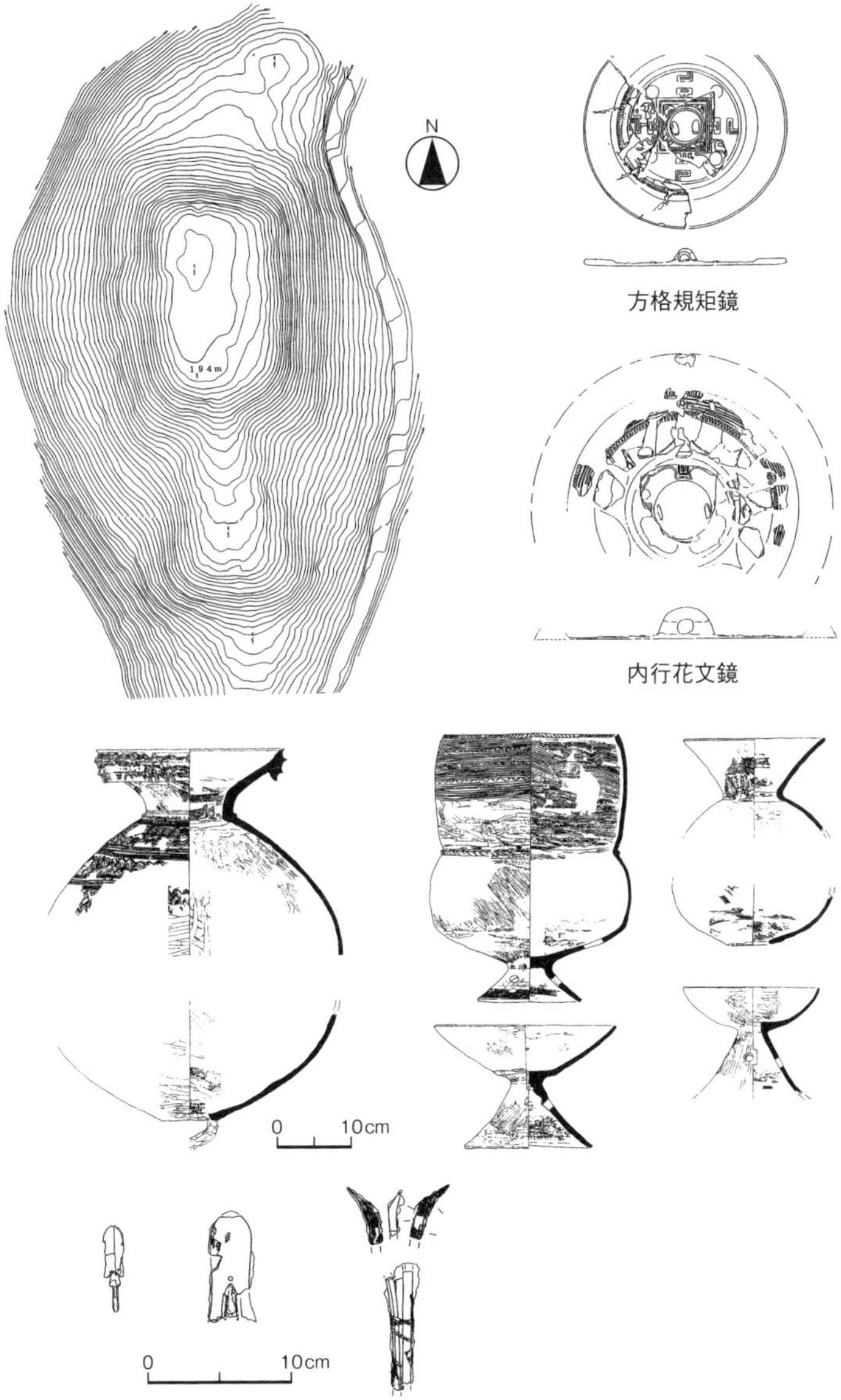

図 25　長浜市小松古墳と出土遺物

13 三世紀の東海の祭祀

西暦一五〇年頃の弥生時代後期、濃尾平野西部の標高一三〇メートルほどの象鼻山《ぞうびざん》（岐阜県養老町）の山頂に一辺七〇メートル余の上円下方壇が築かれた（象鼻山三号墳）。調査団長・宇野隆夫氏はこれを「上円下方壇」と命名した。中央部には径一七メートル余の円丘がある。そして、「上円下方壇」に接して十数基の円墳・方墳が三十数年間造営されつづけ、「上円下方壇」造営から約百年後の三世紀中葉には丘頂に全長四〇メートル余の長突方墳（前方後方墳）の象鼻山一号墳が古墳群の最後を飾る。この山丘に最初に築かれた「上円下方壇」とはなんだろうか。

「上円下方壇」の発表に先立つ一九九七年八月三〇日、発掘調査中の象鼻山一号墳を訪ねた。当日の、「象鼻山一号墳第二次発掘調査の成果―現地説明会資料」（養老町教育委員会）によると、古墳の年代は「三世紀後葉、大和箸墓古墳築造頃」とあり、「墳丘築成」と「埋葬施設」について「構築墓壙」とする独自の見解が要約されている。一般的に古墳は墳丘造成後に墓壙を掘り、埋葬施設をつくって納棺すると考えられているが、構築墓壙は墳丘造成の過程で埋葬施設を設け、納棺する（図33参照）。

一九五九年、五世紀の奈良市円照寺墓山《えんしょうじはかやま》古墳群の発掘調査に参加したとき、担当の伊達宗泰氏の了解を得て、墳丘盛土を五～一〇センチずつ水平に発掘していったが、墓坑を検出できないまま刀剣・甲冑などをもつ埋葬施設を検出した。当時、兵庫県小野市焼山《やけやま》古墳群の木棺直葬を水平発掘で識別できた経験もあって、土層識別には異常なほど自信をもち、伊達氏に木棺先置後の墳丘盛土の可能性を説明したが、納得してもらえなかった。「構築墓壙」という考えがなかった当時としてはやむをえなかったことではあるが、あらためて「構築墓壙」の広がりを思う。なお、象鼻山一号墳の時期については、当日のノートに〝壺と小型器台は新しく、時期は布留1式か（二～三世紀初）〟とある。

二〇〇四年八月一六日、赤塚次郎氏や森岡秀人氏らと発掘調査中の象鼻山三号墳に向かった。ノートの略図には、一辺五〇メートル余の方形区画の中央部に径二〇メートル余の円丘があり、円丘の縁辺には〝基底石が並び〟〝葺石は打込み積み〟で、方形区画内には〝礫群バラマキ〟とある。そしてノートの末尾には〝古墳群内のいい場所に径二〇メートルの円墳は合わない。一辺五〇メートルの礫群も含め、天円地方形の祭場か〟とある。「祭場」と書いているのは、おそらく調査担当の中島和哉さんの説明もあったからだろう。

その日は、岐阜市の瑞龍寺山《ずいりょうじさん》山頂墳墓にも立ち寄った。

〝山全体が岩、岩が露出している。山頂に大は三・五メートル、小は三メートルの墓壙坑が二基あり、凹んで見える。赤塚氏は全長四〇メートルの長突方墳（前方後方墳）だと言う。方丘部端は不明瞭だが可能性はある。それが、山中式古・中期頃というから大変だ。墳丘から濃尾平野が一望できる〟（ノート）

東海地方の土器型式の山中式古・中期は、近畿の5様式中葉と対応し、ともに弥生時代後期中頃である。つまり、東海地方には弥生時代後期中頃に全長四〇メートルの長突方墳が存在することになり、「大変」なのだ。

二〇〇六年八月三一日、赤塚氏と再び象鼻山古墳群に向かった。ノートでは、上円下方壇の一辺が七〇メートルと拡大しており、下方壇の二辺には幅二メートルの区画溝があり、五号墳はこの区画溝にのっている。方形区画溝の東南隅に接する八号墳は赤塚説では廻間《はさま》1式古段階（二世紀第3四半期）で上円下方壇と中央部の円丘は廻間1式古かそれより古い、という。つまり、この古墳群のなかで最初につくられたのは、墳墓ではなく祭壇ということになる。

　富山市には一辺一〇〇×一三〇メートルの長方形区画をもつ二世紀前半（弥生時代後期中頃）のちょうちょう塚がある。

　象鼻山の上円下方壇と同期かそれに先行する一辺一〇〇メートル余の長方形壇が、北陸の地にすでに存在している。

　ノートには、象鼻山三号墳は〝富山県ちょうちょう塚に類似し、「方形区画円壇」がふさわしい〟とある。

　弥生時代後期中葉、二世紀後半に岡山県南部に突然全長八〇メートルの中円双方形の楯築墳墓が出現した。同じ頃、東海西部の岐阜県瑞龍寺山にも全長四〇メートルの可能性がある前方後方形墳墓があり、北陸・富山県に一辺一〇〇メートルを超えるちょうちょう塚がある。おそらく二世紀末、弥生時代後期末には少なくとも西日本一帯に大型墳墓造営の胎動がはじまったのだ。私は、この胎動を古墳時代の開始と認め、楯築古墳をその象徴とし、墳墓ではなく古墳とよんでいる。

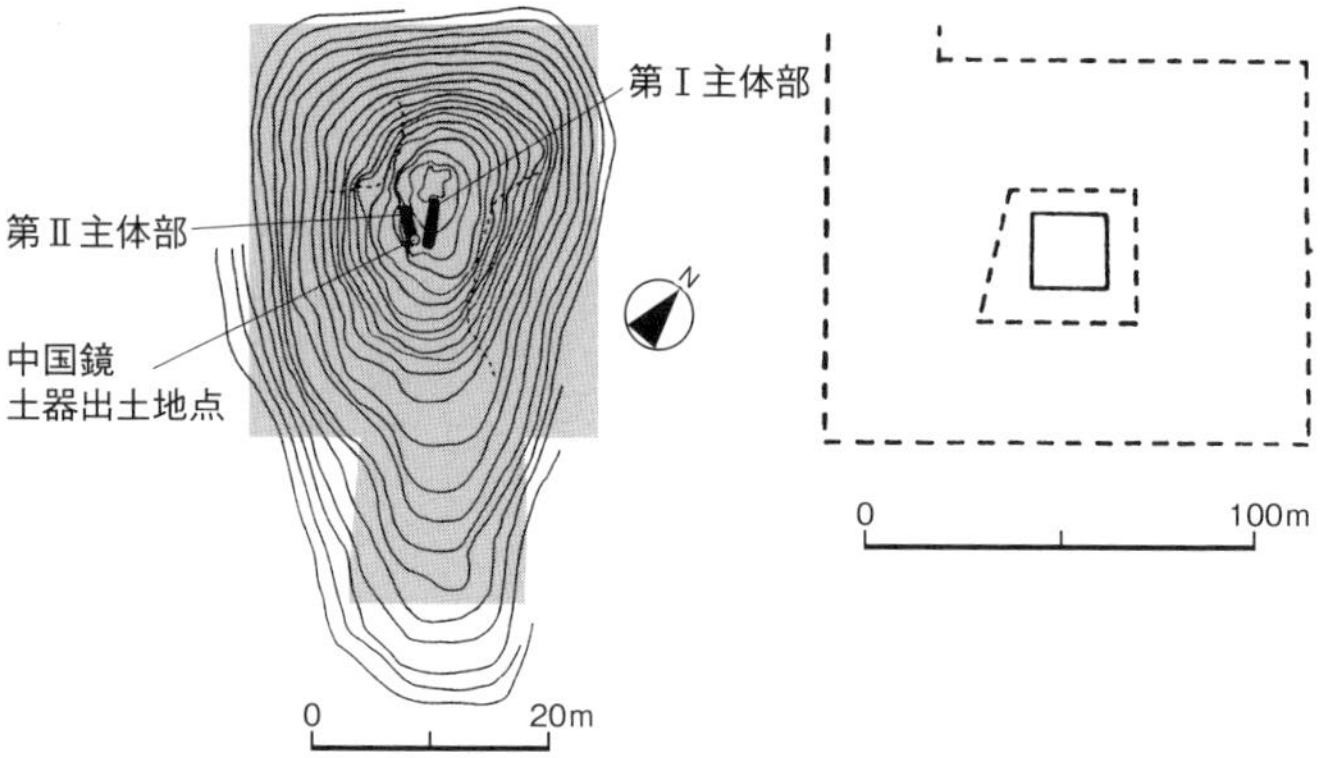

図26　岐阜県瑞龍寺山山頂墳墓（左）と富山県ちょうちょう塚（右）

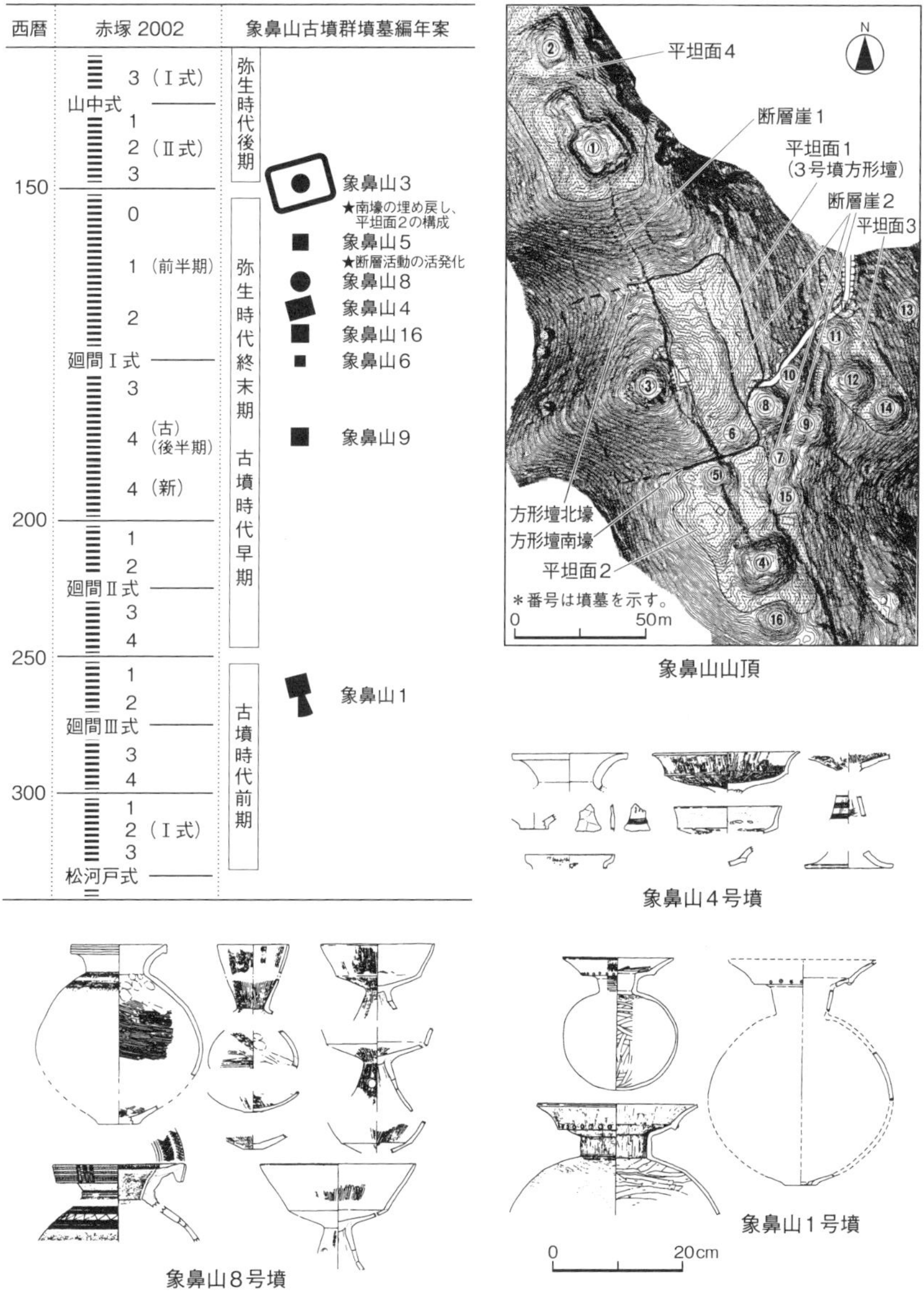

図27　岐阜県象鼻山古墳群

14　二、三世紀の東海と近畿

邪馬台国近畿説の場合、東海が狗奴国《くなこく》に比定されることが多い。『魏書』倭人条では倭国連合と狗奴国連合は「もとより和《わ》せず」三世紀中葉には戦乱となったとある。ところが、二、三世紀の東海と近畿は弥生終末まで銅鐸祭祀をつづけている点で共通している。他方、墳墓形態では東海の方形墓に対し、近畿は円形墓をそれぞれ主流とする。

ここでは邪馬台国と狗奴国の所在地論からいったん離れ、二、三世紀の東海と近畿の祭祀と墳墓を比較検討してみよう。

■銅鐸祭祀

吉備と出雲は、弥生中期末・後期初めに銅鐸祭祀をやめ、吉備は中円双方型墓、出雲は四隅突出型方形墓という新たな墳墓祭祀へと転換した。

それに対し、筑紫・大和・尾張などは従来の銅鉾・銅鐸祭祀を弥生後期末まで維持した。新たな時代への指向という点では、吉備・出雲は先進的で筑紫・大和・尾張などは保守的といえる。

摂津・河内・和泉・紀伊・大和・山城と美濃・尾張・伊勢・三河・遠江・駿河は、それぞれ近畿式と三遠式の大型銅鐸をいわゆる〝見る銅鐸〟として祭場の中心に据えた。そして二世紀末、銅鐸祭祀の廃止とともに新たな墳墓祭祀へと転換した。

■ **墳墓祭祀**

弥生時代の関東以西の列島は、基本的には方形墓の世界である。その中で瀬戸内東部の讃岐《さぬき》や播磨《はりま》では弥生前期以降、方形墓群の中に円形墓が数基混在するという状況が顕著であった。円形墓群が出現するのは摂津の深江《ふかえ》北町《きたまち》遺跡（兵庫県神戸市）や豊島《てしま》北《きた》遺跡（大阪府豊中市）などで、三世紀になってからである。

このような状況の中で突然、大型の長い突出部付き円丘墓（略称・長突円墳〈前方後円墳〉）が大和に出現する。三世紀初頭の大和の纒向石塚古墳（全長九六メートル）やホケノ山古墳（全長八〇メートル）であり、四世紀にかけておおやまと古墳群へと展開する。ホケノ山古墳には画文帯神獣鏡などの銅鏡はじめ銅鏃七三点以上が副葬されていた。

他方、東海では二世紀初・弥生後期前半の美濃・瑞龍寺山《ずいりょうじさん》（岐阜市）の短い突出付方丘墓（全長四六メートル、略称・短突方墳）をはじめ、三世紀の廻間《はさま》古墳（愛知県春日井市）や西上免《にしじょうめん》古墳（愛知県一宮市）など長突方墳が連続する。

さらに駿河には、東海・関東では最大の三世紀の長突方墳・高尾山《たかおさん》古墳（全長六二メートル）がある（図30参照）。U字底木棺内には「斜縁浮彫式獣帯鏡」の破鏡が副葬されており、完鏡を副葬する以前の状況を示している。

■ **方円思想の展開**

二、三世紀の東海と近畿は、二世紀末まで大型銅鐸をカミまつりの祭具として使用しつづけていた。

そして、同じ二世紀末に東海は方丘墓の世界へ、近畿は円丘墓の世界に入った。墳墓祭祀の形態が変わったのである。

やがて、三世紀末・四世紀前半になると大和を中心とする円丘墓世界が纒向型古墳という類型を成立させ、近畿以西から北部九州の各地に長突円墳が拡散した。言い換えれば、三世紀末・四世紀前半までは方丘墓と円丘墓は一部を除いて対等だった。「もとより和せず」は三世紀中葉以前の状況をあらわしているが、それは二世紀末の銅鐸祭祀終焉後におきた方・円世界への分離に端を発しているのであろう。

三世紀末・四世紀初頭の摂津・西求女塚《にしもとめづか》古墳（兵庫県神戸市）や播磨・権現山《ごんげんやま》五一号墳（兵庫県たつの市）が長突方墳で、それぞれが山城・椿井大塚山《つばいおおつかやま》古墳（長突円墳、京都府木津川市）の三角縁神獣鏡より古式の銅鏡を含む一〇面と五面の銅鏡群を副葬しているのは、この時期の摂・播における方丘墓世界の優位性を物語っている。このことは摂・播だけではなく、大和古墳群内のノムギ古墳・馬口山《ばくちやま》古墳・下池山古墳（奈良県天理市）など三世紀後半・末の全長一〇〇メートル級の長突方墳の存在によって、全長二八〇メートルの箸中山《はしなかやま》大王墓（箸墓古墳、奈良県桜井市）を除く大和でも東海と大和の対等な状況が推定できる。

なお、下池山古墳の竪穴石室をおおう粘土層内に東海系のS字状口縁甕の破片が含まれていたのは、葬送儀礼の主要場面に東海とのかかわりが考えられ示唆的である。

大和・纒向遺跡では三世紀の外来系土器の四九パーセントは東海系土器が占めている（一六一ページ図51参照）。近畿が邪馬台国で東海が狗奴国であれば、三世紀中葉の両者の戦乱によって尾張が大和を征服し占領軍を派遣したか、逆に大和が尾張を征服し捕虜を大量に拉致したか、となる。

ところが、三世紀中葉の奈良盆地と濃尾平野には大きな戦乱の痕跡はない。纒向遺跡には防御施設はなく、周辺では巨大な墳墓をつくりつづけており、濃尾平野でも八王子《はちおうじ》遺跡（愛知県一宮市）では巨大な祭場を設け、墳墓づくりも盛んで、戦いをしていたようにはみえない。

■戦いがあったとしたら、戦場はどこか

三世紀中葉、近畿と東海は戦っていなかった。したがって、邪馬台国が近畿・大和であったとしても狗奴国は大型銅鐸圏外の駿河か相模以東の可能性が検討の対象となる。

関東の「総《ふさ》」の国（千葉県）には方丘墓（高部《たかべ》古墳群〈木更津市〉）と円丘墓（神門《ごうど》古墳群〈市原市〉）がせめぎ合い、「毛《け》」の国（群馬県）には石田川《いしだがわ》遺跡（太田市）などに東海系土器のムラが成立する。

近畿と東海の戦いは、総のクニで争われたのではないか。高部には東海系土器が、神門には近畿系土器が集中し、それぞれの地域人の集住を考えさせる。

邪馬台国連合と対等に戦った狗奴国連合は、地域による強弱の差があっても駿河以東の関東平野全域が想定できる。

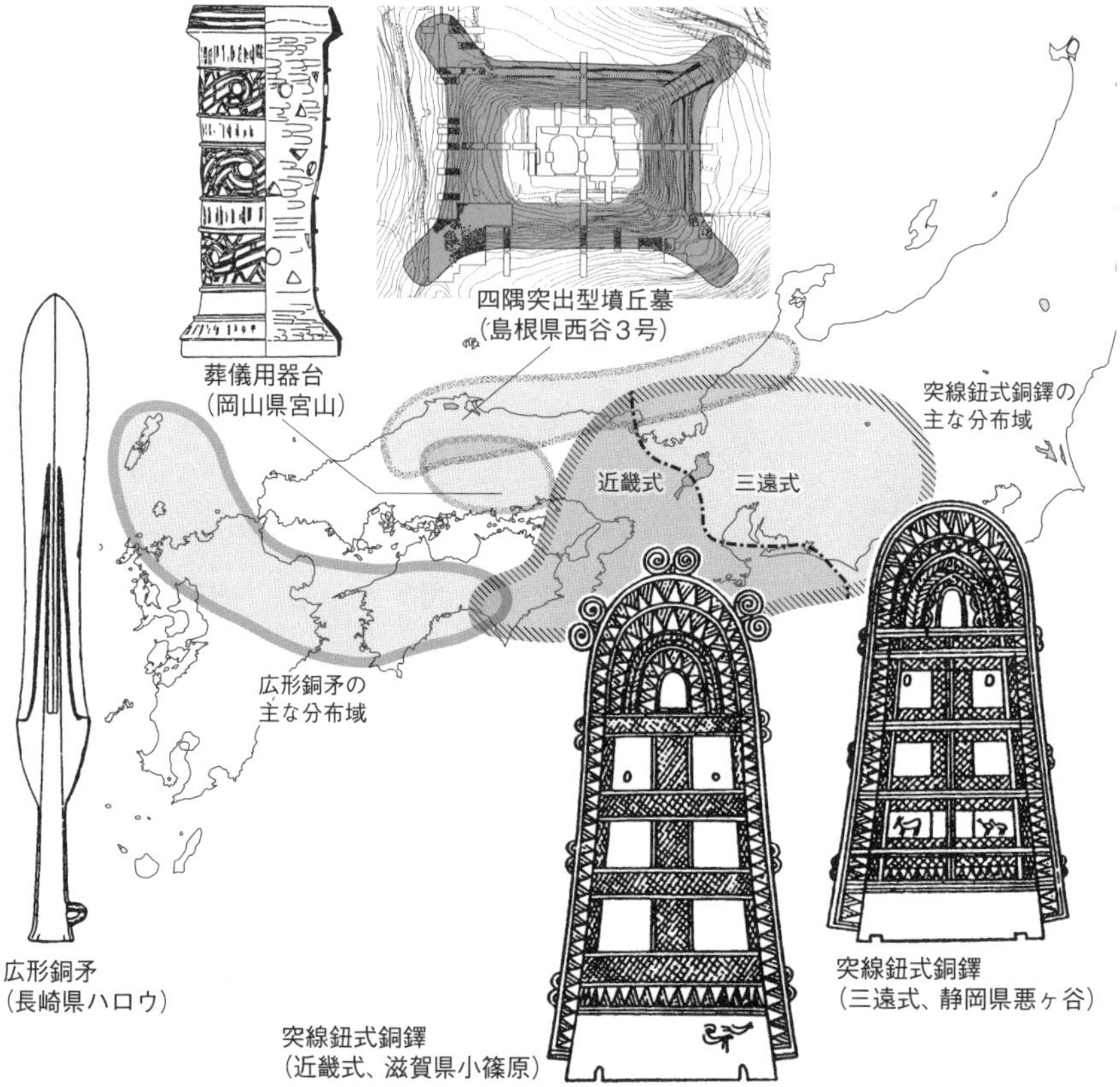

図 28　弥生時代後期後半の祭器と祭祀の分布

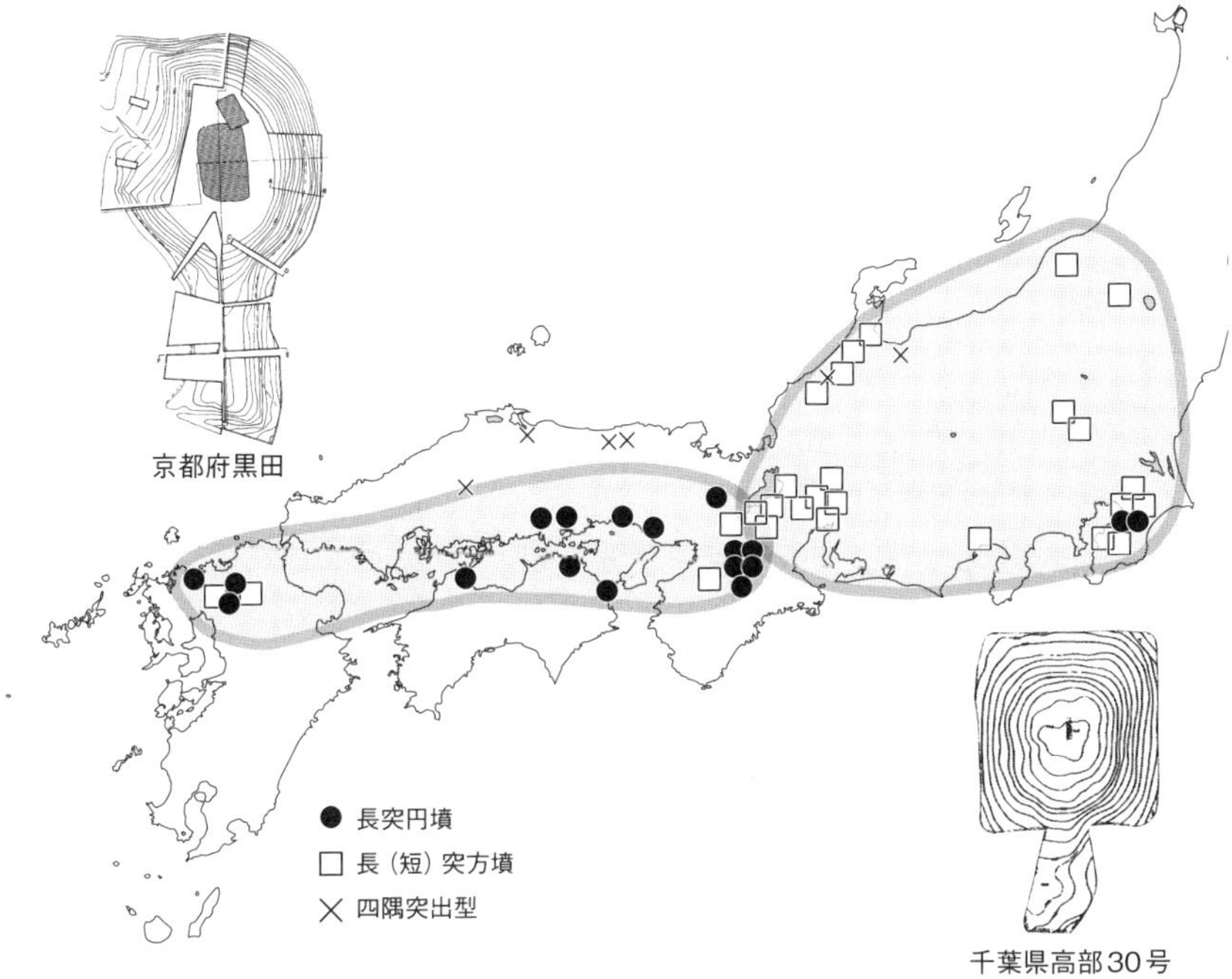

図 29　古墳時代初頭の墳墓形態

15 角丸戦争のゆくえ

■天竜川の西と東

弥生時代後期に盛行する突線紐式銅鐸は、遠江中部の天竜川を東限とし、東海西部と近畿を中心に分布する。近畿には近畿式銅鐸が、東海西部には三遠式銅鐸がそれぞれ分布の中心となるが、吉備や出雲、駿河以東の突線紐2式以降銅鐸の非分布圏と対置すれば、両地域は銅鐸祭祀を最後まで保持した地域としての共通性が認められる。

つまり、天竜川以東は、弥生時代を通じて非銅鐸分布圏であり、東海以西における銅鐸祭祀廃絶後に新たな墳墓祭祀の象徴となった円丘墓（丸派）と方丘墓（角派）の争乱の場となった。

■駿河の中の角派と丸派

全長六二メートルの沼津市高尾山《たかおさん》古墳は、三世紀では駿河以東・関東の中で最大の長突方墳（前方後方墳）である。埋葬施設は全長四・二メートルの舟形木棺で浮彫式獣帯鏡を破砕供献していた。他方、駿河には全長六九メートルの長突円墳（前方後円墳）である静岡市神明山《しんめいやま》一号墳があり、同じ地域で角派と丸派が競う。とくに、神明山古墳は突出部が撥《ばち》型に開く、大和・箸中山（箸墓）類型で、同地域での角丸戦争が想定される。

■総の中の角派と丸派

房総半島中部の木更津市高部《たかべ》古墳群は、全長三〇メートル余の長突方墳を二世代にわたって築造し、破砕鏡をもつ。

そして、半島基部の市原市神門《ごうど》古墳群には全長四〇メートル前後の短突円墳と長突円墳を三世代にわたって築造する地域勢力が存在し、四号墳では墳丘築造時に多量の近畿系土器を用いた祭祀をおこなっている。

ここでも三世紀の角丸戦争があった。

■毛野の角派と相模の丸派

上野《かみつけの》の元島名将軍塚《もとしまなしょうぐんづか》古墳（全長九〇メートル、群馬県高崎市）、下野《しもつけ》の茂原愛宕塚《もばらあたごづか》古墳（全長五〇メートル、栃木県宇都宮市）の角派が三世紀末には登場する。しかし、上野は、まもなく前橋天神山古墳（全長一二九メートル、群馬県前橋市）の丸派がおさえる。しかし、下野では四世紀を通じて角派の天下がつづく。

相模では、角派の秋葉山《あきばやま》四号墳（神奈川県海老名市）から出発するが、同古墳で終わってただちに丸派に移り、三世代継続する。

四世紀を通じて、関東では角派と丸派は競合し、在地色の強い角派、拠点支配の丸派の構図がありそうだ。

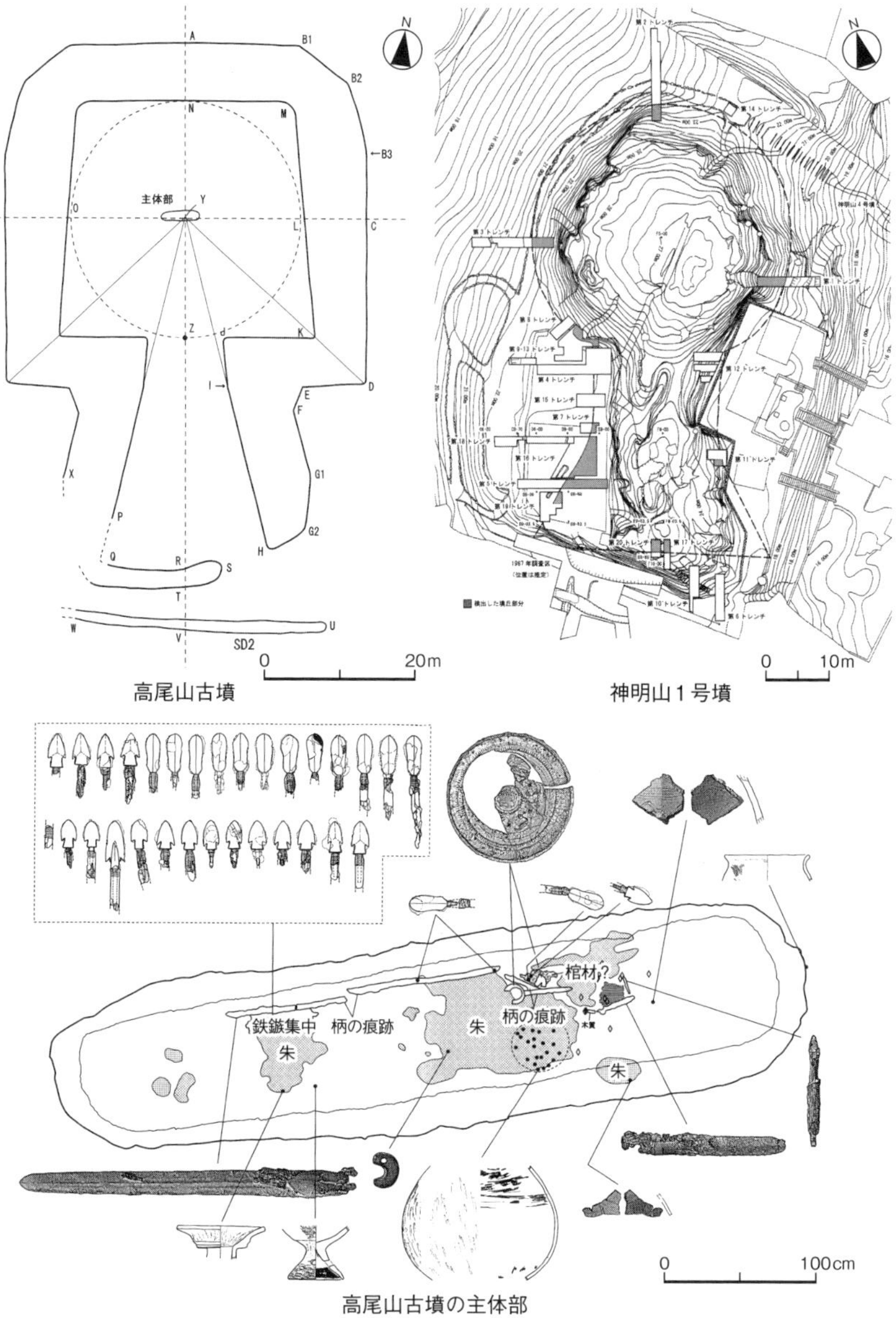

図30　静岡県高尾山古墳と神明山1号墳

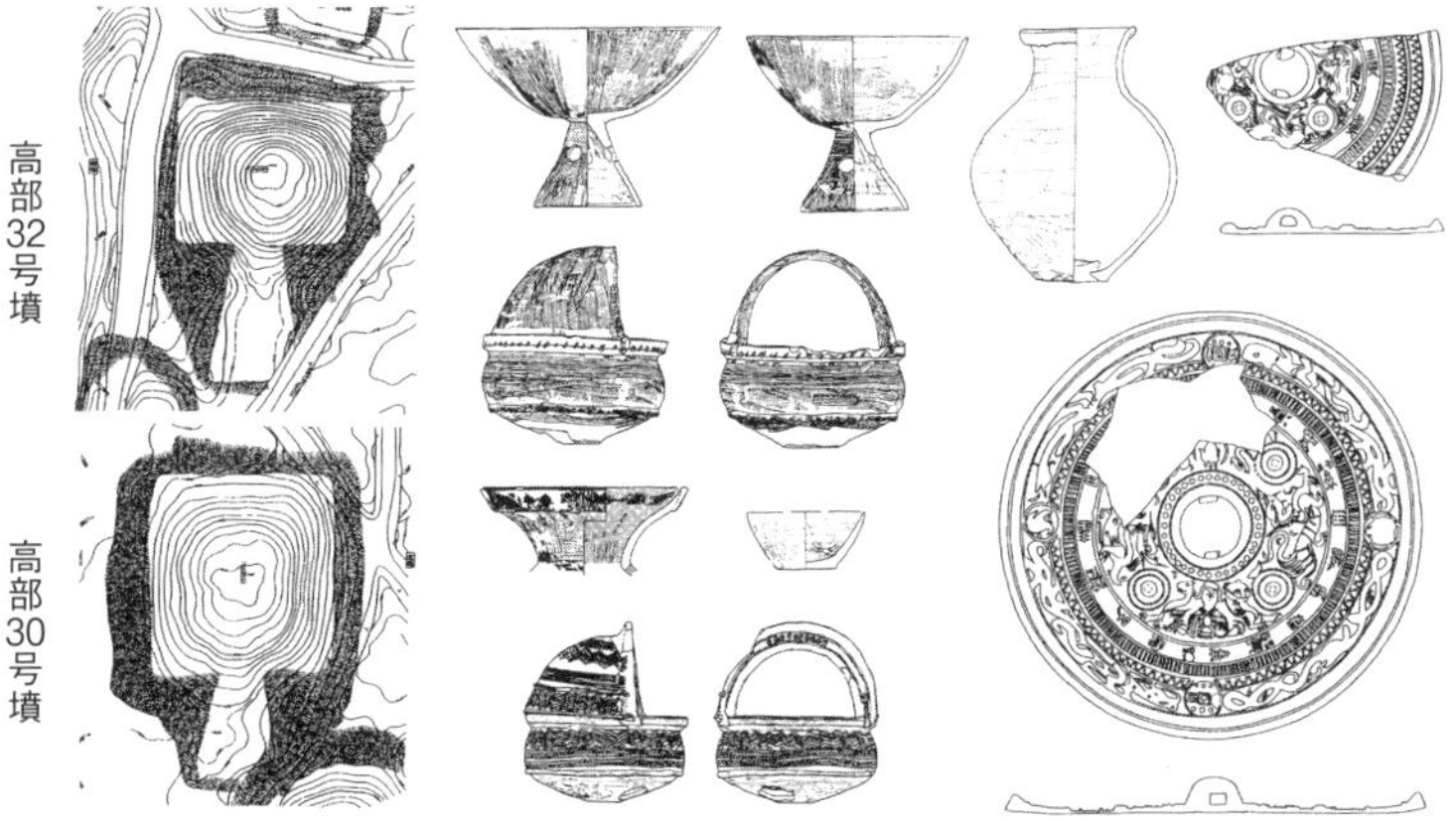

高部古墳群の墳丘と出土遺物（縮尺不同）

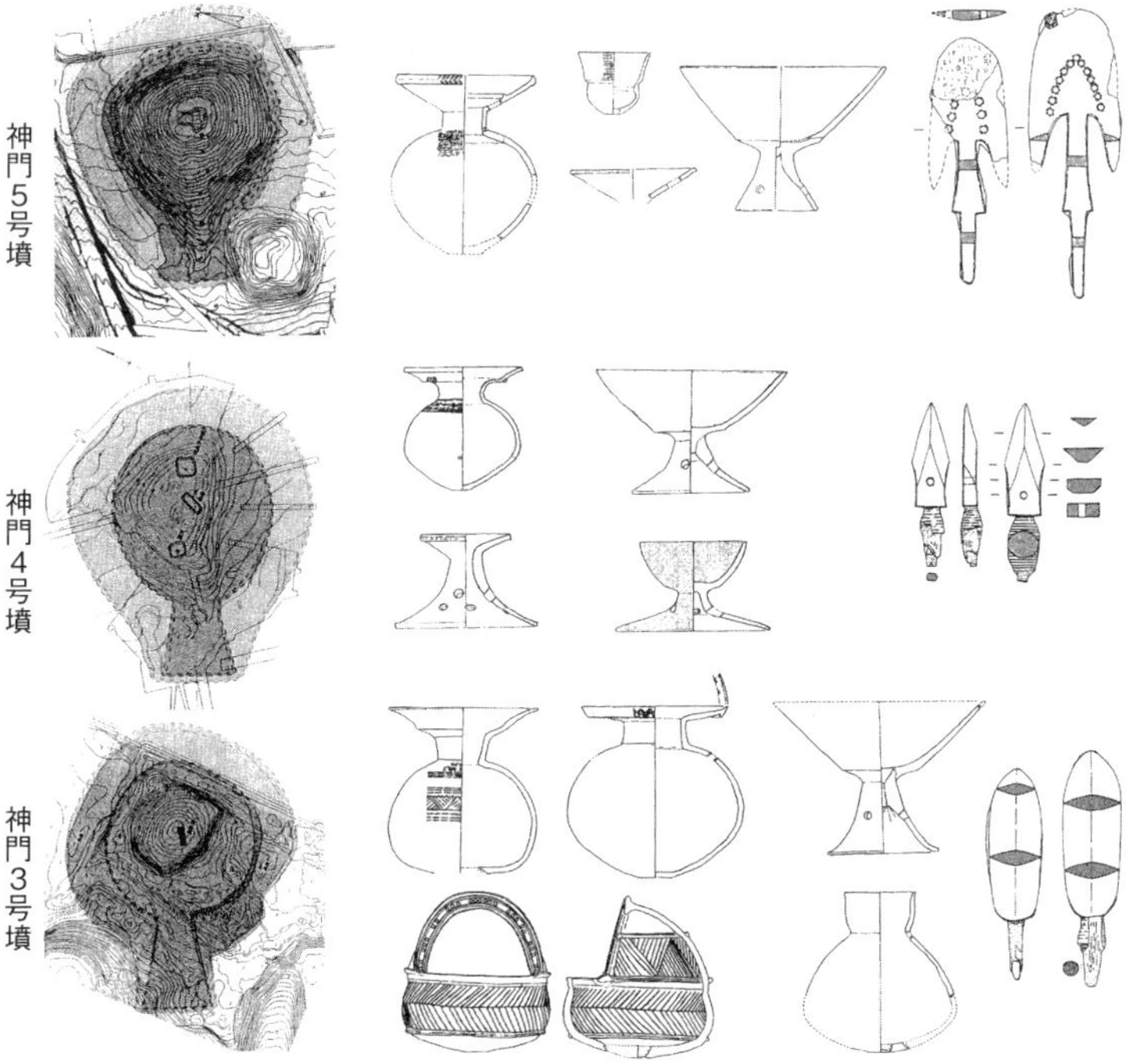

神門古墳群の墳丘と出土遺物（縮尺不同）

図 31　千葉県高部古墳群と神門古墳群

16　二、三世紀の日本海と甲斐・信濃

■三世紀の長刀

二、三世紀の日本海沿岸の国々は、大陸・半島との交流の表玄関であった。その一例が、三世紀の長刀の分布状況にあらわれている。

『魏書』倭人条にある魏皇帝から倭女王、卑弥呼への贈答品の中に「五尺刀二口」がある。魏の一尺は二四・三センチなので五尺は一二一・五センチとなり、日本列島の二、三世紀の五尺刀をさがすと、福岡県糸島市上町向原《うえまちむかいはら》遺跡の鉄刀が一二一センチ余で適合する。つぎに近いのは環頭を欠いて長さ一一〇センチの福井県松岡町の乃木山《のぎさん》古墳の鉄刀があり、環頭を加えると長さ一二〇センチに近い。この二刀につづく長刀は環頭を欠いて九五センチの兵庫県豊岡市妙楽寺《みょうらくじ》古墳の刀と鳥取県湯梨浜町宮内《みやうち》第一遺跡の刀で、環頭を加えると長さ一〇五センチほどとなる。そのほかに兵庫県篠山市の内場《ないば》山《やま》遺跡、長野県木島平村の根塚《ねつか》遺跡、大阪市の崇禅寺《そうぜんじ》遺跡から長刀が出土している。

つまり、魏が下賜した「五尺刀」に適合するのは「伊都国」の一刀だけだが、それに近い三刀を含めて日本海沿岸に集中している。瀬戸内海と太平洋岸では大阪市崇禅寺遺跡の素環刀柄部一例だけである。三世紀の魏と倭の交流は、公的・私的も含めて日本海沿岸の国々によっておこなわれていたことが考えられる。

これに加えて近年、馬形帯鉤《たいこう》、伽耶系鉄剣、甲斐駒という三種の半島系資料が加わり、北信濃の近畿

系、東海系土器資料とともに日本海ルートと甲斐・信濃の関係が注目されている。北信濃の近畿系土器は三世紀末から四世紀後半の布留式期に入ってから認められる。それに対し、東海系土器は中野市七瀬《ななせ》遺跡などで、纏向式併行期のＳ字甕Ａ類があり、三世紀後半段階の進出が目立つ。

■信濃から出土した馬形帯鉤

馬形帯鉤とは、馬の形をした青銅製の鉸具（バックル）で、朝鮮半島で多く出土している。

二〇〇一年一一月、長野市の浅川端《あさかわばた》遺跡に向い、調査担当の風間栄一氏の話を聞いた。

「馬形帯鉤は、カマドをもつ六世紀の穴屋（竪穴住居）の堆積土上層から出土したが、住居内堆積土には弥生後期の箱清水《はこしみず》式土器片が含まれており、帯鉤も本来は箱清水式期のものか」と風間氏は出土状況のメモ図を書いて教えてくれた。さらに、風間氏によると帯鉤は二、三世紀の韓国忠清南道清堂洞五号墳出土品に類似しているとのことで、それなら〝まさに日本海ルートだ〟とノートに記した。この馬形帯鉤は、高さ六・七センチ、幅九・二センチである。

列島内では、一九一三年（大正二）の調査で五世紀前半の岡山市の榊山《さかきやま》古墳から六個の馬形帯鉤が採集されているだけで、二、三世紀の可能性のある出土は、はじめてだ。

■根塚遺跡の伽耶系鉄剣

伽耶《かや》系の渦巻文鉄剣を出土した長野県木島平村の根塚遺跡には何度か足を運んだが、一九九八年一一月のはじめての訪問で、いきなり、刻書土器と鉄剣に出会った。

土器の刻書は「大」のように見えるが刻線の重複を重視すれば、現代の「大」字の筆順とまったく異なり、本当に文字だろうかと感じた。あらためて報告書をみると「筆順は時期は下るが、朝鮮半島における六世紀の刻書土器（焼成前のヘラ書）に顕著に認められている」とあった。

七号木棺墓にともなう柵列にまたがって出土した渦巻文鉄剣は二号剣で、長さ七四センチ、幅三・五センチで布に巻かれていたらしい。渦巻文は把頭《つかがしら》に二個並び、柄部に一個付く。調査担当の吉原佳市氏によると、渦巻文鉄剣は韓国の大成洞古墳群や良洞里古墳群の出土品に類例があり、集団墓の中の墳墓副葬品としても共通する。朝鮮半島から渡来した人びとがここに住んだのか。

当時のノートに〝木島平の冬の積雪は一メートルほどあるらしく、韓国の釜山や金海地域と地形が似ているようだが、半島の人びとはここで暮らせたろうか〟と印象を書いている。

出土品を見せてもらってから現地に向かった。広々とした平地の中に比高一〇メートルで長さ一〇〇メートルほどの低い丘が見えてきた。近づくと丘の縁辺には石垣状に塊石が積まれている。墳丘には径二〇メートルの円形周溝がめぐり、中央部の箱形木棺を径五〜六メートルの溝で囲む。木棺内には細形管玉（七三点）・ガラス小玉（一三四点）と一号鉄剣が副葬されていた。丘の下には円形周溝墓を囲むように長径三〇メートルほど不整形の柱穴列が並ぶ。墓域の区画施設としても異例だ。

ノートに、円形周溝墓の西五〇メートル余の低地に七号木棺墓と柱穴群をメモしている。報告書をみても長辺二メートル余の七号墓壙を柱穴が三重に囲んでいるように見える。墓壙北端にかけて渦巻文鉄剣が一重目と二重目の柵にまたがって横たわる。長径七メートル余の三重柵の南端近くに三号鉄剣が置かれていた。奇妙な埋葬空間だ。

弥生後期の島根県出雲市西谷《にしたに》三号墳には墳丘上にある四主柱をもつ建物（二〇八ページ図70参照）をはじめ、兵庫県尼崎市田能《たの》遺跡の四世紀の方形周溝墓の建築部材（一七七ページ図58参照）など棺槨の囲槨施設の一種のようだ。四世紀の大型古墳では再調査で明らかになった奈良県桜井市外山茶臼山《とびちゃうすやま》古墳の長大な竪穴石室をおおう「墓室」か「丸太垣」と同根の葬送儀礼に通じる。外山茶臼山古墳の一族は、ヤマト王権の一翼をになう有力豪族であるとともに、日本海沿岸の勢力と連携して玉杖や玉葉などの中国文化を摂取していたことが、石室上の「墓室」の存在からも推察できる。

■ 箱清水式期の長突円墳

一九九九年一〇月、調査中の長野市の高遠山《たかとおやま》古墳を訪ねた。

ノートには全長五五メートルの長突円墳（前方後円墳）を描き、円丘部には新古二基の埋葬施設が東西に並び、新棺内に「箱清水新式甕片」とメモしている。

二棺とも東枕で古棺は全長四メートル、新棺は全長六メートル弱で、〝古棺の墓壙穿削面上に木炭と焼土面があり、新棺の下面に拡がる。古棺埋葬時の祭祀面か？　新棺は古棺段階の封土を切って造る〟とノートにある。

調査担当の片桐氏は構築墓壙として説明してくれた。箱清水式期は従来、弥生時代後期末とされているが、近畿の纒向式（庄内式）の再検討によって、弥生時代末期から古墳時代初頭を含む時期と考えられる。この段階の構築墓壙は、四世紀初頭の奈良県下池山古墳にあるが、古い例であり重要だ。

■ 四世紀の馬

二〇一〇年二月、何回目かの山梨県立考古博物館見学で常設展示室に並ぶ馬歯に気がついた。説明カードには「甲府市塩部《しおべ》遺跡、四世紀」とある。馬具はなく、馬歯だけの展示なので、それまで気づかなかった。説明カードには「四世紀」とあり、立ちどまって歯を見つめる。従来、乗馬の風習は五世紀後半からで、さかのぼっても五世紀前半と考えられている。それなのに眼前に四世紀の馬歯がある。

二〇〇五年一一月、奈良県箸中山古墳（箸墓）の周濠下層から布留1式（三世紀末〜四世紀前半）の土器と一緒に木製の鐙《あぶみ》が出土し、世間を驚かせた。納得したのは騎馬民族征服王朝説の江上波夫氏だけで、多くの考古学者は現在も批判的だと思う。

出土当時、私は現地に立って出土層位と共伴土器を見せてもらい、桜井市埋蔵文化財センターの見解に納得した。

それより前、二〇〇四年四月に奈良県香芝市下田東《しもだひがし》遺跡の布留2式（四世紀）の河道から木製鞍が出土していた。出土位置が旧河道の砂層のため、報告書では慎重に五世紀としたが、すぐそばの完形土器群は四世紀後半から末に納まるものであり、列島最古の鞍である可能性が高い。

著名な甲斐駒の初現年代は、四世紀にさかのぼりそうだ。そうなると、日本列島最古・最大の大王墓とされている全長二八〇メートルの長突円墳である奈良県箸中山古墳（箸墓）周濠から出土した布留1式期（三世紀末〜四世紀前半）の馬具、鐙との関係が課題となる。日本列島に乗馬の風習が普及する以前の三世紀末〜四世紀前半に朝鮮半島から乗馬の風習が一部に伝わり、広まりつつあったと考えるべきであろう。

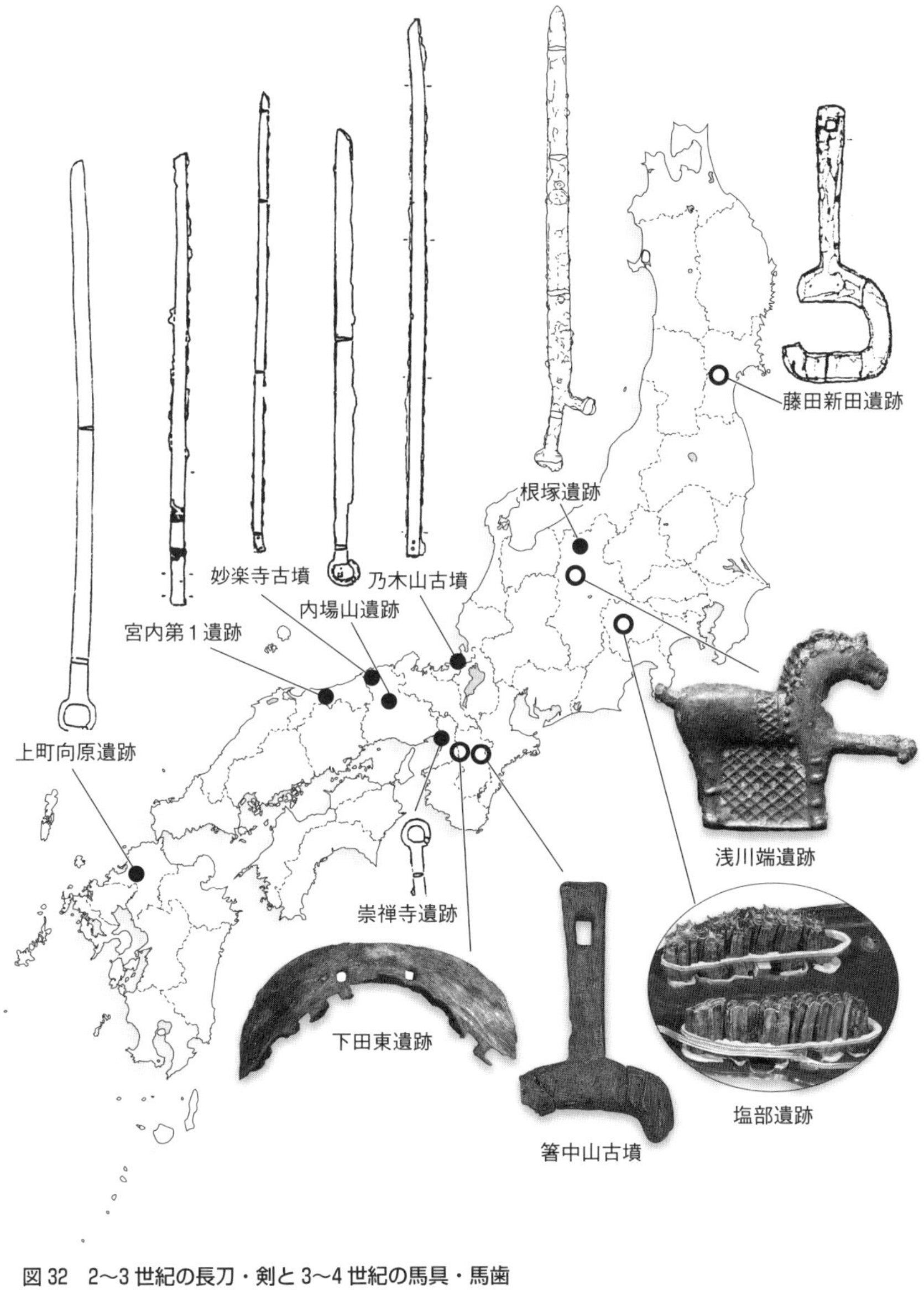

図 32　2〜3 世紀の長刀・剣と 3〜4 世紀の馬具・馬歯

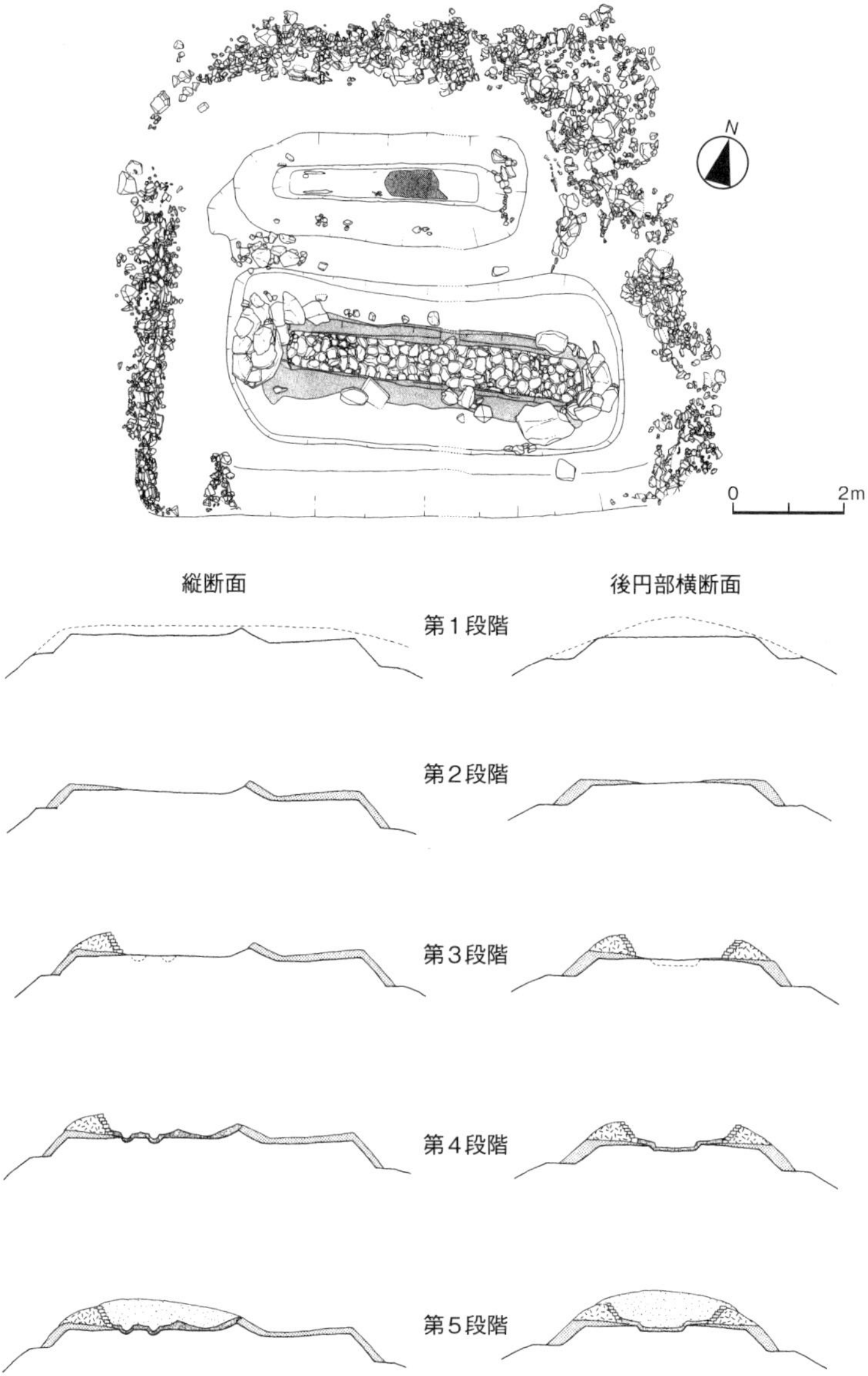

図 33　長野県高遠山古墳の構築墓壙

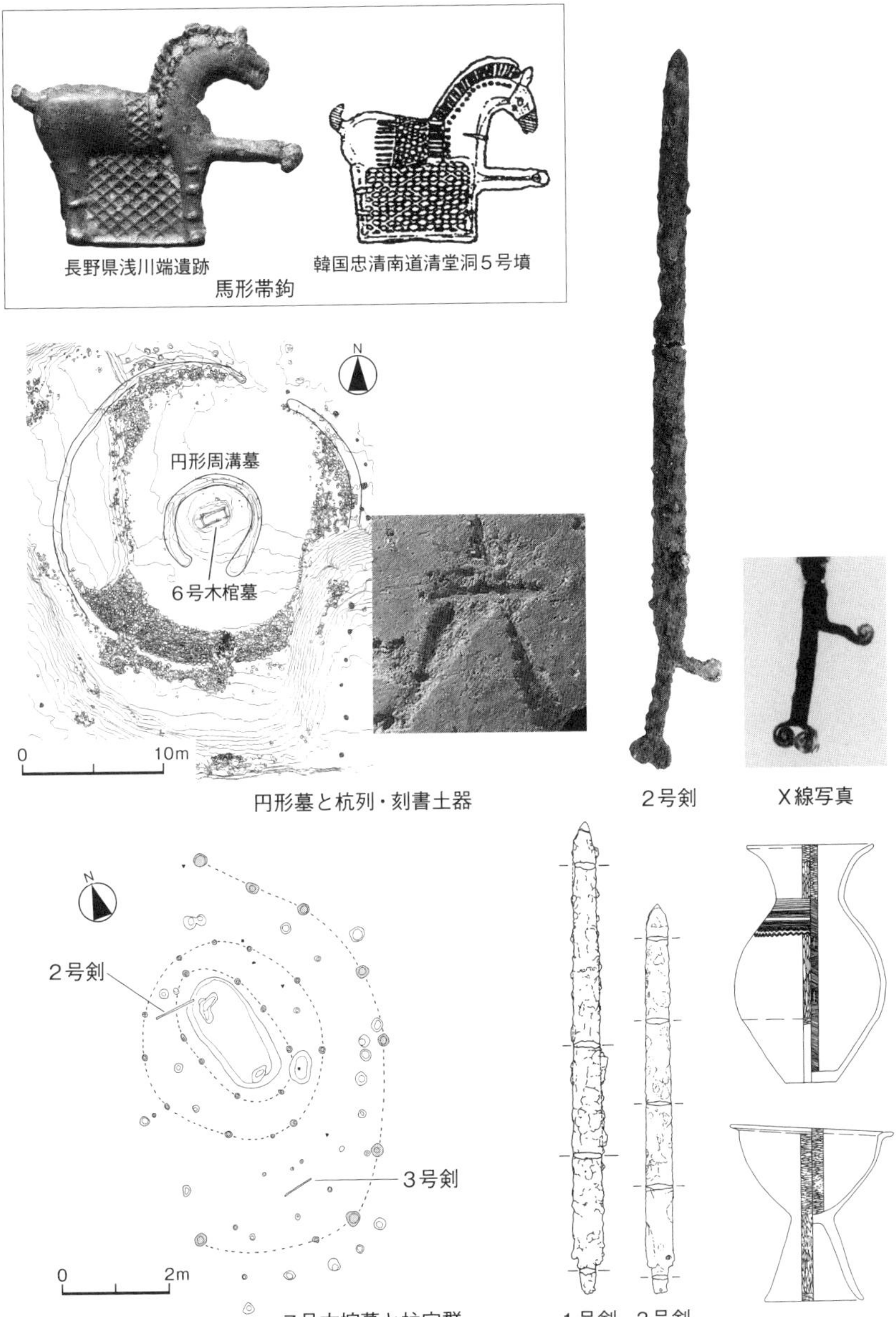

図 34　長野県木島平村根塚墳墓群と出土遺物

17　三、四世紀の会津と大和

■会津には三世紀の古墳がある

一九七七年五月、櫃本誠一氏と一緒に生江芳徳氏の案内で会津の古墳めぐりをした。会津大塚山《あいづおおつかやま》古墳から始まり、会津坂下町の亀《かめ》ケ《が》森《もり》・鎮守森《ちんじゅもり》古墳、雷神山《らいじんやま》古墳、出崎山《でさきやま》古墳群、森北《もりきた》古墳群と歩きまわった。その頃私は、会津盆地に会津大塚山古墳以外の古墳がこんなにあるということは知らなかった。とくに尾根頂部の雷神山古墳や出埼山古墳では、〝大塚山より古い〟という生江さんの観察は正しいと感じた。その日のノートには次のように記している。

〝会津大塚山古墳の被葬者が、大和政権からの派遣将軍であるとすれば、雷神山・森北等の勢力と戦争しなければここに入ってこられないだろう。雷神山・森北も大和政権の派遣者とは考えられないので、会津には大塚山に先行する勢力があり、それを背景として大塚山が出現すると考えた方がよいかもしれない〟

つまりこの時、会津大塚山古墳派遣将軍説の見直しを考えはじめたのだ。当時、会津大塚山古墳より古い長突円墳（前方後円墳）が東北にあるとは考えられていなかった。

その日の午後、会津坂下町細田《ほそだ》遺跡出土の古式土師器を井関敬嗣氏宅で見せていただいた。旧河沼郡若宮村大字大沖字細田から大正年間に採集されたとのことで、すでに『会津坂下町史』に実測図と写真が掲載されている。ノートのメモをそのまま記す。

〝纒向2式併行、胎土固い、茶褐色、石粒微量。庄内式高坏の脚のように見えるが、口縁端部立上りと丹塗りの仕方から見て、高坏型器台の上部と見るべきであろう〟とある。

土師器を眼にしたときの最初の印象は、近畿産でもとくにおかしくないとの感じがあって、いきなり〝纒向2式（三世紀前半）併行〟とか〝庄内型高坏〟という用語がメモに登場したのだろう。そしてこのとき、午前中に見た古墳群の中に三世紀の古墳があってもいい、という確信をもった。その後、この土器は中村五郎氏によって『福島考古』一四号にあらためて紹介され、検討が加えられている。

■ **邪馬台国時代の古墳**

一九九〇年八月、「会津で天王山《てんのうやま》式土器をもつ、長突円墳を掘っているそうだ」という話を聞いて驚いた。

天王山式土器とは、福島県白河市の天王山遺跡から出土した土器で東北南部の弥生時代後期の標識土器であり、使用年代の幅を新しく見ても三世紀代までであろう。つまり、「天王山式土器をもつ、長突円墳」とは三世紀の長突円墳ということであり、細田遺跡の土器の記憶が一三年ぶりによみがえり、早速現地の杵ケ森《きねがもり》古墳に出かけた。

担当の吉田博行氏の「そんな噂が広がっているのですか」という驚きとともに「天王山式期の長突円墳」は否定され、いわゆる北陸系古式土師器の古い段階ということであった。

しかし、長突円墳の杵ケ森古墳（全長四五・六メートル）の周濠に接して方墳（方形周溝墓）と前方後方形周溝墓が群在していた。その配置はすでに長突円墳の杵ケ森古墳があって、それを意識して沿うようにつくられているように思われた。もしそうでなければ、方墳〈周溝墓〉群をつくっていたときに、ここには後に長突円墳をつくる予定があって、計画的に土地をあけていたことになる。私にはそのほうが不自然に思える。方墳〈周溝墓〉と長突円墳の先後にこだわるのは、方墳の周溝内から北陸系の漆町《うるしまち》7式と8式土器が多量に出ているからである。方墳が長突円墳の後につくられたのであれば、長突円墳、つまり杵ケ森古墳の築造時期は漆町7式期と同時期かそれより古いことになる。

漆町7式期は近畿の纒向4類＝庄内Ⅳ式＝布留0式に併行し、三世紀後半と考えられ、邪馬台国の女王、台与の時期に相当する。邪馬台国が日本のどこに存在するにせよ、会津には邪馬台国時代に長突円墳があったことが杵ケ森古墳の調査によって判明した。

吉田さんの調査研究によれば、会津坂下町には杵ケ森古墳以前に稲荷塚古墳群や男壇《おだん》の方墳、長突円墳があり、前後して臼ケ森《うすがもり》古墳〈長突円墳、全長五〇メートル〉がある。そして、四世紀になると、鎮守森古墳〈長突方墳〈前方後方墳〉、全長五五・二メートル〉から東北第二の亀ケ森古墳〈長突円墳、全長一三〇メートル〉へと展開する。三二面の三角縁神獣鏡が出土して著名になった奈良県黒塚《くろづか》古墳は全長一二〇メートルの長突円墳であり、規模ではそれに匹敵する古墳が会津に存在することを示す。時を接して、四世紀中葉には豊富な副葬品をもつ会津大塚山古墳〈長突円墳、全長一一四メートル〉が築造され、古墳時代会津の全盛期を演出する。

■三、四世紀の会津と大和の関係は?

森北一号墳は、四世紀前半の全長四一・四メートルの長突方墳であり、舟形木棺に鏡一面と管玉・鉄槍・鉇《やりがんな》・鉄針・漆塗り製品等を副葬していた。この成果は、私の予測と大きく異なっていた。私は五世紀の長突円墳で、おそらく鏡はないだろうと考えていたのだ。したがって棺内調査に入った当初に、鉄槍と管玉がみつかったときには、これだけでも十分だと思ったが、なんといっても、もっとも大きな成果は四世紀前半の長突方墳であることを確認できたことであろう。そのことを前提にして三、四世紀の会津と大和との関係を考えてみたい。

会津の長突円墳は三世紀中葉の臼ケ森古墳からはじまる。報告書の後円部墳丘と周濠、そして前方部の形態から全形を復元すると寺沢薫氏提唱の纒向型前方後円墳になる可能性が高い。纒向型前方後円墳とは、三世紀初頭の奈良県纒向石塚古墳（全長九六メートル）を標式とし、三世紀後半の最古の巨大長突円墳である箸中山古墳（箸墓古墳）以前に関東から九州に及ぶ長突円墳体制ができていた、とされている墳型である。

三世紀前半は、女王・卑弥呼の治世期間であり、もし邪馬台国が大和であるとすれば、邪馬台国と会津の間に強い関係があったことになる。もし邪馬台国が北部九州などにあったとすれば、三世紀の大和の地域勢力と会津との関係を物語る。

ほぼ同時期に、喜多方市舘《たて》ノ内《うち》遺跡に出雲《いずも》・伯耆《ほうき》を分布の中心とする四隅突出型方墳が登場する。共伴する土器は、北陸系の漆町5・6式で三世紀前半〜中葉である。他方、杵ケ森古墳下層の住居跡には同時期の北陸系甕があり、先にみた細田遺跡の高坏型器台を含めて、外来系土器が急増する段階と一致する。三世紀中葉の会津は、畿内・東海・北陸と強く連繋していた。

しかし、邪馬台国が大和で狗奴国が東海（濃尾）である場合には、会津の外交は極めてきわどい。

『魏書』倭人条によれば、三世紀中葉には邪馬台国と狗奴国は戦争に突入し、ついに二四八年頃に女王、卑弥呼が死亡した。このような時期に会津は両勢力と連繫したのだろうか。臼ケ森古墳の墳丘形態、杵ケ森古墳の東海系土器からみれば両勢力の会津への接近と会津のしたたかな外交が浮かびあがる。

臼ケ森古墳についで三世紀後半には、杵ケ森古墳が登場する。吉田博行氏は杵ケ森古墳は箸中山古墳（箸墓）の墳形と類似し、その六分の一に築造されている点に注目している。もしそうであれば、大和の纒向地域と会津は墳丘タイプは異なるものの二代にわたって大和の王者の墳型を共通にしたことになる。箸中山古墳を卑弥呼の墓とする研究者が増加している今、注目すべき現象である。

四世紀後半から中葉には会津に全長一〇〇メートルをこえる二つの長突円墳、会津大塚山古墳と亀ケ森古墳が登場する。この時期まで纒向地域は都市として栄え、周辺に行燈山古墳《あんどんやま》（「崇神陵」全長二四〇メートル）や渋谷向山古墳《しぶたにむかいやま》（「景行陵」全長三一〇メートル）を造営している。初期ヤマト政権の一つのピークであり、この後、王陵の中心は奈良盆地北部の佐紀古墳群へ移る。会津の王者もまた邪馬台国時代から初期ヤマト政権前半期の都市・纒向の動きと同じ歩みをしているように思える。

森北一号墳の調査成果は、四世紀前半の東西の動きに複雑さを加える。杵ケ森古墳が大和の箸中山古墳と同型の墳丘をつくったその直後に、東海系の長突方墳を築造しているからである。会津の長突方墳の系譜は、森北一号墳を始祖として男壇古墳群に継続し、鎮守森古墳へとつづく。とくに四世紀中葉の鎮守森古墳は全長五五・二メートルで、もっとも大型化する。しかし、墳丘規模でみると、三世紀後半の杵ケ森古墳段階には全長四五メートルで四二メートルの森北一号墳と顕著な差はないが、四世紀中葉には、その差は拡大し、全長一三〇メートルの亀ケ森古墳と五五メートルの鎮守森古墳となる。

会津は、三、四世紀に全方位外交を展開していたが、四世紀中葉～後半以降には、長突円墳体制に主軸を置くようになった。それは、大和における「おおやまと」から「佐紀」への王陵の移動と一致している。

■ 大彦命と会津

いつか、中村五郎氏に「東北なのに会津には、古式土師器の頃の北陸系土器が多いんですね」と話しかけたとき、即座に、「石野さん、会津は北陸なんだ。縄文以来そうなんだ」と言われた。司馬遼太郎氏も井上ひさし氏も、根拠はまったく違うけれども、「会津は東北ではない」と言っておられる。阿賀野川・阿賀川が縄文時代以来、日本海側の越と会津をつないでおり、浜通りはもとより中通り以上に越との文化的一体感が継続しているのであろう。竹田旦氏が強調している「玉の道・鏡の道・塩の道」なのである。

これを背景として、『日本書紀』崇神天皇一〇年条の四道将軍伝説のなかの「大彦命」による北陸道から会津へのルートが語られているのであろう。

「大彦命」は、埼玉稲荷山古墳の鉄剣銘文中の「意富比垝」と同一人物の可能性が高く、実在性が強まった。さらに、稲荷山古墳の年代から銘文によって八代遡ると四世紀前半となり、想定される崇神天皇在位年代とも矛盾しない。そうすると、「大彦命」は事実として、四世紀前半に大和から北陸道を経て会津に到達したことになる。現段階では、伝承に多少考古学的な事実が適合した段階だが、検討に値する。

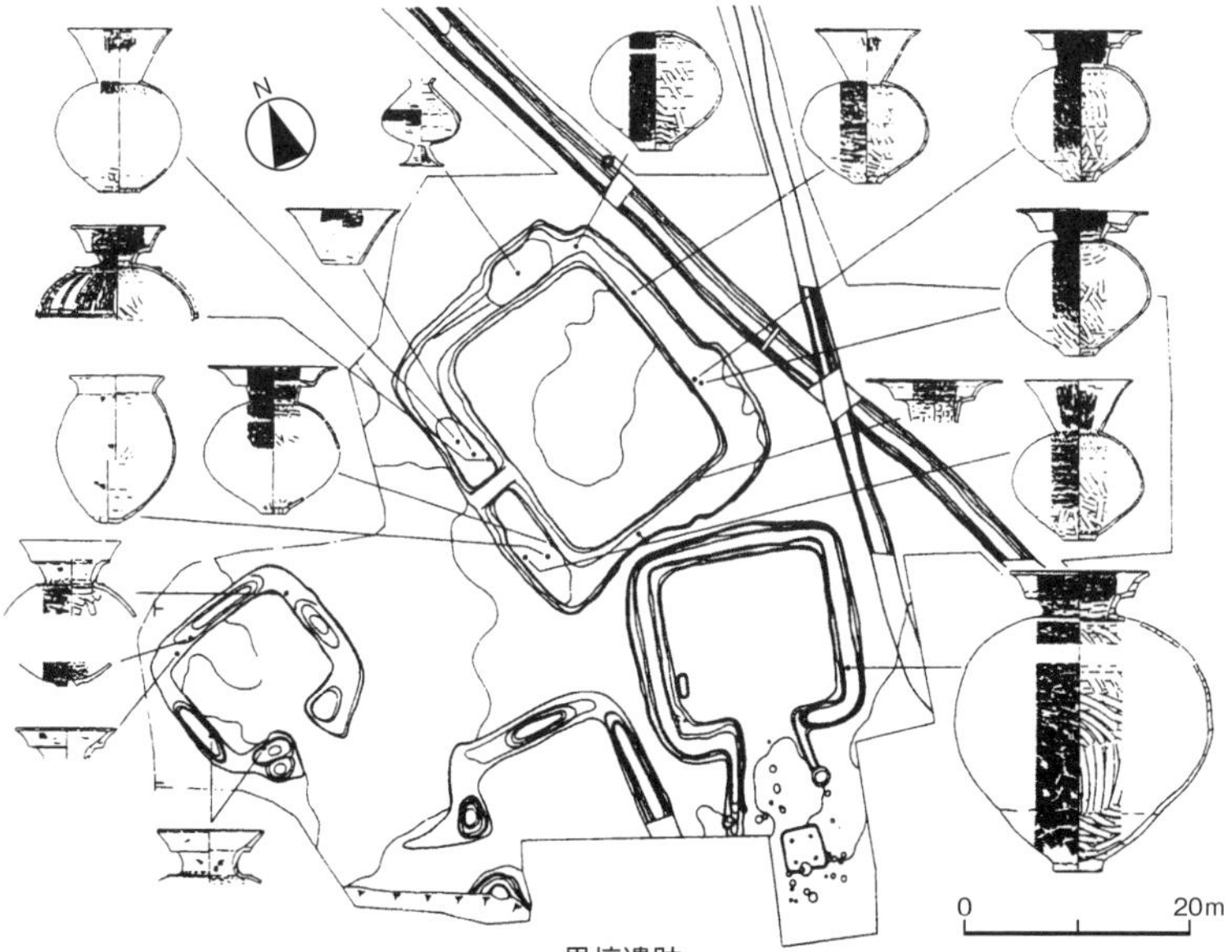

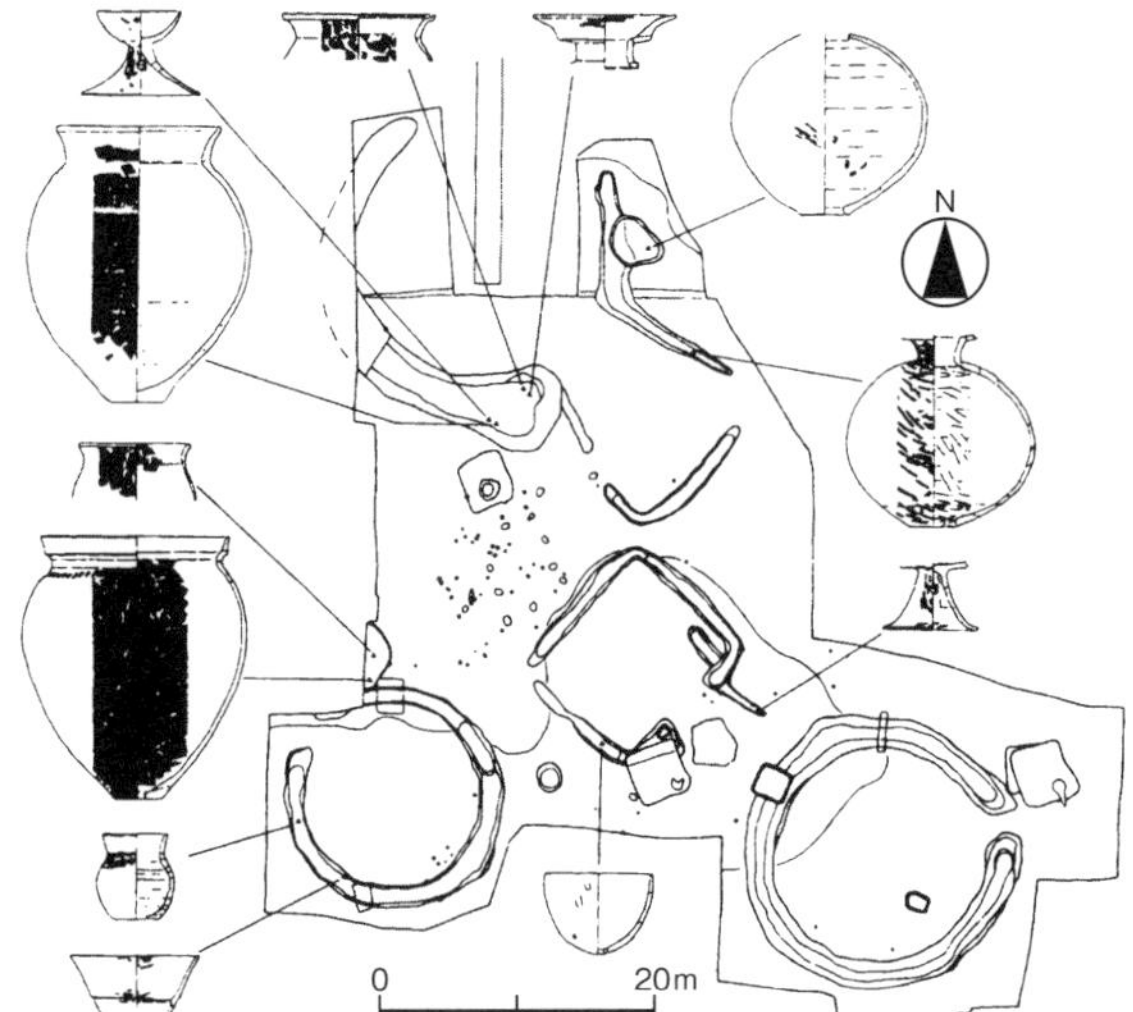

図 35　会津の初期古墳

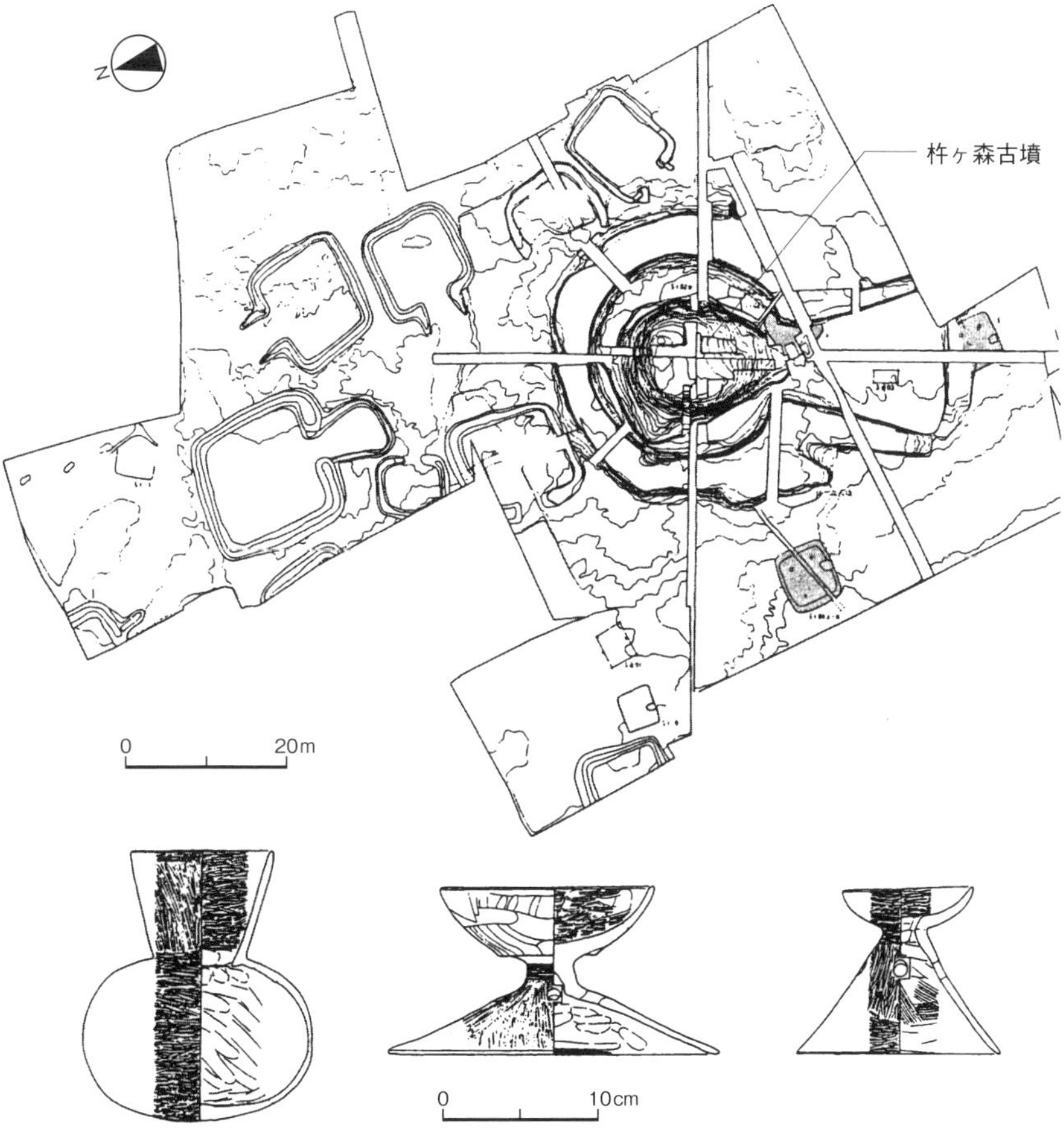

図 36　会津坂下町杵ケ森古墳群

18 土器のみち

■移動する土器

一九七一年から一九七五年にかけての奈良県桜井市纒向遺跡の発掘調査によって、三世紀の纒向式（庄内式）土器とともに九州から東海東部にかけての土器が一五〜三〇パーセントも含まれていることが判明した。その後、桜井市埋蔵文化財センターによって調査が継続され、少量ではあるが朝鮮半島の楽浪系土器や伽耶系土器と関東南部系土器が加わり、より広域の交流が明らかになった。それは奈良県香芝市二上山博物館と同博物館友の会のふたかみ史遊会が二〇〇一年以来、各地域ごとに継続しておこなっていた邪馬台国シンポジウムによって、交流の具体的な動向がより明らかになりつつある。

その交流は「みちのく」にまでおよんだ。宮城県名取市野田山《のだやま》遺跡には纒向式系土器があり、石巻市新金沼《しんかなぬま》遺跡からは東海系土器と北海道系土器が共存している。

東日本の三世紀の土器の動向には、

（1）月影《つきかげ》のみち

（2）パレス壺・S字甕のみち

（3）大廓《おおぐるわ》壺のみち

の基幹ルートがある。

これらに加えて、「箱清水《はこしみず》・樽《たる》のみち」など当時の表日本である日本海沿岸・越と内陸・太平洋へのルートが想定できる。

■ **月影のみち──越路《こしじ》（日本海─北陸道ルート）**

三世紀の越路は「月影のみち」であり、吹雪《ふぶき》にも見舞われたであろう。石川県金沢市月影遺跡を標識とする。代表的な器種は装飾器台と月影型甕だ。二世紀末～三世紀の月影式土器は越路一帯に広がり、北は越後《えちご》（新潟県）から羽前《うぜん》（山形県）へ、さらに阿賀野川をさかのぼって越から会津におよぶ。会津盆地に到達した月影甕は会津街道を経由して山形県米沢市比丘尼平《びくにだいら》遺跡に至り、さらに北上して山形市馬洗場《うまあらいば》遺跡や天童市板橋遺跡などに到達している。さらに、月影甕は、日光街道を北上してきた大廓壺と会津で遭遇し、ともに手をたずさえて会津街道から米沢盆地を経て山形盆地の山形市元屋敷《もとやしき》遺跡に達している。南は近江を経て近畿と東海から関東に拡がる。

それぞれの地域によって濃淡の差はあるが、月影様式は山陰の土器と共通する要素が多く、奈良県纒向遺跡では多量の山陰系と北陸系土器の区別がむずかしかった。山陰の土器要素が北陸に影響を与えており、山陰的な四隅突出型墓の伝播とも関連しているようだ。あたかも、出雲のヤチホコノカミ・オオクニヌシが高志《こし》（越）のヌナカワヒメに妻問いした、という伝承（『古事記』上巻）を思わせるが、越後中部には古志《こし》郡山古志《やまごし》村の地名が残り、出雲には松江市宍道湖畔の古志《こ》に長突方墳（前方後方墳）の古曽志《そし》大谷古墳があり、二つの地域のつながりを思わせる。

■パレス壺・S字甕のみち（太平洋岸―東海道ルート）

一九七〇年代の前半、群馬県太田市石田川《いしだがわ》遺跡の土器群を見たとき、東海系土器の伝播力のすごさを感じた。三世紀の東海系土器は、濃・尾・勢・三地域（美濃・尾張・伊勢・三河）から越路や相・武・総（相模・武蔵・上総・下総）とともに南信濃・甲斐・毛野ルートにおよぶ。まれには陸前・北上川河口の石巻市新金沼に上陸している。

濃尾勢三地域のうち、外来系土器が多いのは伊勢と三河であり、その刺激をうけ両地域の土器が関東や中部（信濃・甲斐）へと動いたようだ。赤塚説の難民移動というより、毛野・石田川遺跡での定着や下総・高部《たかべ》古墳群にみられるように積極的な開拓民の移動であろう。

■大廓壺のみち

一九七二年、奈良県纒向遺跡の初期の発掘調査が一段落したあと、調査中に現地に来られた多くの人びとに教えていただいた外来系土器の故地を求めて九州から関東までの全国行脚をはじめた。

纒向遺跡の辻地区土坑4（纒向4類＝布留0式）出土の縄文のある大壺片と奇妙な口縁部の大壺片の出土は、近畿には縄文のついた三世紀の土器などあるわけがないので驚いたが、鈴木敏弘氏から駿河の大廓式土器との類似性を教えていただいた。それを確かめるため大廓遺跡を調査された静岡県沼津市の加藤学園沼津高校に小野真一氏を訪ね、出土土器を見せていただいた。そっくりだった。

二〇〇九年、調査中の沼津市辻畑古墳（のち高尾山古墳と改称）を訪ねたとき、久しぶりに大廓式土器に遭遇した。全長六〇メートルの三世紀第4四半期の長突方墳（前方後方墳）の出現を受け、渡井英誉氏らによってあらためて大廓式土器期の検討がおこなわれた。そのなかで、細田和代氏は駿河以西の大廓式土器の広がりを検討し、三河湾岸から三重県雲出島貫《くもずしまぬき》遺跡などを経て奈良県纒向遺跡から大阪府垂水南《たるみみなみ》遺跡や加美《かみ》遺跡に至る動向を示した。

東方への「大廓式土器の拡がり」は柳沼賢治氏によっておこなわれ、駿河―相模―下総―武蔵―上野―下野と考えられる伝播ルートが示された。

従来、ほとんど注目されていなかった大廓式土器の拡散状況が高尾山古墳の検出を契機に東海中部から関東南部と北部、そして鬼怒川沿いに栃木県真岡市市ノ塚《いちづか》遺跡などを経て会津街道を北上して福島県会津若松市郡山《こおりやま》遺跡に達している。仙台平野の宮城県名取市鶴巻前《つるまきまえ》遺跡の大廓壺は、福島県いわき市砂畑《すなはた》遺跡や同・朝日長者《あさひちょうじゃ》遺跡などの大廓壺経由と想定するのが順当であるが、ことによると会津街道を北上して、山形元屋敷遺跡から笹谷街道を経て仙台平野の名取市域に至るルートも十分に考えられる。

それなら一度行ってみようと、二〇一五年五月一五日、会津から米沢盆地へと向かった。前日に奈良を出て、夕方に会津の喜多方市の熱塩温泉に入った。ホテルで会津から山越えで山形県の米沢に行くバスの時間を聞いたら、数年前になくなったという。翌朝、タクシーを奮発して出発。旧会津街道を走りたかったが、谷と山道ルートで、今は通行止めとのこと。一部だけ旧ルートを走ってもらったが、印象としては縄文・弥生ルートはあっても、古墳ルートは無理なようだ。

会津盆地の入口の田沢あたりから山内が開け、広々としてきた。翌日は、会津坂下町主宰の「会津の古墳時代前期を考える」講演会シンポジウムがあり、大塚初重さんや中村五郎さんと前日の会津街道踏破失敗談をまじえながら楽しく語りあった。

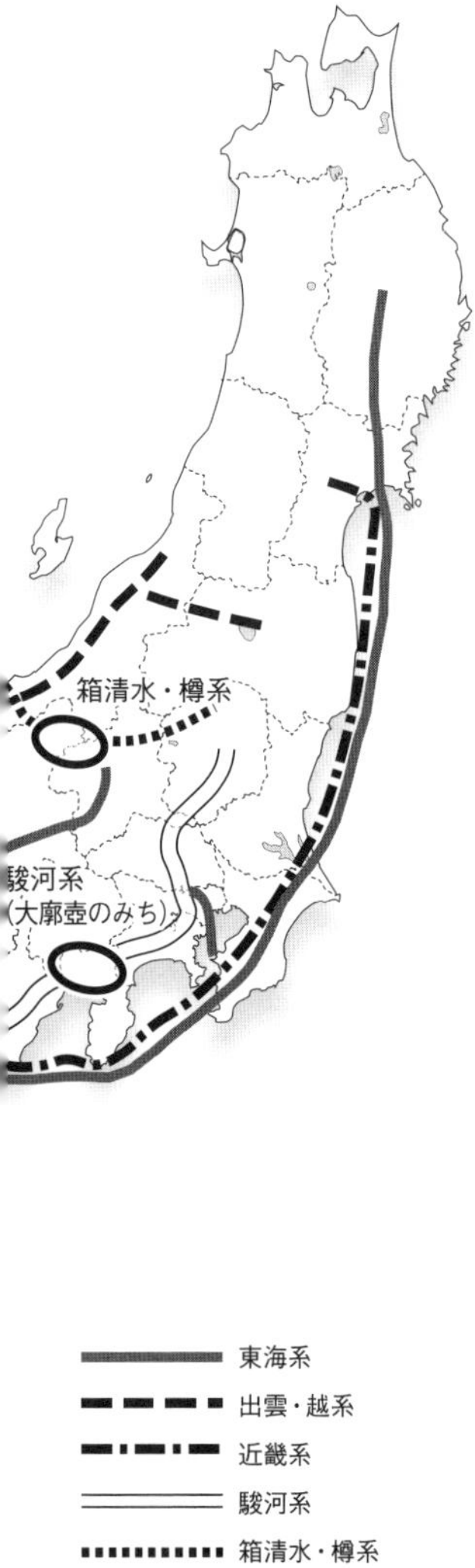

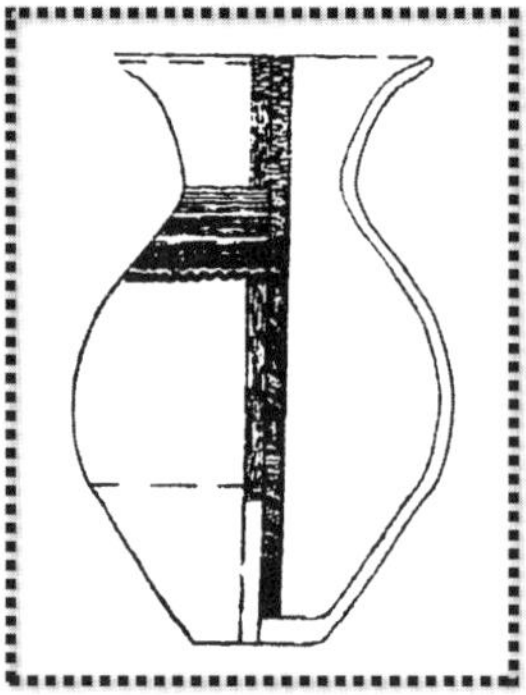

箱清水・樽系

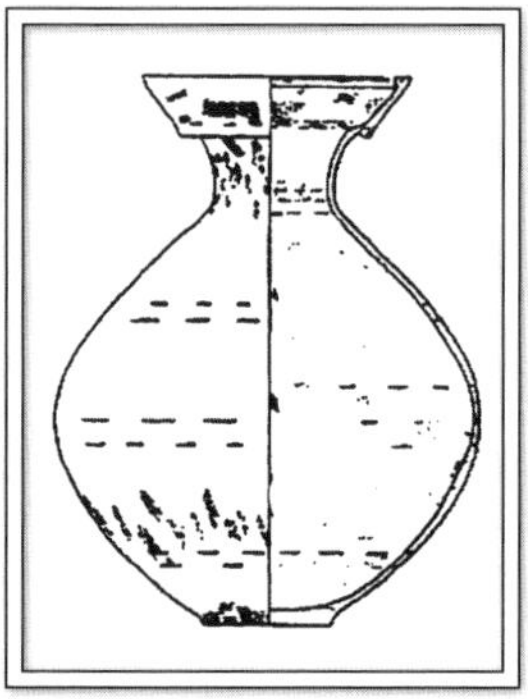

駿河系

東海系

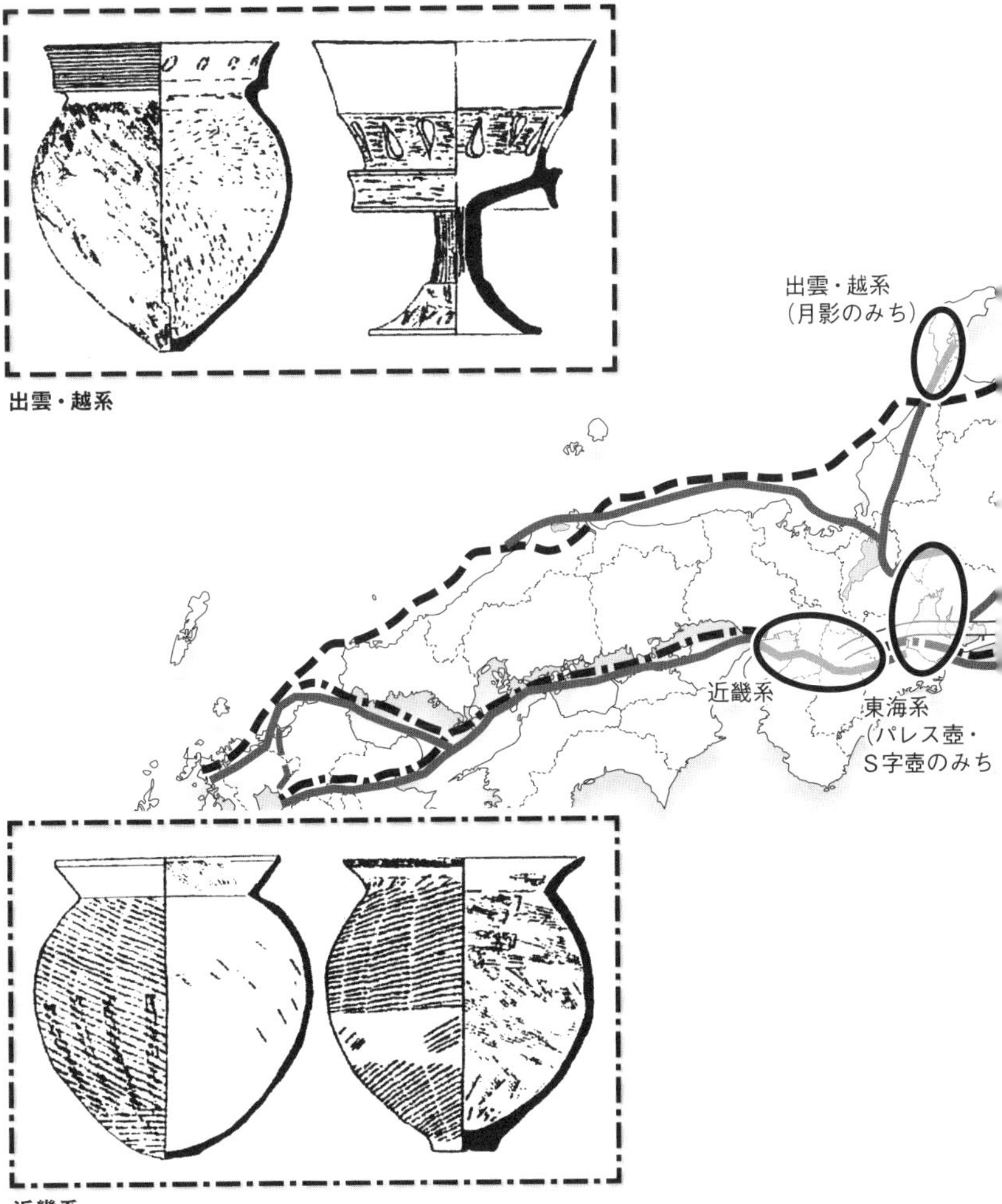

図 37　3 世紀の土器の主要移動ルート

19　三、四世紀の豪族居館

一九八九年に検出された佐賀県吉野ヶ里《よしのがり》遺跡は、前三世紀から後三世紀におよぶ巨大集落で二、三世紀には一キロ余の不整形環濠内に居館域と祭祀域の二つの内郭をもつ。一九九二年以降に報告書も刊行され、弥生~古墳時代の居館が全国的に注目されはじめた。そのようななかで二〇〇九年に近畿でようやく「纒向王宮」が東西に一直線に並ぶ建物群として登場した。そして現在、三、四世紀の居館は北部九州から東北中部にかけて二〇カ所余りが検出されている。

三世紀後半の纒向王宮は、東西一五〇×南北九〇メートルの東西に長い長方形区画の中軸線上にB・C・D・Fの四棟の建物が並ぶ。うち、B棟は棟持柱をもつ高倉であり、D棟は二間×四間（六・二×一九・二メートル）で弥生・古墳時代を通じて列島最大の規模をもつ（一四七ページ図47参照）。

三、四世紀の方形区画内に建物を配置しているのは、大分県小部《こべ》遺跡、大阪府尺度《しゃくど》遺跡、京都府森山《もりやま》遺跡、滋賀県伊勢《いせ》遺跡、愛知県八王子《はちおうじ》遺跡、石川県万行《まんぎょう》遺跡、福島県管俣《すがまた》B遺跡、宮城県伊治城《いじじょう》跡下層遺構である。そのうち内・外郭とも方形区画をもつのは纒向・尺度・八王寺・万行と近畿と中部日本に集中するが、管俣B遺跡は小規模ながら注目される。

福島県会津坂下町の東館《ひがしだて》遺跡をはじめ伊勢遺跡や小部のように不整形の大区画内に方形区画を設置するのは、弥生時代以来の環濠集落と古墳時代の方形居館との中間的な施設のようだ。

ここでは三、四世紀の東国の居館について考えてみよう。

一九九三年九月、東京での日本考古学協会委員会のあと、会津坂下町東館遺跡に出かけた。短辺五〇メートル余、長辺七〇メートル余のくびれ部のある長方形区画のまわりに幅二〇メートル余の濠がめぐり、濠底には北陸の漆町《うるしまち》8式期（纒向5類併行）の土器があり、四世紀前半に比定できる。

さらに、一九九九年一月には、いわき市折返《おりかえし》B遺跡で、一辺四五メートル、長辺七〇メートルのまわりに幅二メートルの二重柵列をめぐらせた四世紀、塩釜式期の居館に遭遇した。海岸から二キロほどの砂丘上にあり、布留型甕や小型丸底壺があって、近畿勢力の東進を思わせる。

気になるのは四世紀の宮城県山前《やままえ》遺跡の区画だ。二〇〇メートルをこえて直線部分を屈曲させた外郭施設は三、四世紀を通じてほかに類例がなく、近世城郭の一部を見ているようだ。

土地に根づいている居館と墳墓は三世紀、とくにその後半に日本列島全域に拡散したようだ。

居館は、列島中央部の近畿と東海で方形か長方形区画内の計画的な建物配置の一端が大和・纒向や尾張・八王寺に認められるが、西国と東国には未だ出現していない。しかし、東国の陸前・山前の居館外郭はのちの城郭のように屈曲する直線構造を連ね、四世紀としても規模が大きい。

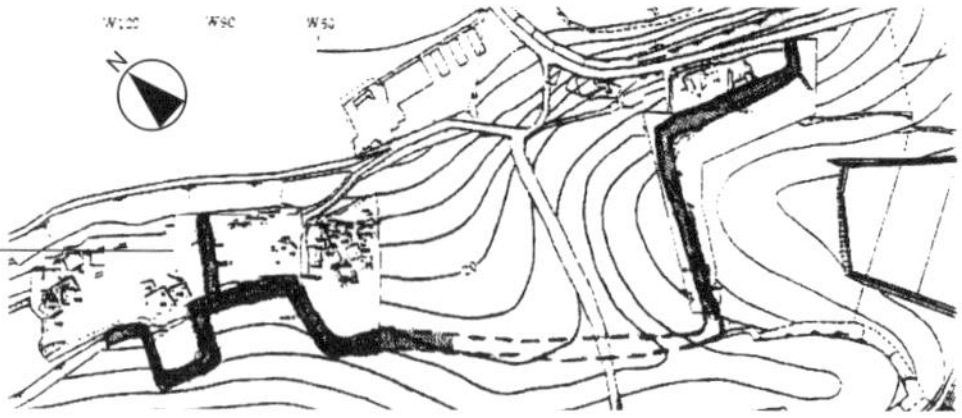

山前遺跡

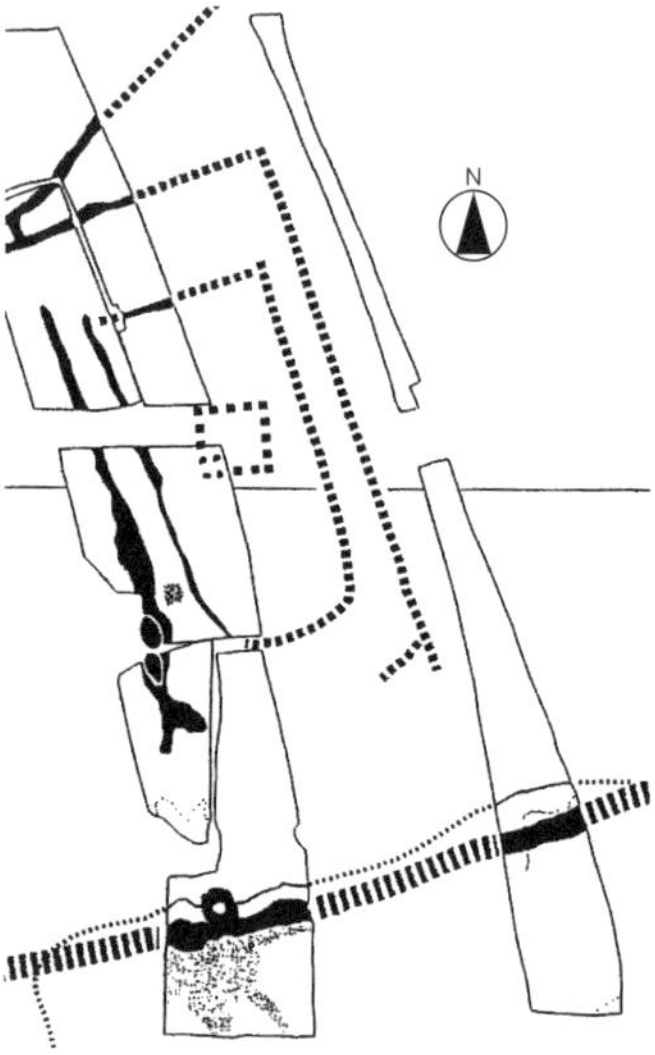

八王子遺跡

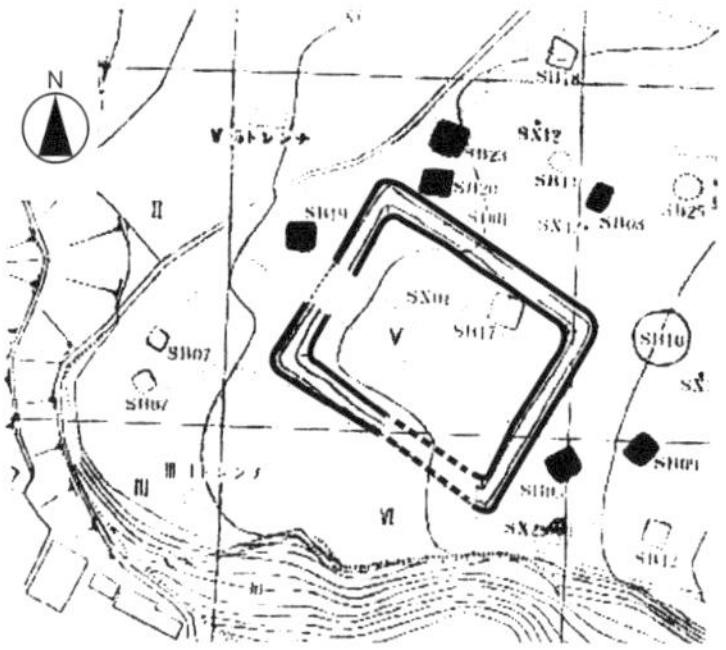

森山遺跡

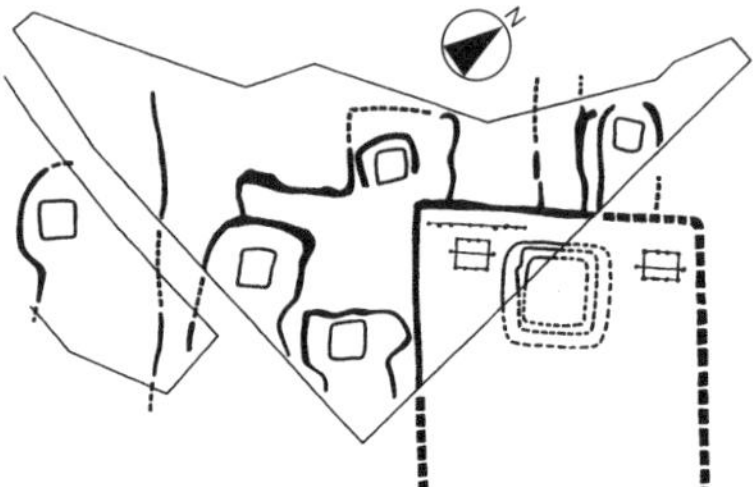

尺度遺跡

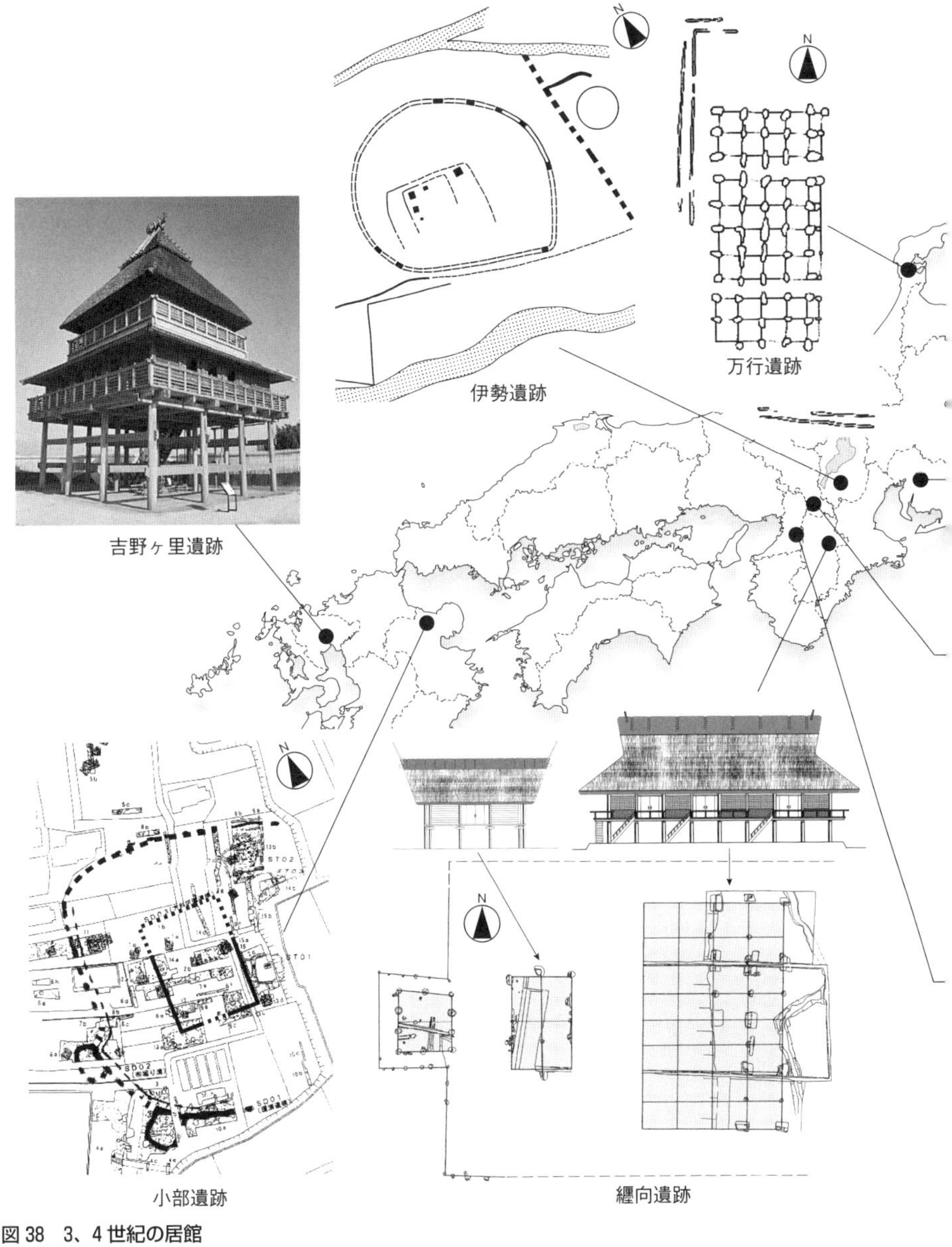

図38　3、4世紀の居館

20 墳墓の伝播

■ 四隅突出型方形墓

弥生中期末に出雲世界に生まれた四隅突出型方形墓は、弥生後期中葉には墳丘貼石がない形で越前の福井市小羽山《おばやま》墳墓群や富山県富崎《とみさき》三号墓に登場し、二世紀末〜三世紀の古墳早期には石川県一塚《いちづか》二一号墳や富崎古墳群など越地域に拡散する。

「ここは北陸だ」という中村五郎氏の発言（九五ページ参照）のとおり、会津盆地の三、四世紀は「月影のみち」の到達点であった。

会津は越の月影式土器の分布域であり、その地に四隅突出型方形墳の舘《たて》ノ内《うち》一号墳が登場する。

■ 長突方墳・長突円墳の出現

二世紀・弥生後期に円形周溝墓と方形周溝墓の一部に開口部をつくる墳墓が列島各地に部分的にあらわれる。開口部に盛土をすれば短い突起のある円墳＝短突円墳（帆立貝型古墳）となり、突出部が方丘部、あるいは円丘部より長くなると、長突方墳・長突円墳（前方後方墳・前方後円墳）となる。

弥生後期・二世紀後半で両方に突出部をもつ全長八〇メートルの短突円墳が吉備の楯築《たてつき》古墳であり、古墳早期とした。前後して、列島各地に長短の突出部を付けた方墳・円墳が広範囲に広がる。

■長突円墳の動き

大和では、おおやまと古墳集団の中の纒向《まきむく》古墳群に三世紀初頭の長突円墳、纒向石塚《いしづか》古墳（全長九六メートル）や纒向勝山《かつやま》古墳（全長一二〇メートル余）が登場する。

現段階では二世紀まであがる纒向型古墳は指摘できないが、少なくとも庄内式成立直前段階の二一〇年（三世紀初頭）段階には纒向石塚古墳が存在し、二世紀末の同型古墳が検出される可能性は高い。女王卑弥呼《ひみこ》の登場とともに新しい政治体制、新しい祭祀体制が登場し、そのシンボルとしての纒向型古墳の登場を想定している。

寺沢説の纒向型古墳の古相は、三世紀前半には佐賀県椛島山《かばしまやま》古墳から岡山県富山古墳や千葉県神門《ごうど》四号墳に点在し、纒向型古墳の新相は、三世紀後半には北は会津・臼ケ森《うすがもり》古墳から西は佐賀県双水柴山《そうずいしばやま》古墳におよぶ。

■長突方墳の動き

三世紀前半・中葉の長突方墳に琵琶湖畔の東近江市神郷亀塚《じんごうかめづか》古墳（全長四〇メートル）や長浜市小松古墳（全長六〇メートル）があり、とくに湖北の小松古墳には月影《つきかげ》式や廻間《はさま》式の土器がともなう。

湖北から越に入ると短突方墳の石川県小菅波《こすがなみ》古墳があり、遠く越後には四世紀の新潟県山谷《やまや》古墳（全長三八メートル）があり、会津盆地の稲荷塚古墳から会津街道を北上し、三世紀後半・纒向4類＝布留0式には羽前・置賜盆地の山形県蒲生田山《かもうだやま》三号墳（全長二九メートル）に到達する。

太平洋岸では、総の地域に円丘主体の千葉県神門古墳群と方丘主体の高部《たかべ》古墳群が並立するが、より多く東国に展開するのは方丘墓＝長突方墳で、仙台平野の宮城県飯野坂《いいのざか》古墳五基は、おそらく三世紀後半には築造が開始されている。

三、四世紀の会津盆地の古墳の動向は、中村五郎さんをして「ここは北陸だ」と言わせるほど東北南部では特異な動きを見せる。それは、黒田篤史さんや福島雅儀さんの研究に示されているように稲荷塚古墳群や男壇《おだん》古墳群の短い突起をもつ方形墳（短突方墳）から突起を長大化し（長突方墳）、継続することからはじまる。その動向は、羽前の置賜盆地の蒲生田山古墳群にいちはやく伝わり、ついで仙台平野の飯野坂の長突方墳群に定着する。

三世紀末～四世紀初には会津の宮東《みやひがし》一号墳や杵ケ森《きねがもり》古墳などは長突円墳を採用し、堂ケ作山《どうがさくやま》古墳から会津大塚山古墳へと展開する。

居館と同じように土地に根づいている墳墓も三世紀、とくにその後半に日本列島全体に拡散する。以前から大塚初重氏が主張しておられる東国での初期の長突方墳の展開は、千葉県神門古墳群の検出もあって円丘と方丘の関東でのせめぎ合いが想定されるが、北陸を含めた関東・東北の方・円対決は、資料が増加した現在、やはり方丘墓優勢の状況だ。したがって、邪馬台国が大和だった場合、邪馬台国連合は劣勢に立たされていたことになる。

その内容は地域ごとに進められている三、四世紀の土器研究によって、実態の精度が高められていくだろう。

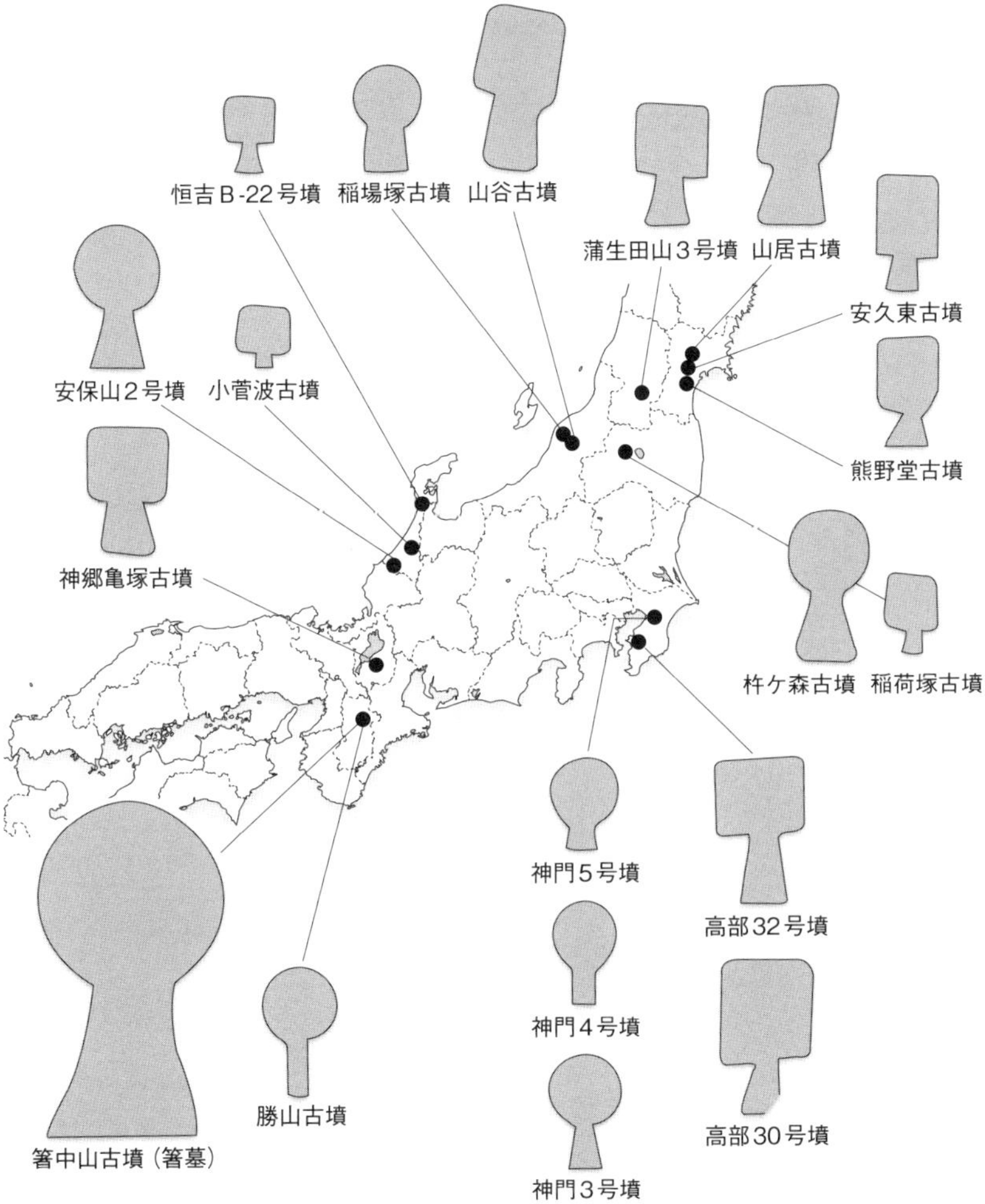

図 39　東日本の早・前期古墳の分布

附　対馬国と一支国への旅

■対馬へ

対馬・比田勝の人たちは戦前、船で韓国の釜山《プサン》へ映画を見に行った、という。〝本当ですか〟と聞いたら、〝博多より近い〟のだそうだ。そして、李承晩《りしょうばん》ラインが対馬海峡に厳しく設定され、日本の漁船が韓国の警備艇に拿捕《だほ》されていたころ、対馬の漁船とわかると釈放されたという。半島南端と対馬の漁師には一体感があったようだ。まして古代は……。

四〇年以上も前の一九七四年に、はじめて対馬の北端から朝鮮半島を遠望したが、その日は空はかすみ、半島は見えなかった。この日が、私にとってははじめての対馬探訪であった。

奈良県立橿原考古学研究所の菅谷文則氏や兵庫県教育委員会の山本三郎氏などとの四人旅だった。このとき、旅の記録をまとめ、それぞれ紀行・論文テーマを定めたのに、だれ一人約束を果たしていない。この機会に、その責めの一端を果たそうと思う。

〝フェリーつしま〟で博多港を出航。壱岐・郷ノ浦港に寄り、対馬に向かう。朝、九時に出航して一四時に対馬・厳原港に着いた。タクシーで一九四八年の対馬総合調査団の宿舎である〝やまや〟に向かう。このとき、やまや旅館が存在しているのかどうかも不明だった。タクシーに乗って、〝やまや旅館〟と言うと、タクシーが動きだしたのでホッとしたのを覚えている。

翌日、対馬郷土館に向かう。教育委員会の方に何を聞いても〝永留久恵先生に〟ということで、ここではメモをとり、写真を撮るだけとなった。このあと島分寺跡・金田城《かなたのき》・対馬一宮・宗氏墓地万松院《ばんしょういん》などを訪ね歩く。夜、旅館の当主からうかがった調査団の水野清一・樋口隆康・岡崎敬氏の逸話が楽しかった。

三日目はバスで島の北端に向かった。比田勝港をのぞむ標高一二メートル余の丘の上に塔《とう》の首《くび》墳墓があった。五基の箱形石棺のうち三号石棺には広幅銅矛《どうほこ》二本や銅釧《どうくしろ》七点とガラス小玉群などが副葬された弥生後期の墳墓として著名だ。

三根湾奥の丘陵先端に箱形石棺群のガヤノキ遺跡がある。昭和初年以来、中山平次郎氏らによって鉄剣・銅剣・石剣や青銅矛の出土が報告されており、現地には板石積石室の一部が保存されていた。

その後、海神《かいじん》神社を参拝し、積石の前方後方墳に見える鶴《つる》の山《やま》古墳（出居塚《でいづか》古墳）や十字型石室で著名な矢立山《やたてやま》古墳などを見学して一支国（壱岐）へ向かった。

■壱岐・原の辻遺跡

壱岐では目的の原《はる》の辻《つじ》遺跡に向かった。低い丘陵が荒涼とつづくなかに説明板があった。一九五一年に東亜考古学会が発掘調査をおこなっており、「竪穴住居址、周濠、甕棺、漢式土器」などの説明板がひっそりと立っていた。どこで見学したのか、当日のメモには原の辻遺跡出土として長さ一四センチほどの青銅製刀子や長さ一二センチの青銅製銅剣切先の略図があり、須玖1式の38号甕棺出土だとある。

その他のメモは紛失しているが、一九七四年八月二一日の日付のある郷ノ浦の塞《さい》神社の「塞神由来」（昭和四九年八月夏越、塞神社氏子）が残っている。それによると、

「現在の田河深江字下ルに奉られていた塞神を天保年間にこの地郷ノ浦下ル町に奉遷宮して町の氏神とした。本殿には女石が祀られており、壱岐の島に上陸した男達は、男根をみせないと怪我をすると云って、この賽神に一物の御照覧を願ったという。――また満願には男女それぞれの性器をあつらえて奉納する風習も残っている」という。男根・女陰の崇拝は縄文社会以来弥生以降も継続している信仰であり、各地にその残映がある。

■対馬の多久頭魂神社

一〇年後の一九八四年、今度は空から対馬に降りた。主な目的は対馬南端にある厳原町豆酘《つつ》の赤米神田と多久頭魂《たくずだま》神社だ。赤米を植える田は毎年きまっていて、笹が立ててあった。田植えは七月で収穫は一一月という。田は谷あい斜面で広かったが、一面だけであった。

式内社の多久頭魂神社に向かう。境内には小祠がたくさんあり、小祠の下や前には白と黒の海岸の玉石を積んでいる。鳥居の前に

古い祭具や忌物を納めるのはこちら→

と矢印があった。矢印に従って行くと、参道の斜面に「納所」の立板があり、古い小祠や祭具や忌物を納める場所があった。だれでも入れる場所だが、観光客のためではなく、地元の神を崇める人たちへの案内板だと感じた。そのとき、突然思い出した。伊勢神宮ではむかし、式年遷宮のあと宝物類を境内某所に穴を掘って埋納していたらしいこと、さらに三世紀の奈良県纏向石塚《まきむくいしづか》古墳などでは葬祭具を古墳周濠に納めていたことを。

参拝したあと、玉石だらけの豆酘海岸で白と黒の玉石を拾い豆酘小学校西の小祠・雷《いかづち》神社に向かう。ここでは、かって亀卜《きぼく》がおこなわれていた、という。卜骨のことは『魏書』倭人条にあるし、各地の弥生遺跡からも出土している。

シタルの海岸にムラの住居群から離れて低床の倉群があった。ムラの人に聞いたら、火事に備えてそれぞれの家の倉を村から離れた所に建てているのだという。

「ムラの共同倉庫ですか？」と聞いたら、それぞれ個人の家の倉だという。そういえば、中国・海南島の倉庫群もそうだった。それで、ちらっと思い出したのは鳥取県青木遺跡の低い岡の上の弥生時代の高床建物群だ。住居と高倉の区別はむずかしいが百棟余の建物群があり、日常生活では普通に使用している土器類が少ない。弥生時代から邪馬台国時代にかけても、低床倉庫群があったかもしれない。

■再び壱岐へ

一九九七年一一月二三日、大阪府狭山市で末永先生の「生誕一〇〇年シンポジウム」に参加したあと夜行列車で博多に向かい、翌二四日朝八時に博多港を出航して九時過ぎに壱岐・郷ノ浦港に到着した。そのまま、壱岐郷土館を見学してから壱岐文化ホールの「原の辻遺跡講演会・シンポジウム」に参加した。安楽勉氏らとの討議のあと、原の辻遺跡展示館で弥生時代の建築部材や木製容器を見学していたら、展示館近くの旧河道から引き込まれた弥生時代の船着場が出てきた、と教えられてびっくりした。以前に、岡山市百間川《ひゃっけんがわ》遺跡で川沿いの弥生時代突堤を見学したが、各地にありそうだ。

翌日、カラカミ貝塚をはじめ島内の鬼屋窪《おにやくぼ》古墳や鬼の窟《おにいわや》古墳や掛木《かけぎ》古墳など大きな横穴石室墳や壱岐風土記の丘の民家園などを見学したあと、印通寺港から佐賀県呼子港に向った。

壱岐の横穴石室の巨大さは著名だが、この日、勝本町教育委員会の須藤資隆氏や中須賀真美氏に見せてもらった笹塚《ささづか》古墳出土の金銅製馬具類には圧倒された。壱岐の六、七世紀は大和と一帯とよく言われているが、眼前にそれがある、といった感じだった。笹塚古墳は径六六メートルの大型円墳で全長一四・八メートルの複室系横穴石室墳である。全国的にも注目された奈良県藤《ふじ》ノ木《き》古墳は径四八メートルの円墳で横穴石室は全長一四・五メートルだから六、七世紀の壱岐の政治・文化の重要性が感じられる。

二〇一〇年一〇月に香芝市二上山博物館のふたかみ史遊会の人びとと壱岐を訪れたのは新設された一支国博物館の見学が主な目的だった。永年の調査によって、朝鮮半島の楽浪系や三韓系だけではなく、中国の遼東系土器や貨泉など大陸・半島交易の拠点としての実態が見えてきた。とくに公孫氏政権の中枢である遼東半島の土器の存在は重要である。二三九年の倭の遣魏使派遣以前に壱岐と遼東間に交流があったことを示す。

そして、壱岐には筑紫はもとより、山陽・山陰系土器や近畿の纒向型甕があって、二世紀末、三世紀の近畿人も筑紫・壱岐の海人を通じて公孫氏政権の存在を知っていたことが、両地域の日常使用土器の動向から類推することができる。新鮮な展示を見てから、原の辻遺跡に行くと、そこには弥生時代の住居などが復元されていて、まさに遺跡公園だ。ただ、あまりにも整備されていて弥生人の体臭が感じられなかった。

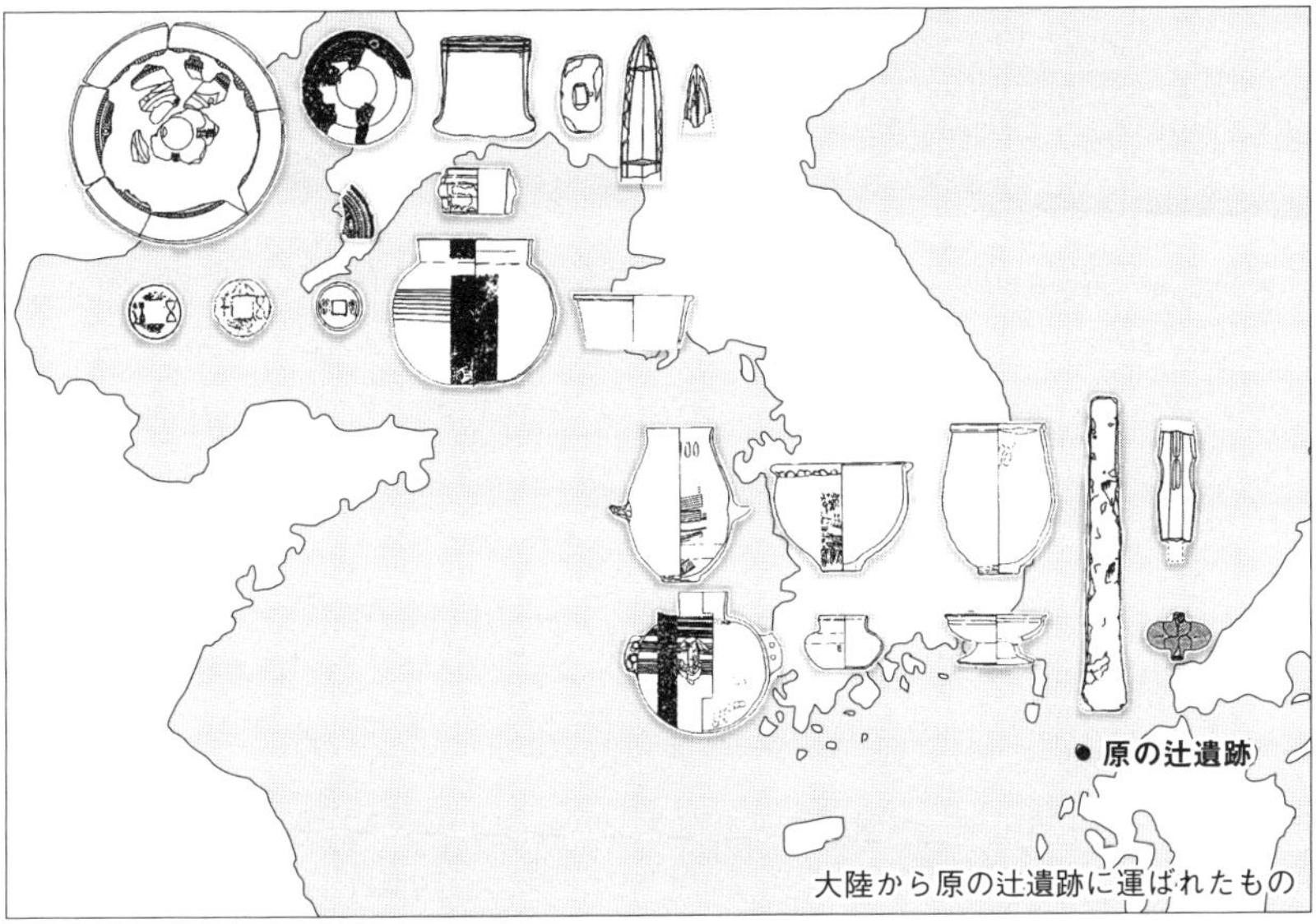

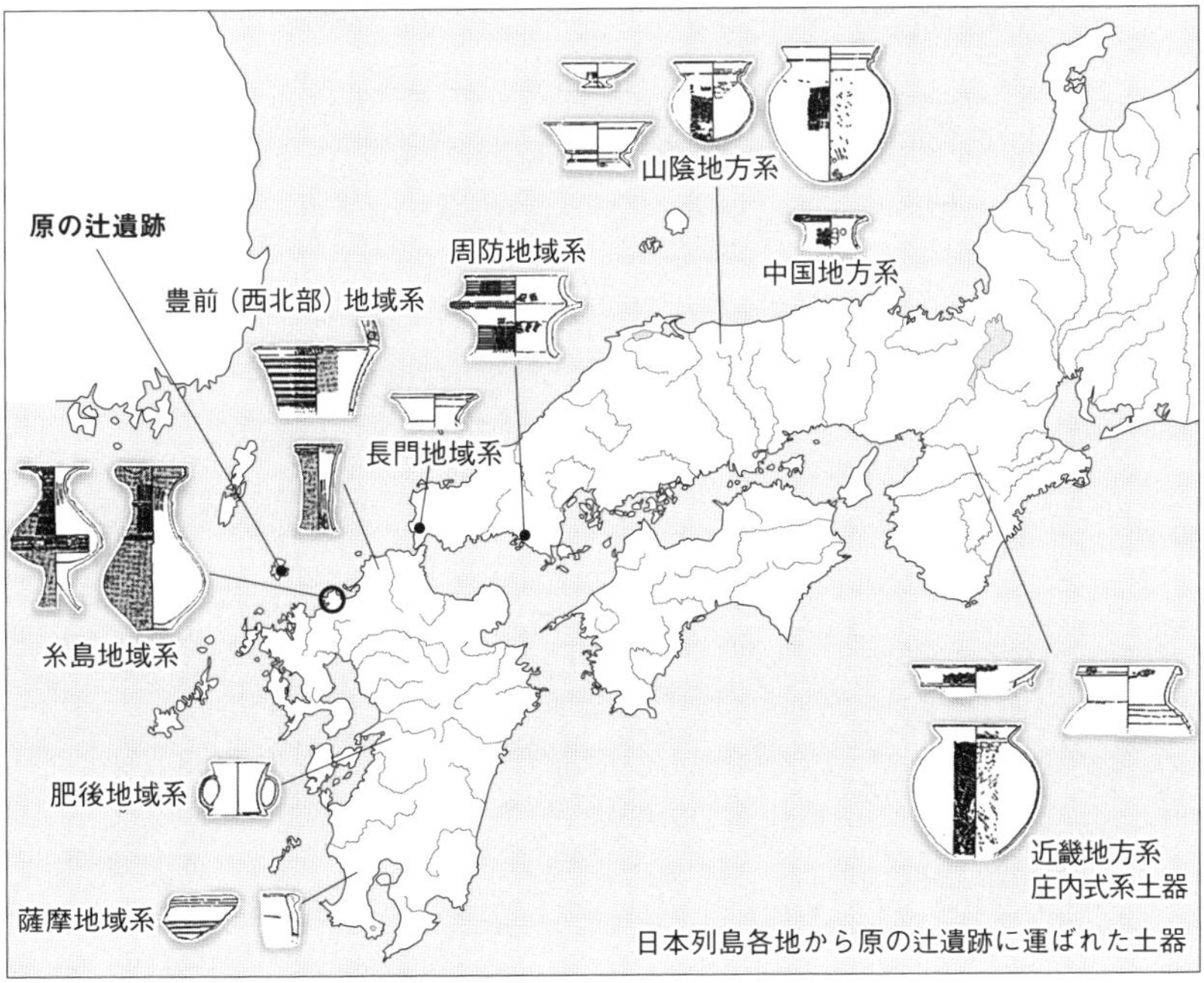

図 40　土器からみえる原ノ辻遺跡の交易

II

纒向王宮への道のり

纒向遺跡は邪馬台国の候補地となるか

私が明らかに邪馬台国大和説を主張するようになったのは、一九九二年三月の奈良県立橿原考古学研究所退職記念講演のときだ。資料に邪馬台国の中枢地として、北辺は天理市東大寺山《とうだいじやま》古墳（中平銘鉄刀出土古墳）付近から南辺は桜井市箸中山《はしなかやま》（箸墓）古墳までを地図上に示したのが最初である。以来、自説を疑いながらも、大和説を主張している。なぜ、邪馬台国大和説なのか、日本列島における三世紀の文化・政治の中心を資料をもとに検討してみよう。

1 女王卑弥呼の土器

はじめに、考古学の相対年代の基準である土器について考えよう。これは層位学という地質学の方法を考古学で発掘の際に援用している。下層から出てくる土器がA式で、上層がB式であればA式はB式より古いと考え、相対的年代とする。

邪馬台国の問題を考えるときにはこれだけでは足りない。女王卑弥呼《ひみこ》が使った土器は、何式土器なのかということを知る必要がある。そのためには、実際の暦の年代にA式土器をあてはめて、西暦何年から何年あたりになるのかということを決めなければならない。それを決めるのは、大陸や半島の暦年代のわかる文物と日本で出土する土器との共伴関係の研究を積み重ねていく。女王卑弥呼の次に壱与《いよ》（壹与）または台与《とよ》（臺与）が女王となる。そのころの土器が何式なのかを検討してみよう。

■ 卑弥呼と台与の時代

まず『魏書《ぎしょ》』倭人条など中国のいくつかの文献から考えられる女王卑弥呼の登場の年代、そして死亡の年代、台与が女王であった年代について簡単に紹介しよう。

女王卑弥呼が登場する前に「倭国乱」があった。倭国の乱は『魏書』の後につくられた『梁書《りょうしょ》』に、後漢末期の霊帝の光和年間のこととして出てくる。光和年間は西暦一七八年から一八三年に相当する。このころ倭国は乱れ、男王を立てても乱が治まらないので、各地の王が相談して、ともに立てたのが女王卑弥呼であると書いてある。『梁書』の記載が正しいとすれば卑弥呼が女王の位についたのは一八〇年代末から一九〇年頃となる。その後、狗奴国《くなこく》と戦争となり、卑弥呼は二四七年に帯方郡にそれを報告し、中国魏の皇帝に応援を求め、帯方郡から魏の役人の張政《ちょうせい》が二四六年に下された詔書と黄幢《こうどう》とともに檄《げき》をもって派遣されている。

次に『魏書』倭人条には「卑弥呼以《も》って死す」とある。二四七年か二四八年であろう。卑弥呼が女王であった期間は、一八〇年余から二四八年と約六〇年にもわたっている。その後、男王が立ったが、また国が乱れて台与が女王となり、二六六年に中国の晋に使いを出したところで記事は終わる。

台与がどれくらい女王だったかは不明だが、仮に二八〇年ころまでつづいたとすれば、二人の女王をいただいた邪馬台国は、西暦一九〇〜二九〇年頃まで、すなわち二世紀の終わりから三世紀の終わりまで、一〇〇年もの間あったということになる。これは、文献だけを使っての推定だが、この時期に使われていた日本列島の土器は何式の土器かということを検討しよう。

■卑弥呼の土器

九州には中国でつくられた製作年代のわかる銅鏡などが土器といっしょに出土している。それによって九州の土器の暦年代が推定できる。そうすると、その暦年代がわかっている土器といっしょに出る近畿の土器は何式かが間接的にわかってくる。

なお、大阪平野でも瓜破《うりわり》遺跡などから貨泉《かせん》（中国、新から後漢の時代〈西暦一四〜四〇年〉に鋳造された貨幣）が土器といっしょに出土しており、それを基準にして土器の暦年代を割り出している。また、大阪府池上曽根《いけがみそね》遺跡の弥生中期の神殿の太い柱の伐採年を年輪年代法によって調べると、紀元前五七年に木が切られたことがわかった。

これらの資料をもとに考えると一八〇年から二八〇年の間に使われた土器は、近畿地方では弥生5様式末から纒向《まきむく》2〜4類の土器と考えられる（**表4**）。

この纒向2〜4類土器は、二一〇年から二八〇年頃に使われた土器だと考えている。その前の一八〇年から二一〇年頃に使われている土器は、纒向1類期である。この纒向1類期の土器は、従来の編年でいうと弥生時代後期＝5様式の最終段階の土器と並行する。したがって、女王卑弥呼が大和で即位したとすれば、二世紀末ころにつくられた纒向1類の土器を使っていたということになる。九州では、この

表4　纒向式土器の編年

	纒向 編年		近畿 編年	九州 編年	土器の特色	古墳	『魏書』
180	1類	（前）	弥生5様式	下大隈式	最後の長頸壺と小形長頸壺の流行		卑弥呼即位
		（後）					
200	2類	（前）		西新式	小形器台・小形丸底鉢の登場	纒向石塚古墳	
		（中）	庄内式		庄内大和形甕の登場		
		（後）					
	3類	（前）					
		（中）			庄内大和形甕の増加	纒向勝山古墳？	
		（後）			高坏の坏底面の水平化		卑弥呼遣使
	4類	（前）			小形器台の定式化 外面ハケ調整の庄内大和形甕	ホケノ山古墳	卑弥呼死
250		（中）			口縁端部の肥厚した布留式甕の登場	中山大塚古墳 東田大塚・纒向矢塚古墳	
		（後）	（布留0式）				台与遣使
280	5類	（＋）	布留1式		小形精製土器セットの完成	箸中山古墳	
		（前葉後）				桜井茶臼山古墳 下池山古墳	
		（中葉前）				黒塚古墳	
		（中葉後）					
340		（＋）	布留2式		奈良盆地での小若江北式段階	椿井大塚山古墳	
					小形精製土器セットが失われる段階（布留式設定資料段階）		

（＋）は土器型式不明。

時期に併行する土器は西新《にしじん》式土器で、もし、邪馬台国が筑紫にあったとすれば、女王卑弥呼は西新式土器を使っていたことになり、吉備に邪馬台国があったとすれば、酒津《さかつ》式土器を使っていたことになる。日本列島の三世紀、邪馬台国の時代には、それぞれの地域にそれぞれの三世紀の土器があったのである。

近畿地方の三世紀を考えるなら、纒向式土器が出てくる遺跡を邪馬台国研究の対象とすべきで、その前の弥生式土器で考えるのも、その後の布留《ふる》式土器で考えるのも時代が合わない。纒向式かその併行形式の土器が出る集落や古墳が邪馬台国候補の検討対象となる。

■纒向式土器の特殊な分布

つぎに纒向式土器は、近畿地方の中でどのような分布をしているのかを考えておく必要がある。

どういうことかというと、ある型式の土器をもっとも多く使っている所が、その土器の製作地であり使用地であって、その土器によってあらわされる文化の中

図41　卑弥呼の土器か（奈良県纒向遺跡出土の１類の土器）

心地と考えられる。そういう意味から纒向式土器はどこで一番使われているのかということを考える必要がある。これについては、必ずしも意見が一致しているわけではない。今現在は、纒向式土器が主体的に分布するのは奈良盆地東南部で、今の都市の名前で言うと桜井市北部と天理市南部である。奈良盆地の、たかだか一〇キロ四方の非常に小さい範囲が纒向式土器の主な使用地域である。

纒向式土器という新しい土器は非常に薄く、煮炊きに使う甕《かめ》とよんでいる器は厚みが二ミリ程度で、薄いものは一ミリぐらいだ。近畿の弥生時代後期の鍋の役割をしている土器は厚手で、厚みが三〜五ミリほどある。言い方をかえれば、纒向式の薄鍋は戦後間もなくにあらわれた文化鍋と同じで熱効率のいい、あっという間にご飯が炊ける鍋という感じで受けとられたのではないだろうか。そういう土器が、三世紀になると流行したのだ。しかし、伝統的な厚甕も依然として使われていた。

奈良盆地西方の葛城《かつらぎ》地域や南方の明日香村付近や、もっと南の五條市のあたりでは、纒向式土器を使っていても使用土器のうちの二〜五パーセントにすぎない。三世紀の奈良市域の人たちも弥生時代後期末の伝統的な日常容器を使いつづけており、新しい鍋・釜に切りかわっていない。よくいえば伝統的、悪くいえば古い鍋・釜をいまだに使っているということになる。

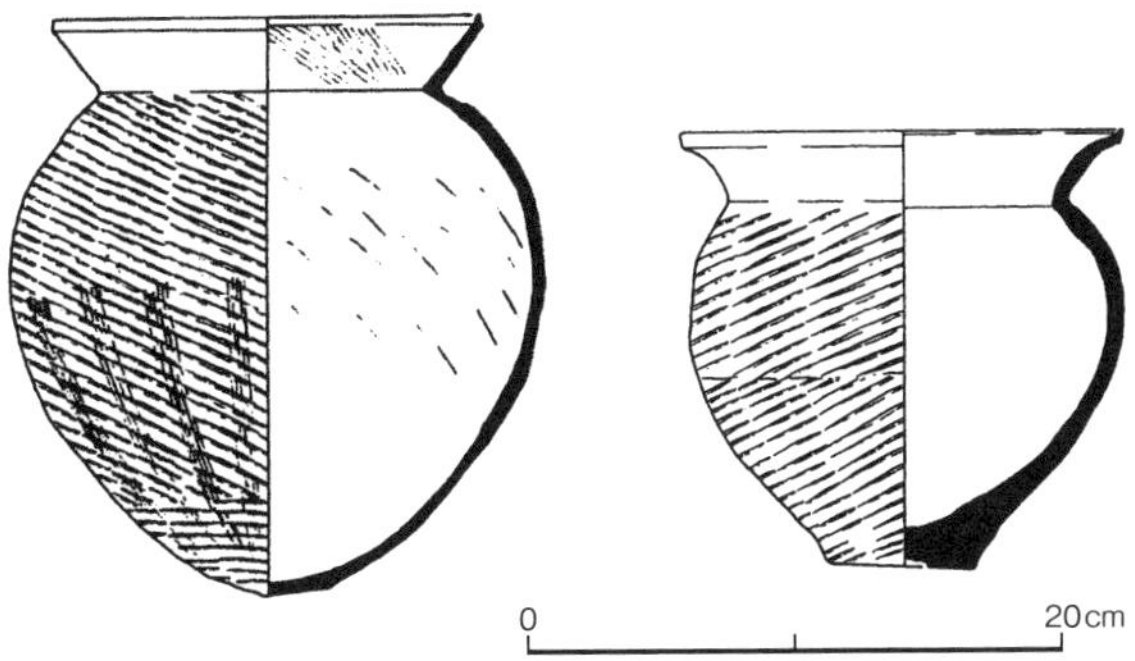

図 42　邪馬台国時代の薄甕（左）**と厚甕**（右）

纒向でも約五〇パーセントは厚甕を使っている。しかし、奈良市域や葛城地域の人たちは九五パーセント余が伝統的な鍋を使っていて、薄鍋を使っているのは五パーセント未満という感じだ。そして大阪平野では、主に薄鍋を使っているのは八尾市と東大阪の人たちだけであって、北側の枚方《ひらかた》の人も南側の富田林《とんだばやし》とか羽曳野《はびきの》の人、それから和泉《いずみ》のほうの人、あるいは淀川を越えて高槻《たかつき》の人も、神戸の人も、みんな伝統的な厚鍋をずっと使いつづけているという分布の特色がある。これは何事だろうかと考え、邪馬台国大和説を想定した一つのきっかけとなった。

奈良盆地東南部の一部を邪馬台国の中枢地だと考えたわけではなく、具体的には奈良盆地の中で纒向式土器を五〇パーセントから六〇パーセントもっている地域として線を引いてみると、その中に初期の長突円墳(前方後円墳)が全部入ってしまった。「これはなんだ」というのがはじまりであった。纒向式土器は特色のある分布をしている。

■ 厚甕と薄甕からわかる人びとの動き

纒向式土器の分布で不思議な地域が北部九州だ。北部九州の博多湾岸から、さらに西の伊都国の地域を含む福岡県沿岸部が纒向式土器の多い地域である。

大和との中間の瀬戸内沿岸では岡山県の高梁《たかはし》川流域に纒向式土器は少しはあるが、基本的には少ない。しかし、広島県東部の吉田川流域ではやや増加する。山陰地方では鳥取県の西部と出雲中部に若干の中枢地がある。島根半島の松江市南講武草田《みなみこうぶくさた》遺跡では近畿系の弥生甕がまとまって出ており薄甕も出ているので、他の遺跡からも纒向甕が出てくる可能性がある。北部九州では博多湾岸と旧伊都国の地域に大

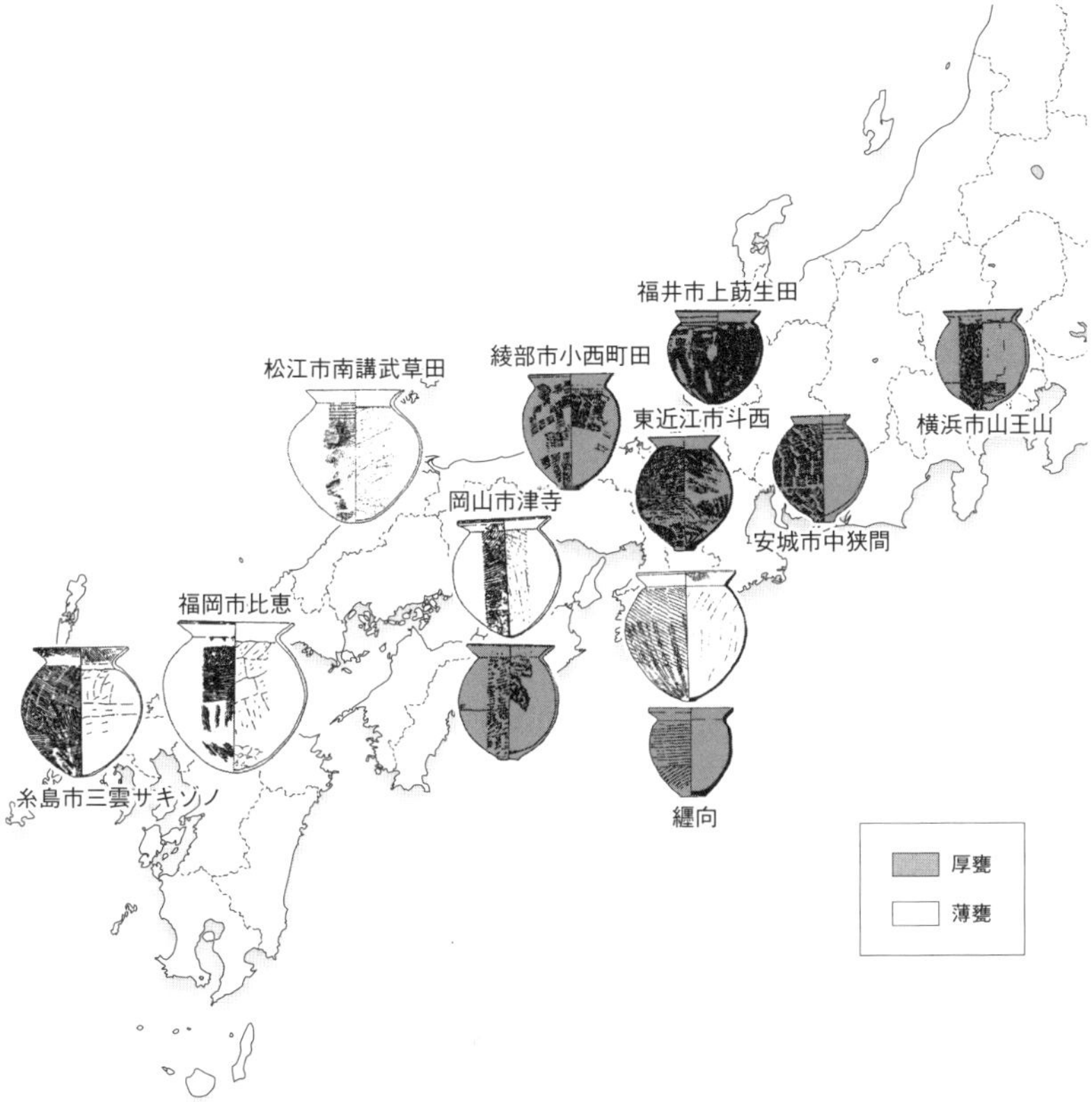

図 43　薄甕と厚甕の分布

きな纒向甕の分布地域がある。

福岡県で近畿的な薄甕が出てくる遺跡の数は、少なくとも四〇カ所近くある。それぐらい近畿の煮炊きの風習、つまり、近畿の人間が動いているということだ。福岡市西新町《にしじんまち》遺跡をはじめ、近畿系の人間が博多湾岸に数多く移住していたことがわかる。

福岡市の地下鉄に西新駅があるが、地下鉄をつくるときに西新町遺跡と名前が付けられた遺跡がみつかり、朝鮮系の土器と地元の福岡系の土器、それに近畿系統の土器が、それぞれ三割ずつみつかった。ということは博多湾岸の国際交易都市である「西新町」には、朝鮮半島人が三〇人、地元人が三〇人、近畿人が三〇人、その他一〇人ぐらいの割合で人びとがいたことになる。これらの人びとは、博多湾岸で国際貿易にたずさわっていたことが十分考えられる。

それに対して、厚みが五ミリほどある伝統的厚甕は、北陸から中部、そして関東へ広がっている。そのような中で、不思議な現象は薄甕が仙台平野に達していることだ。仙台平野の名取市野田山《のだやま》遺跡で近畿的な薄甕、纒向甕が完全な形で出てきている。纒向甕とは微妙な違いがあるので、数十年間関東に定住していた近畿系集団の二世か三世が仙台平野に移住したのだ。

纒向をはじめ、近畿地方の邪馬台国時代の人びとが、西へ東へと動いている。同時に、それぞれの地域の人も大和へやってきているということだ。

私は最初、大和・纒向の人びとが列島各地に行ったと思っていたが、西に行っているのは、河内人が多く、大和人がそれに次ぐ。纒向甕でも、大和と河内には違いがあり、大阪平野の河内型纒向甕が圧倒的に九州からみつかっていることが、ここ数年でわかってきた。積極的に九州へ出かけて行ったのは河内人のようだ。その場合、三世紀の大和と河内が連携していたかどうかが問題となる。大和中心で考えれば、大和の人間が河内の人間を派遣したということになり、河内中心に考えると、大和の人間は動かず河内人が動いた、ということかもしれない。

東国へ動いた厚甕は弥生的な伝統的な土器だ。そのような伝統的な土器を動かしていった主体が、どこなのか今のところ不明だ。可能性としては、尼崎から西宮、宝塚あたりの摂津か、もう一つの可能性は、大和の葛城地域である。両地域のどちらかが、東へ東へと動いた可能性がある。残念ながら、どちらが近畿系の厚甕のふるさとかまだわかっていない。そのあたりがこれからの課題の一つだ。

■ 纒向遺跡と外来系土器

纒向遺跡では、その土器の分布状況からきわめて特徴的なことがわかってきた。出土した他地域の土器＝外来系土器だ。九州系の土器では筑紫と豊後の土器が

図 44　纒向遺跡出土の外来系土器

ある。瀬戸内海沿岸の伊予・讃岐・阿波と日本海沿岸の出雲・伯耆・因幡などの土器、北陸・東海・関東の土器もある。これはいったい、どういうことなのか。他地域の土器がどのくらいきているかというと、調査地点によって異なるが、全土器量の一五〜三〇パーセントくらいの割合で出土している。土器が一〇〇個あるとすると、一五〜三〇個はよその地域の土器ということになる。

土器が動くのではなくて、人が動いて土器が動く。たとえば、大分の人が大分の名産物を壺に入れて持ってきた。それがカラになって捨てられて、いま遺跡に落ちていると考えるのが普通で、単純に言い直せば一〇〇人のうち一五〜三〇人は外来の人たちがいる街、それが纒向だということになる。一〇〇人のうち三〇人が外来人の街というのは、この時代の普通のことかといえばとんでもないことで、三世紀の近畿の一般的集落では一〇〇人のうち三人から五人が普通だ。たとえば大阪府の池上曽根遺跡とか、あるいは奈良県の唐古《からこ》・鍵《かぎ》遺跡などの、近畿地方の弥生時代の大遺跡ではよその地域でつくられた土器が出てくるが、その数は三パーセントから五パーセントだ。したがって、街の中を一〇〇人のうち三〜五人くらいの外来の人がブラブラ歩いているのが普通で、二〇人から三〇人になると、これはきわめて異常ということになる。

こういう異常な街が東大阪市や八尾市にもある。おそらく三世紀の近畿だけではなくて、岡山平野、福岡平野、あるいは関東平野という大きな平野の中心になる街のどこかには、外来人の多い街があるだろうと予想している。外来人が多いのは、物資の集まる街であり、今の大阪とか東京、福岡と同じように都市的要素をもっていることになる。一般的な農村ではなくて、都市的な要素をもった街とよべるだろう。そういう特色が外来系土器によってわかる。

邪馬台国探しをするときの一つの要件として、三世紀の外来系土器の多い遺跡を探すというのが一つのポイントになるのではないかと考える。『魏書』倭人条によると、邪馬台国には中国からもらった品々が伊都国を経由して運ばれている。王宮で荷が解かれたであろう。中国の品々も、朝鮮半島の品々も、日本列島のさまざまな所の品物も、邪馬台国にすべて集中してくる。

邪馬台国はどこにあるかは、外来系の土器、よそからきた土器がたくさん落ちている所を探せばいい。いまも田圃・畑に土器片は落ちている。これらの土器片の分布調査をていねいにおこない、その土器片がどこでつくられたかを一所懸命に調べれば、発掘しなくてもある程度都市的な要素をもった候補地を探すことができる。そういう点からみても、纏向という遺跡は邪馬台国の候補地の一つになると思っている。

2 中平銘鉄刀

「中平」は中国の漢の時代の年号の一つである。

中平銘鉄刀は一九六一、六二年の天理参考館による発掘調査で奈良県天理市東大寺山古墳から検出された有名な刀だが、そのわりには邪馬台国問題では、あまりとりあげられていない。先にも述べたように、女王卑弥呼が登場する直前の「倭国乱」が『梁書』では後漢の「光和」と記載されており、そのときに卑弥呼が各地域の王に共立されて、女王になった。「光和」が一七八～一八三年、「中平」は一八四～一八九年の年号で、この「中平」という年号のついた刀が、日本列島の奈良県から出ているというこ

中平銘鉄刀銘文

中平□□　五月丙午　造作支刀　百練清剛　上應星宿　下辟不祥

（金関恕編著『東大寺山古墳の研究』真陽社、二〇一〇）

とは、漢の皇帝が「日本列島に新しく女王が立った」ということを聞いて、そのお祝いにつくって贈った刀の可能性があり、それなら「大和が邪馬台国」で決まりだということになる。

しかしながら必ずしもそうなっていないのは、東大寺山古墳が四世紀中葉の古墳だからだ。四世紀中葉ということは、鉄刀が製作されてから一五〇年余もたってから、墓に入れられたことになる。鉄刀が中平年間につくられたことは確かだとしても、この刀がいつ倭国に到来したかは不明であり、そのうえ墓におさめられたのは四世紀後半である。そのため三世紀の邪馬台国問題とはかかわりがないということで、邪馬台国の資料としてはあまり使われてない。しかも『梁書』は唐代につくられたので、倭国乱があったとしても、厳密にはわからないといわれている。

したがって、「光和」という年号があって「中平」という年号があるから、中平銘のある刀が女王卑弥呼に贈られたと、簡単には言えないのである。それにしても、『梁書』に「『光和』のとき倭国が乱れて、卑弥呼が女王になった」と書いてあり、そしてつづく「中平」年号の刀があるということは、重く考えるべきであろう。

■中平銘鉄刀と和邇氏—近江

東大寺山古墳がある地域は、五〜六世紀に和邇氏の根拠地となる地域である。和邇氏は近江を地盤とする豪族で、天皇家に后妃を出しつづけている。その豪族の墳墓に「中平」銘の鉄刀がある。この銘文にある年号の二世紀末の近江について考えてみよう。

二世紀の大型建物が滋賀県守山市伊勢《いせ》遺跡で検出されている（六三ページ図23参照）。宗教的な建物群と政治的な建物群が同じ地域の中にそれぞれ方形区画をもってつくられている可能性がある。なぜ二世紀段階に大型建物群が出てくるのか。それを解く鍵は琵琶湖南部が大和や河内の北の玄関口に位置していることにある。

弥生時代から古墳時代にかけての大和・河内の地域勢力は、中国・朝鮮と直接外交交渉をおこなっている。外交ルートとして瀬戸内海を通る場合には、吉備など瀬戸内沿岸や関門海峡の豊前や長門など、各地域の豪族が承認してくれなかったら通れないということもあったであろう。そうなると、日本海ルートを確保しておく必要がある。日本海ルートは、淀川から宇治川をさかのぼり琵琶湖を経て日本海に出る。このルートは、近江の豪族である和邇《わに》氏などの承諾がなければ日本海に出られない。そう考えると、敦賀《つるが》湾や近江の豪族との連携は大和にとっても河内にとっても非常に重要であった。

「中平」銘の鉄刀が、のちに和邇氏の根拠地になる大和東北部の東大寺山古墳から出土した意味はきわめて深い。その点を強調したのは水野正好氏や岸俊男氏である。岸氏は一九六〇年の論文「ワニ氏に関する基礎的考察」の中で、すでに示唆しておられる。

わかりやすいのは、この時期に近江系土器が列島各地に広まっているという現象である。三世紀の土器でもっとも動きの広いのは東海系土器で、西は山陰・山陽から九州、東は北陸、東海東部から関東へと広く動いている。最近は東北南部、宮城県と岩手県南部から少量だが出土している。宮城県石巻市の新金沼《しんかなぬま》遺跡から東海系のS字甕と北海道から東北北部系の後北《こうほく》C2・D式土器が併出しているのを実見した。

石巻市周辺には高塚古墳はない。高塚古墳のない地域に、はるかに離れた尾張・伊勢地域の土器があることに驚いた。いままでは、福島県の磐城地方が北限だった。東海系土器の動きの広大さは以前から注目されている。東海系土器は動きの激しい土器で、邪馬台国大和説では東海＝狗奴国説が有力だが、弥生後期末まで銅鐸祭祀をつづけていた両地域の共通性を重視すれば、狗奴国は東海東部から関東に後退する。

他方、東海系土器と比較的似ているのが近江系土器で、この近江系土器が最近注目されるようになり、東海系土器と切り離して検討されるようになってきた。三世紀の近江系土器は石川、富山、新潟の北陸各県から関東や福島に広がる。西日本では近畿はもとより、日本海沿岸から北部九州・筑紫・肥前から、さらに朝鮮半島へとおよぶ。「大和の勢力が近江の豪族を頼りにして日本海の航海権を確保した」という役割を期待することは十分ありうるのではないだろうか。中平銘鉄刀も二世紀段階に日本海経由で入ってきている可能性があり、邪馬台国の女王が中国に使いを出すときに、必ずしも瀬戸内海を通ったとは限らないということも含めて考えておく必要がありそうだ。そうなると、これほど大事な刀がどう考えても卑弥呼の墓とは思えない墓から出てきているわけが、ある程度説明できそうに思う。

蓋のある建物と卑弥呼の居館

東大寺山古墳出土の刀に家形の環頭《かんとう》をもったものがある。この家は穴屋（竪穴建物）だ。家形の彫刻をここに入れるのなら、高屋（高床建物）がふさわしいと思うが、なぜ穴屋なのか。環頭の穴屋には門状の施設と長い棒がついている。棒の先には本来、蓋《きぬがさ》（偉い人に差しかける笠）があったのではないだろうか？　蓋付建物であれば、奈良県佐味田宝塚《さみたたからづか》古墳の家屋文鏡に描かれている穴屋と同形となる。佐味田宝塚古墳は四世紀の長突円墳（前方後円墳）で、そこの倭鏡には建物が四棟描かれている。穴屋、高屋、平屋、高倉だ（一五ページ図3参照）。

そのうち、穴屋と高屋に蓋がさしかけてある。普通の解釈では「四軒の建物は四世紀の大和の豪族の館に建てられていた建物を象徴的に描いたもの」と解釈されている。異なる魅力的な見解は建築史の木村徳国《のりくに》氏が「四軒とも祭祀用の聖なる建物だ」と言っておられる。私も豪族居館だと思っていたが、中平銘鉄刀を気にしているうちに、「蓋がなぜ穴屋と高屋とにだけにあるのか」と注目しはじめた。高屋に蓋があるのは「高屋が首長居館であることを象徴して蓋をさしかける」ということで、納得できる。他方、「穴屋は庶民の住む建物で偉い人が住むわけがない」ということになっているのに「なぜ穴屋に蓋をさしかけるのか」という点だ。では、「穴屋に偉い人が住んでいて、高屋で祭祀をおこなった」と考えたらどうだろうか。

『魏書』倭人条には、卑弥呼は「宮室」を構え、門には「兵を持し」、おごそかに柵を設けていたと書かれている。卑弥呼に関係する人物として、「男弟」のほか「男子」がいて「居処に出入りする」とある。この「居処」が穴屋で、卑弥呼のプライベートな住まいなのだ。「宮室」は卑弥呼の「祭祀」をおこなう公《おおやけ》の建物になる。邪馬台国の柵で囲まれた中枢地の建物群は、数百メートルの広さがあって、その中には男弟がいる「政治棟群」と卑弥呼の「祭祀棟群」とプライベートな「居処」がある。そう考えると家屋文鏡は、女王・卑弥呼の居館の伝統を伝えていることとなり、蓋が穴屋と高屋にかけられている意味もよくわかる。

各地で出ている四世紀の豪族居館のなかで方形区画が二つ並んでいるのが、大分県小迫辻原《おざこつじばる》遺跡にあり（二三一ページ図79参照）、そういう配置も説明しやすくなる。大阪府富田林市尺度《しゃくど》遺跡からも三世紀の居館跡が出ている（二二五ページ図75参照）。推定五〇メートル四方の方形区画があり、まわりに穴屋群が建つ。

このような三世紀の建物配置をみると、中平銘鉄刀が東大寺山古墳にあって、その地域が和邇氏系で近江につながり、そして三世紀の近江系の土器が日本海沿岸を中心に東西に移動していることを、大和・河内の三、四世紀の動向に広げて考えてみた。証明すべきことは多いが、さまざまな可能性を考えておきたい。

3 長突円墳

長突円墳とは、「前方後円墳」のことで、私流の呼称である。「前方後円墳」は、江戸時代に蒲生君平《がもうくんぺい》が『山陵志』で提唱した呼称で、方形と円形を結合した墳形だが、〝方が前で、円が後〟とは実証されていない。むしろ、円形部に中心埋葬施設があり、方形部を付設しているので、長い突出部をもつ円墳として長突円墳の名称を提案している。ちなみに「前方後方墳」は長突方墳で、短い突出部をもつ円・方墳は「短突円（方）墳」と呼称する。

三世紀の長突円（方）墳

最後に出現期の円墳について考えてみよう。従来、邪馬台国のことを考えるときに、長突円墳（前方後円墳）を使ってはいけないという、暗黙のルールがあった。それは長突円墳が日本列島でつくられるのは三世紀末か四世紀初め、基本的に四世紀だと考えられていたからだ。邪馬台国の時代は三世紀であり、三世紀のことを考えるのに四世紀の資料は使えないということで、私もそう思っていた。しかし、古墳から出てくる土器に興味をもち、土器によって古墳の出現期を検討しはじめた。

土器はこわれやすい器だが、そのつくられた時期の特徴がわかりやすいという利点がある。「土器によって古墳の年代を決めてみよう」と考え、墳丘内外の土器片を採集し検討した。さらに、発掘調査によって確実に古墳から出てきた各地の土器を確認した。調べていくと、「意外に纒向2〜4類土器、つまり三世紀の土器をもった古墳がある」ということがわかってきた。たまたま調査を担当した纒向遺跡の中にある纒向石塚《いしづか》古墳がきっかけだった。

纒向石塚古墳は二〇〇年前後

纒向石塚古墳は、全長九六メートルの円丘部が非正円形の長突円墳で、年代は纒向1類末（従来の弥生後期末）に属する。纒向1類期と考えた根拠は、墳丘内の三〇〇〇点余の土器片と周濠最下層の土器と孤文円板だ。孤文円板は、弥生後期末とされている岡山県の楯築《たてつき》古墳の孤帯石《こたいいし》の文様と同類型だ。

纒向石塚古墳を二世紀末〜三世紀初頭に比定する研究者は少なく、多くの研究者は三世紀後半に比定している。ところが最近、桜井市教育委員会によって新しい発掘成果が発表された。纒向石塚古墳の墳丘主軸に幅三メートルのトレンチを入れ、盛土内から三六〇〇片余の土器片が検出された。全土器片を検討した結果、弥生後期の土器が主体で、三世紀の纒向2〜4類の土器（田中琢氏が論文「布留式以前」で提唱した、いわゆる庄内式土器）は一片もない。一番新しい土器は纒向1類の土器だった。これもまた問題で「『仮に一番新しい土器が縄文土器だとしたら、纒向石塚は縄文時代につくった』と主張するのか」と反論されるだろう。でも、この遺跡の場合は条件が整っている。

纒向石塚古墳の周辺一キロ余は土器片だらけで、採集される土器は纒向1〜5類まで、年代にすると二世紀末から四世紀中ごろまでの土器がいたるところにある。そのうえ、石塚の周りはすぐ横の小学校

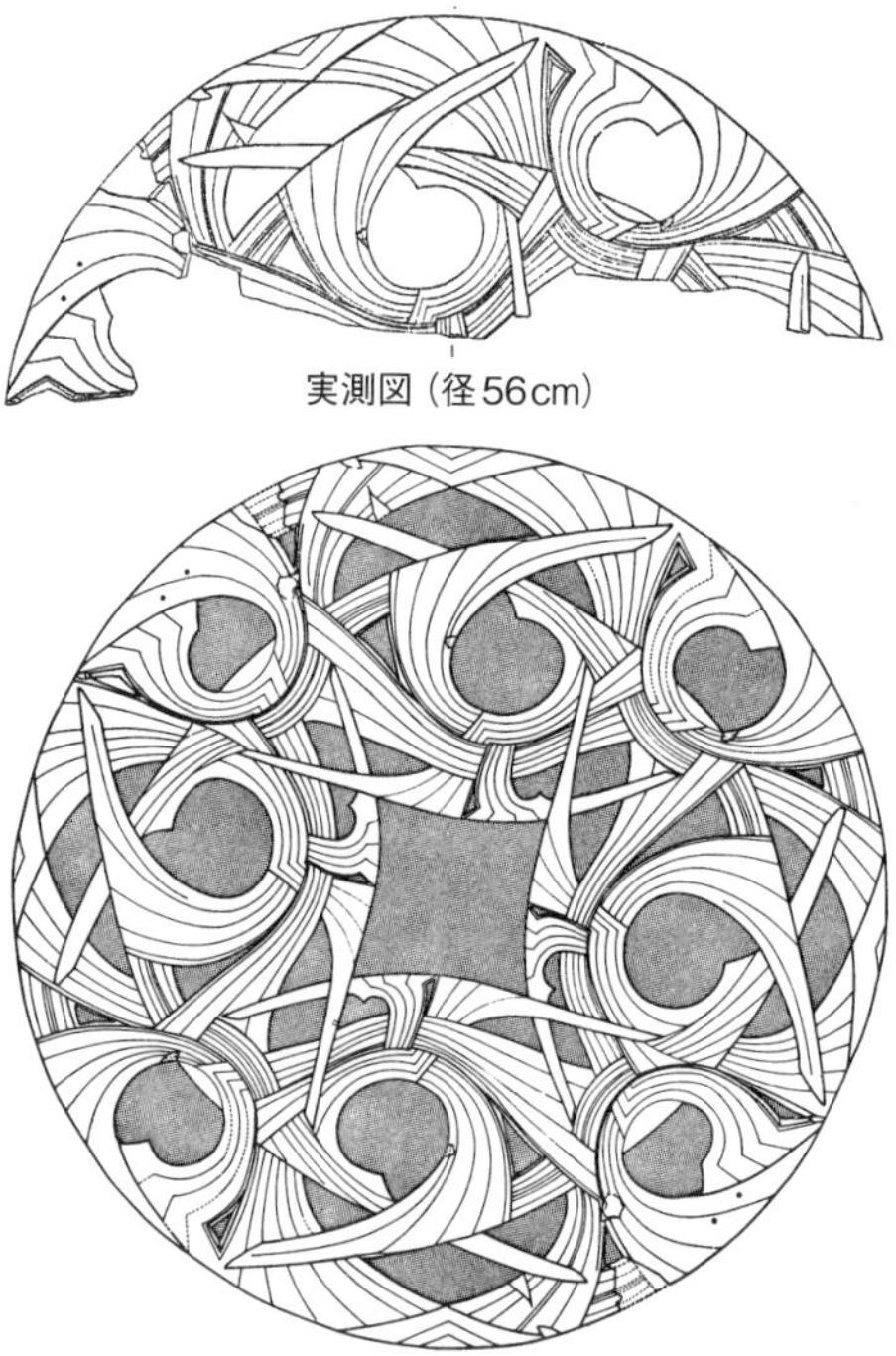

実測図（径56cm）

復元図

図45　奈良県纒向石塚古墳出土弧文円板

用地も全部掘っていて、周りが土器だらけだということはわかっている。

周りに纒向式土器や布留式土器を使っている人たちが住んでいるときに、この墓をつくったとしたら、墳丘は周りの土を集めてつくるので、当然その人たちが使った土器が混じる。ごく自然に混じった土器に古いタイプの土器しかないということは、この墓をつくった時期は、周りにまだ纒向式土器を使う人が住む以前、つまり二世紀末頃につくられた墓だと考えざるをえない。そういう新しい事実が出てきた。

纒向石塚古墳のすぐ近くに纒向勝山《かつやま》古墳がある。この古墳は全長一三〇メートル余の長突円墳で古墳に接して池があり、池から墳丘の近くにかけて布留式土器がたくさん落ちていたから、「この古墳は布留式だろう」と考え、四世紀の布留式の段階の古墳だと纒向の報告書にも書いた。ところが、池の改修工事にともなって橿原考古学研究所が発掘したら、周濠の輪郭が出てきて、周濠内の土器は纒向式の古い段階、つまり三世紀前半の土器しか出てこない。橿原考古学研究所の速報展では纒向勝山古墳の調査結果が、きわめて淡々と「この濠は庄内式の古い段階には、すでに埋没がはじまっている」と出ていた。ということは、纒向勝山古墳がつくられたのは纒向式の古い段階か、それより古いということになり、私にとって予想外だった。その後、周濠調査が数回おこなわれ、墳丘くびれ部に接して丹塗り板や纒向2～4類の土器片が集積しており、築造時期は三世紀の幅の中で検討することとなった。したがって、纒向石塚古墳も纒向勝山古墳も、ともに邪馬台国時代の古墳であると言えよう。

私は、「長突円（方）墳の出現は古い」。したがって「邪馬台国の問題を考えるときは長突円（方）墳の古いタイプをとり上げて考えるべきだ」と主張してきた。それは私一人だけのことではなく、多くの人がそれぞれ証拠をあげて、三世紀初頭に長突円墳があることを主張している。それに加えて、近年は年輪年代法の影響で弥生土器の暦年代がさかのぼり、箸中山古墳（箸墓）は卑弥呼の墓の可能性が出てきた。最近は証拠をあげて卑弥呼の墓だと主張する人がずいぶんふえている。

また、『日本書紀』崇神天皇条に箸墓の記録があり、桜井市箸中にある古墳が『日本書紀』の箸墓に比定されているが、それは証明されていない。仁徳陵を大山古墳とよぶのと同じように、箸墓は箸中山古墳とよぶのが正しい。宮内庁所蔵の土器などから箸中山古墳は三世紀後半の築造だと私は考えている。

■ 長突円墳と三角縁神獣鏡

三〇面余の銅鏡が副葬されている奈良県の黒塚古墳や京都府の椿井大塚山《つばいおおつかやま》古墳の年代は、どう考えても三世紀にならない。椿井大塚山古墳はここ数年、山城町教育委員会が発掘調査して、四世紀の布留式土器がたくさん出ている。それ以前にも、京都大学の調査のあとで岡山大学の近藤義郎氏が墳丘調査をした際に墳頂から布留式土器が出ている。現地で見せていただいた土器片群は、どうみても四世紀の中ごろ以降、古く考えて四世紀の第2四半期になるかどうかという土器だ。椿井大塚山古墳を意識せずに、ごく普通に土器だけでいえば、布留2式＝四世紀後半の土器である。

黒塚古墳の墳丘内出土の土器も三世紀ではなく四世紀前半だ。そうなると、大量に三角縁神獣鏡を副葬する段階は古墳の年代を古く考えても、三世紀には入らない。

それでは、女王卑弥呼が魏から下賜された鏡は何か。これについては、最近、古墳時代の銅鏡の研究者たちは、「内行花文《ないこうかもん》鏡や方格規矩《ほうかくきく》鏡ではないか」という。いまのところ日本中で四百数面出ている三角縁神獣鏡の中で、纒向式土器と共伴するものはない。纒向式土器といっしょに出土する鏡は内行花文鏡や方格規矩鏡といった漢の時代の鏡の系統を引いた種類が多い。魏から倭へ下賜されたのは後漢式鏡が中心であるという目で、検討しなおす必要があると考えている。

（『市民の古代』一八、ビレッジプレス、一九九九に掲載の講演記録を訂正、加筆）

纒向王宮への道のり

中国の歴史書『魏書』倭人条には、倭国連合の都がおかれたのが邪馬台国で、そこには女王卑弥呼《ひみこ》がいたとある。卑弥呼が女王の位についたのは、おそらく西暦一九〇年前後で、『魏書』倭人条によると、西暦二四七年か八年に亡くなっている。その後台与《とよ》あるいは、壱与《いよ》が位を継いで女王となり、西暦二九〇年前後まで統治していた可能性がある。

つまり、邪馬台国に都をおいた二人の女王の時代は西暦一九〇～二九〇年前後の約一〇〇年間となる。したがって、邪馬台国がどこかと考えるときには、この西暦一九〇～二九〇年前後の日本列島の各地域の文化を考古学的に調べていけばいい。それが九州であろうが東北であろうが、それぞれの地域について調べていくことが大事であろう。

■邪馬台国時代・大和の銅鐸破壊

邪馬台国の候補地の一つが大和だ。

纒向地域は三、四世紀の邪馬台国時代から初期ヤマト王権時代にかけて計画的なまちづくりをおこなっている遺跡である。その直前段階の状況を示しているのが銅鐸の破片だ。弥生時代の数百年間の祭具である銅鐸の破片が纒向から二点出土している。一九七二年出土の破片は、直径が四センチぐらいの銅鐸飾耳で、飛鳥時代の川の中から出てきた。したがって銅鐸はいつ壊されたのかはわからなかった。その後三〇年あまりたって、そこから三〇メートルぐらい離れた纒向王宮の東西に一直線に並ぶ建物群の屋敷地の中から同じタイプの銅鐸の破片が桜井市埋蔵文化財センターの調査によってあらわれた。銅鐸は纒向王宮をつくる直前ころに壊されている可能性が考えられるようになった。

　三輪山の麓では、ほかに二カ所で銅鐸破壊事件が起こっている。まさに新しい世の中（邪馬台国時代）になろうとする直前の段階に、弥生時代の数百年にわたって祭りつづけてきたカミを祭る用具をたたき壊すというとんでもないことがおこなわれていたのだ。明治維新のときの廃仏毀釈《はいぶつきしゃく》に通じる。

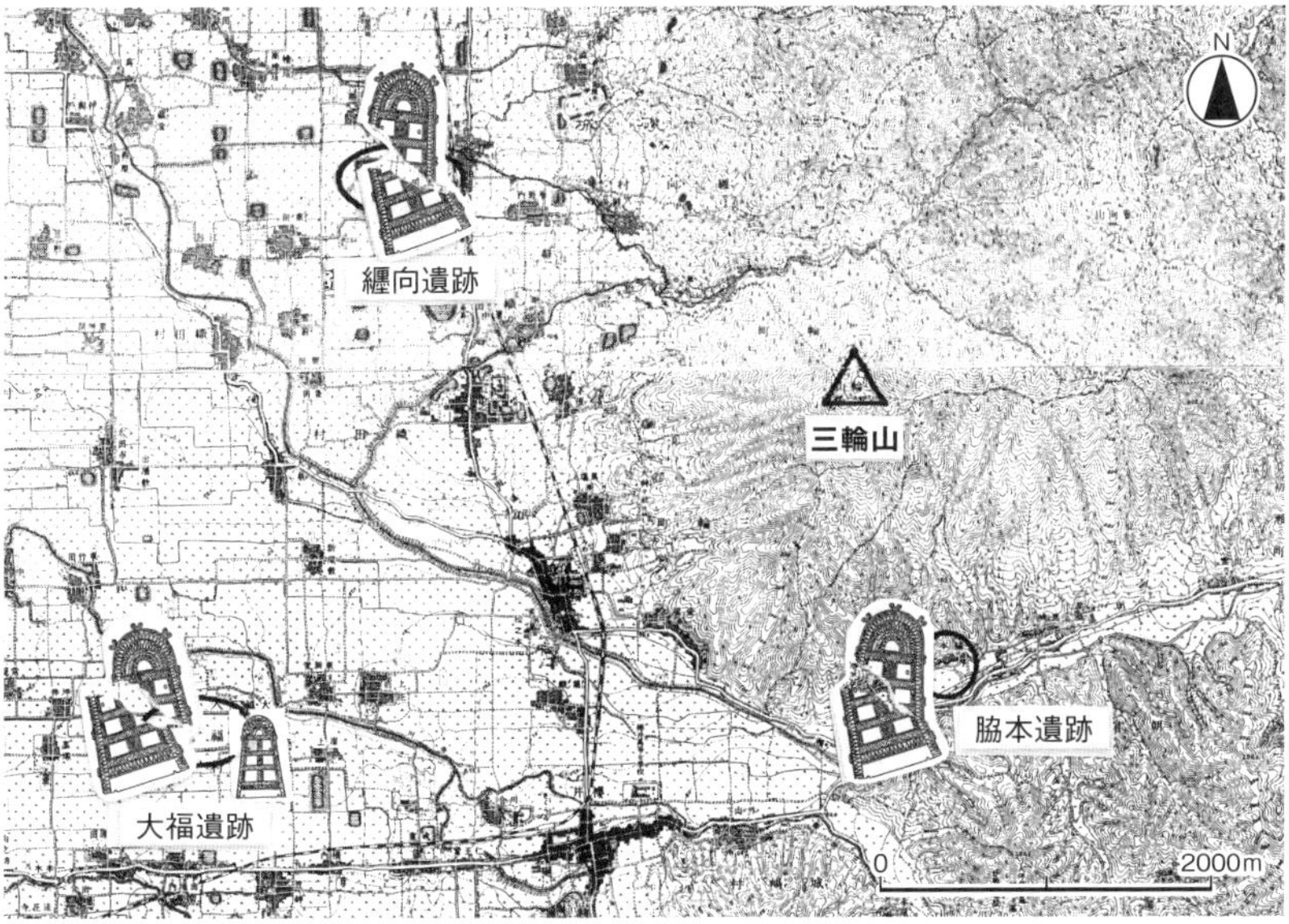

図 46　奈良県三輪山の麓でおこなわれた銅鐸破壊

銅鐸片は、纒向遺跡の性格をあらわす象徴的な遺物であろう。銅鐸片とともに出てきた土器から考えると、西暦一九〇年前後に銅鐸は破壊され、それは『魏書』倭人条でいう女王卑弥呼が登場する時期に相当する。

■三世紀、纒向式土器の生産地

二世紀末から三世紀末に使用された土器に纒向式土器がある。大阪府豊中市庄内遺跡で最初に発掘されたので庄内式土器とよばれたが、庄内遺跡はその土器の生産地でも主な消費地でもなかった。

その後調査が進み、旧庄内式土器の分布の中心は奈良盆地の東南部、桜井市纒向地域から天理市萱生《あのう》地域と大阪府八尾市と東大阪市の地域であることが判明している。庄内遺跡は研究史のうえでは大事な遺跡だが纒向式（庄内式）土器の分布の中心ではない。

分布の中心は奈良県纒向遺跡と大阪八尾市岩田遺跡が中心で、奈良盆地の纒向式土器の主要な分布範囲は三、四世紀のおおやまと古墳群地帯と一致する。

また、桜井市箸中には全長二八〇メートルで三世紀後半の長突円墳（前方後円墳）の箸中山《はしなかやま》古墳（箸墓）がある。『日本書紀』崇神紀の「箸墓」の可能性はあるが、確定はできない。その近くに全長一〇〇メートル前後の三世紀代の纒向古墳群が広がっており、その北側には全長三〇〇メートルの四世紀の渋谷向山《しぶたにむかいやま》古墳（景行陵）と行燈山《あんどんやま》古墳（崇神陵）がある。

纒向古墳群は。纒向石塚《いしづか》・纒向勝山《かつやま》・纒向矢塚《やづか》・東田大塚《ひがいだおおつか》古墳の四基の古墳で構成されている。墳丘中心部の調査は石塚でしかおこなわれていないが、他の古墳は周濠内の土器などによって三世紀につくられた全長一〇〇メートルクラスの古墳であることがわかっている。纒向とは、そういう古墳が集中する地域なのである。

■初期の纒向遺跡調査

纒向遺跡の調査に入る前に、四キロぐらいの範囲の田畑全部を歩いて分布調査をおこなったところ、弥生時代から飛鳥・奈良時代にかけての土器片が少しずつ分布していることがわかった。その地域の一部に住宅団地ができることになり、発掘調査をおこなうことになったのである。

私が一九七一年から五年間ほど調査したのは、南北一三〇メートルで東西三〇〇メートルほどの低地帯だった。遺跡は微高地につくられているとよくいわれるが、私が調査したところはやや低いところで微低地だ。周辺より一メートル数十センチくらい低く、二世紀末から七世紀の自然の川の旧流路が中心だった。しかし、翌年の調査では祭祀用具をおさめた三、四世紀の川辺の土坑群が三十数基あらわれたのである。それらは、邪馬台国時代からヤマト王権の時代にかけての祭場であった。

■纒向王宮の出現

一九七一年の発掘調査を開始してから三八年がたち、二〇〇九年に桜井市纒向学研究センターの調査によって、ついに東西一直線に並ぶ三世紀の建物群があらわれた。私はこの建物群を「纒向王宮」とよぶことにした。

「纒向王宮」の範囲は南北約九〇メートル、東西約一二〇メートルの長方形の範囲で、東西一直線に並ぶ三世紀の建物跡が五棟発掘された。

　そのなかの一棟、建物Dの東辺に柱穴をこわしている鍵形の溝があって、纒向3〜4類（寺沢説の庄内3式〜布留0式）の土器がかなり入っている。纒向編年は纒向1類から5類まで（二世紀末〜四世紀初）に設定している（一二三ページ表4参照）。纒向編年の纒向5類までを含む（布留0式は、ほぼ纒向4類に相当）。三世紀後半までの溝に壊されている建物が、

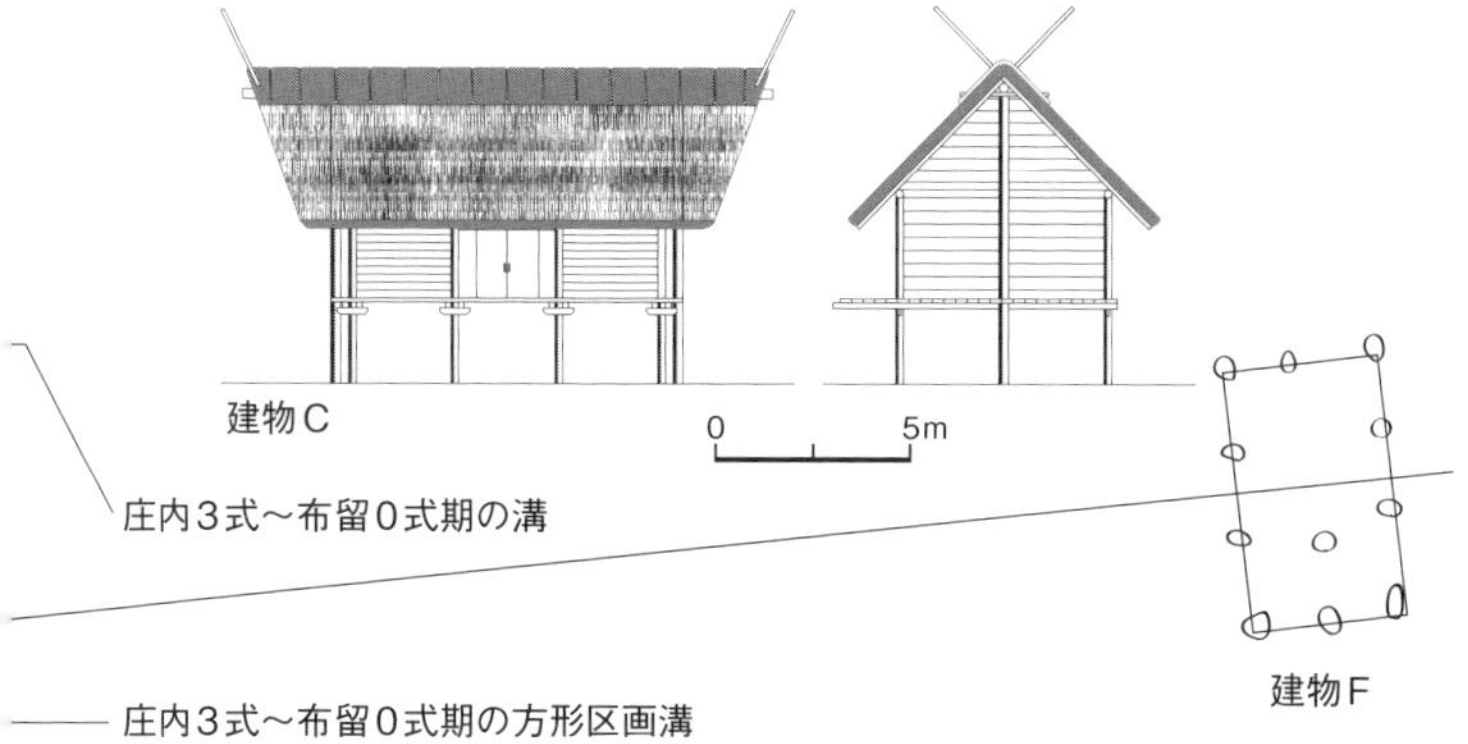

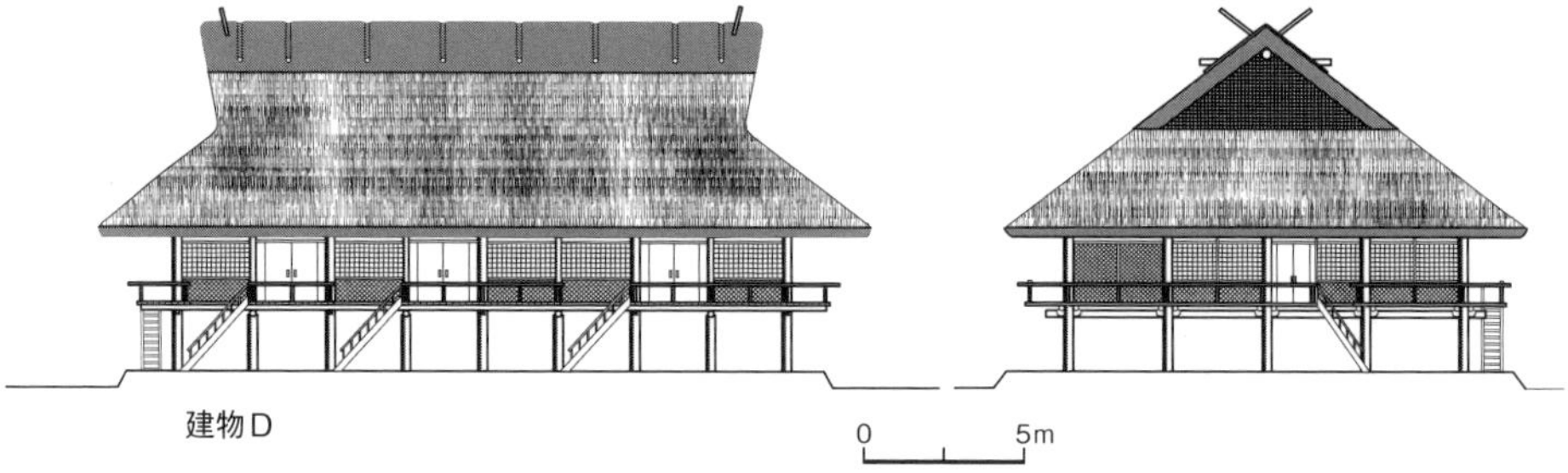

三世紀前半の建物とは限定できない。三世紀前半もありうるけれども、前半から後半までを建物の時期の幅の中に入れておくべきであろう。

したがって邪馬台国がもし纒向にあったとすれば、今の段階では女王卑弥呼の宮殿か、二代目の女王台与の宮殿かの両方の可能性を考えておくべきであろう。私はどちらかというと台与の宮殿だろうと考えている。もし邪馬台国が九州にあると

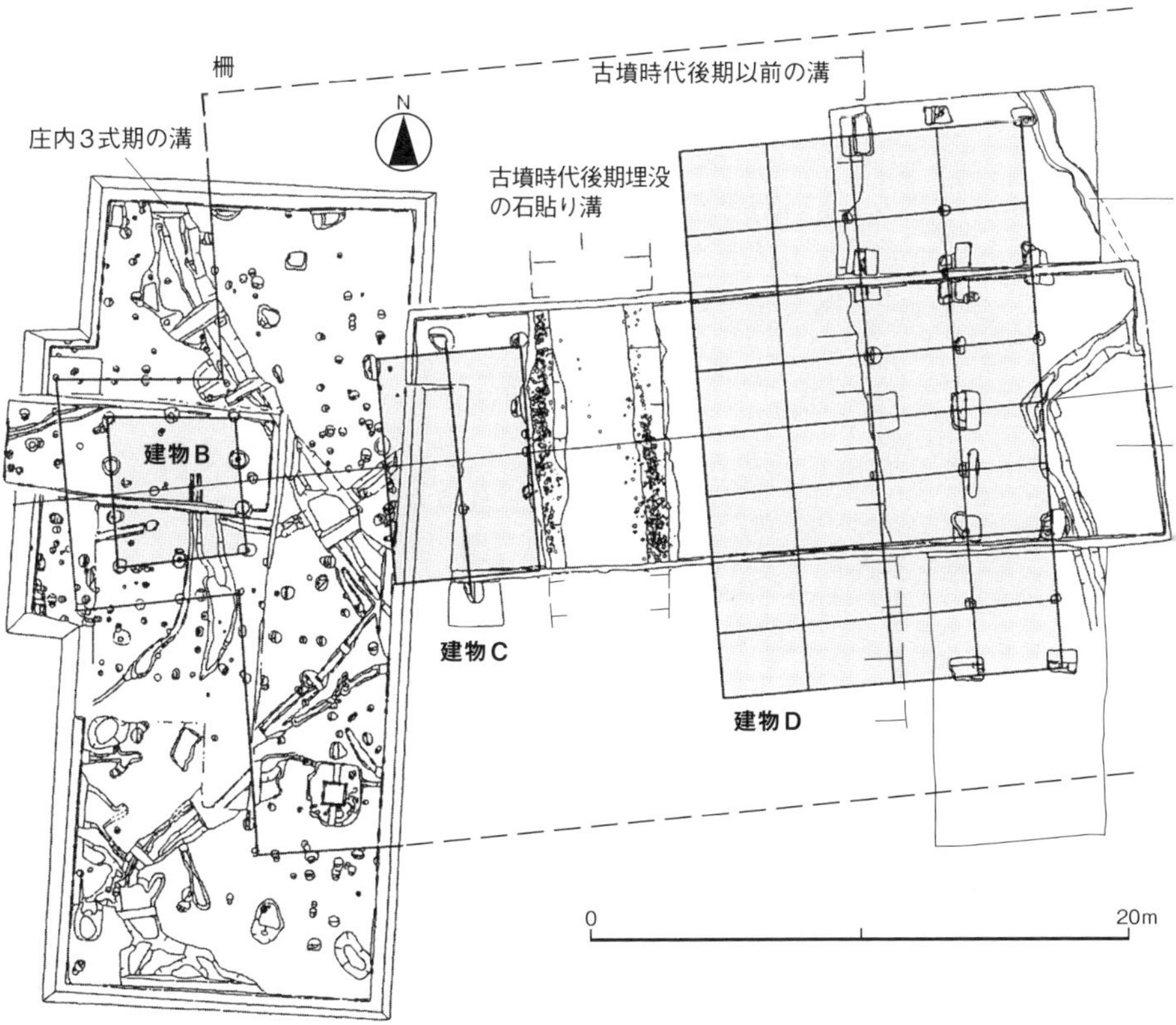

図47　纒向王宮配置図と黒田龍二氏の建物復元案

しても、纒向のこの四棟の建物は三世紀の王宮クラスの建物だ。邪馬台国はどこにあってもいいが、三世紀に計画的に配置された大型建物群は纒向にあって、それはヤマト王権につながっていると私は考えている。

■伊勢神宮系と出雲系の建物

建築史の黒田龍二氏が桜井市の要請によって現地に何回も足を運んで、立体的な建物の模型をつくっている。黒田氏は、纒向の三世紀の一直線に並ぶ建物の中に伊勢神宮系の建物と出雲大社系の建物があると主張している。

私はご本人からこの説を聞いたときに、考古学や神社史、古代史の研究をしている日本中の研究者、そして建築史の方々からも批判を浴びるのではないかと心配したが、本人は自信満々だ。伊勢神宮系の建物、たとえば建物Cの立面図をみると棟持柱をもつ切妻造りの二間×三間（五・三×八メートル）の高倉となっている。伊勢神宮では高倉の中にカミが宿ると古来よりいわれている。

それとは違って、出雲大社は二間×二間のつくりである。黒田氏は建築の専門の立場から纒向の建物Dは出雲大社系の二間×四間の建物を二つ並べてつくったもの（一二・四×一九・二メートル）と復元した。

建物Dの遺構は柱と柱の間隔が短辺で二間、長辺で四間ある。三間ならば真ん中に階段をつけて出入り口は建物の中心にくるが、偶数間の場合はどちらかに片寄る。そういう妙なつくり方をしている建物が纒向からあらわれた。

建物Dを現場で見てびっくりしたのは、柱穴一基が幅一メートルで長さが二メートルほどある点だ。きわめて大きい。弥生時代から古墳時代にかけての建物は日本中で多く出ている。弥生時代や古墳時代の建物は穴を掘って柱を立てるが、奈良県唐古《からこ》・鍵《かぎ》遺跡などには特大の径九〇センチもある太い柱もあるが、普通の建物は柱の太さが太い物で径三〇センチぐらいである。纒向遺跡の場合も、普通は径約三〇センチの柱で、埋め込む穴は径約九〇センチである。弥生時代から古墳時代にかけては大きな部類になる。それなのに纒向王宮跡では小さい柱穴でも一メートル四方あり、大きいのは一×二メートルという掘方であるのもひとつの特色だ。

建物Dの柱間隔は約五メートルと長い。間隔があまり長くなると床がもたないため径一五センチぐらいの束柱《つかばしら》を入れている。現在の建物の柱といえば、三寸＝約九センチあれば太いほうだと思うが、それにくらべるとかなり太い束柱だ。

二〇一四年二月には、建物B・C・Dの中軸線上で建物Dから東に七〇メートルくらい離れて長辺六メートルの建物Fがみつかった。この調査によってJR線を越えて、ほぼ一直線の建物が広がることが確認できた。したがって南北一〇〇メートル、東西一五〇メートル近い長方形区画の王宮の規模が確実性をもってきた。

建物Dと建物Fの間にはJRの鉄道があり、鉄道の下にまで食い込む形で建物Eがみつかっている。これは年代が四世紀初めの大型建物で、柱穴はやはり一×一・五メートルくらいと大型だが、建物の方向がずれている。

さらに四世紀前半段階の大型建物の一部が方向違いで二棟から三棟みつかっている。そうなると三世紀の邪馬台国の時代より新しく、纒向珠城宮《まきむくたまきのみや》、纒向日代宮《まきむくひしろのみや》という崇神天皇の次に大王になった垂仁天皇と景行天皇の王宮が伝承のとおりに纒向地域でみつかる可能性がみえてきた。

いままでは『日本書紀』に書いていることであって、本当にそれらの宮があったかどうかは考古学的にはまったく証明ができなかったが、はじめてその姿がちらりと見えかけてきた。

■『魏書』倭人条と纒向遺跡

倭国連合の都があった邪馬台国について、『魏書』倭人条には「租賦を収さむ、邸閣あり、国国に市あり」とある。租賦は税金で、税金を取り立てているということは国としての体制が一応できていて、税収品を納める「邸閣」(倉庫)や、市場があった。倭国連合には国が三〇あると書いてあり、国々には公の市場があるということだ。纒向で出土した飛鳥時代の土器片には墨で「市」という字が書いてあった。

当時の奈良県立橿原考古学研究所の所長は古代史の岸俊男先生で、先生にその墨書土器片の文字をみていただいた。「市」という字の上に三ミリと二ミリぐらいの墨付きが二点あり「大という字の端に見えませんでしょうか」とお聞きしたが、そのときは答えてもらえなかった。どうしてお聞きしたかというと、箸中山古墳を宮内庁では大市墓と呼んでおり、市の字の上に墨付きが二カ所あるので「大」の字の末端ではないかというのが、私の思惑だった。しかし、岸先生は慎重でほほえまれて終わってしまった。墨付きがあったことは事実だが、残念ながら大市かどうかはわからない。少なくとも飛鳥時代に、纒向地域に市があったということは、十分考えられる。

『魏書』倭人条には「宮室・楼観・城柵、厳かに設け」と書いてあり、「兵を持して守衛す」とある。軍隊がいたとまでは言えないが、女王卑弥呼の館には守備隊が常駐し、そこには宮室・楼観・城柵という、大きい建物と櫓《やぐら》があり、柵をめぐらせていた。

纒向王宮ではまだ櫓が出てきてないし、楼観も城柵もみつかっていない。王宮の南辺は城柵を期待できる長方形区画の端だがみつかっておらず、削平されたらしい。

奴国の中心地である福岡市の博多湾岸には三世紀の巨大な遺跡、西新町《にしじんまち》遺跡がある。三世紀の住居跡が数十基みつかっており、朝鮮系の土器をもった住居群と、九州の土器をもった住居群と近畿系の土器をもった住居群がそれぞれ三〇基ずつくらいみつかっている。博多湾岸には少なくとも三〇軒に住むぐらいの朝鮮半島の人びとが貿易拠点に来ているということだ。

■使節団はヤマトへ来たか？

三世紀は邪馬台国の時代であり、魏の使節団と朝鮮半島の使節団が博多湾岸に来ていることは十分ありうる。使節団は朝鮮系の土器をもった人びとと話が通じたであろう。魏の使節団も朝鮮半島の使節団も、倭国の情報を得るために日本列島に来ているわけで、直接朝鮮語で倭国の情報を得ることができたと思われる。使節団は、西新町遺跡の地に近畿系の人びとも三〇軒ちかく住んでいることに当然気がついただろう。

魏が女王卑弥呼への贈答品を多量に持参し、朝鮮半島を通じて倭国にやってきたのには理由がある。当時、魏は呉と戦争状態にあった。「倭人条」では、倭国は呉の東方海上にあると意識されており、倭国の政治体制や経済状況などを知るためにやって来ている。単に土産物をもって来たわけではない。

彼らが西新町に来てみると、朝鮮半島の人間もいれば、近畿の人間もいる。そこで十分情報を得ることができたであろう。邪馬台国の都が九州にあったとしても、近畿地域に一〇〇メートルクラスの大きな古墳をつくる勢力があることは十分に伝わったのではないだろうか。纒向王宮は当時すでにあり、纒向の情報が韓国と中国側に伝わっていないわけがない。ならば、そこまで行ってみようとなる。魏は呉と戦闘中で、仮に邪馬台国が九州にあったとしてもその東方にある国とはいったいどんなところか、中国や朝鮮半島の使節団が近畿をめざしたことは十分に考えられる。

その状況がちらりと見えてきたのが近畿にある韓国系の土器片だ。纒向遺跡から出土した韓国系の土器片は五点程度だが、朝鮮半島南部系の土器と朝鮮半島北部の楽浪地域系の土器とがある。纒向に住んでいた人たちに朝鮮半島の情報が入っており、近畿にも朝鮮半島の文化が一部伝わっているということは事実だ。

纒向遺跡の場合は他地域の土器の比率は調査地点によって違うが、他地域の土器が少ない地点でも約一五パーセントあり、多い地点で約三〇パーセントほどにもなる。纒向遺跡からは、西は福岡県と大分県、四国各県、日本海沿岸では島根県から富山県と石川県までの各地域の三世紀の土器が出土している。三世紀段階になると、広い交流が日本列島内にあったことが土器の破片の動きによってわかる。纒向遺跡の三世紀の外来形土器の比率は、他の遺跡の三〜五パーセントという数をはるかに超えており、政治的・経済的な交流センターの様相を呈している。

■三世紀最大の建物と墓のある地

纒向王宮の中軸線を西側に延長すると纒向石塚古墳の円丘部中心近くを経てその西側一五〇メートルのところにある矢塚古墳を通る。したがって、纒向王宮に住んだ人とこの古墳をつくった人には密接な関係があることを示している。

纒向王宮の地に立つと、南側にこんもりとした森が見える。箸中山古墳だ。纒向王宮に住んでいる人が箸中山古墳をつくったのか、箸中山古墳に葬られている人がこの建物に住んでいたのか、微妙な年代差だ。箸中山古墳を女王・台与の墓だとした場合、全長二八〇メートルの墓をつくるのには一〇年ぐらいかかるだろうと考えると、西暦二八〇年代に墓ができあがったことになる。箸中山古墳が先であろうと纒向王宮が先であろうと、ほぼ同時期に大きい建物があり、大きな墓がある。建物Dは、三世紀段階では日本列島最大の建物で、しかも東西一直線に並ぶという点でも日本列島ではじめての三世紀の計画的建物配置だ。その建物群の中の最大の建物Dの中軸延長上に日本列島最大の三世紀の大型墓の箸中山古墳があるということは、けっして無関係ではありえない。

邪馬台国がどこにあろうとも、三世紀段階に列島最大の建物をつくり、最大の墓をつくる一族が纒向の地にいたということは事実である。

(『大美和』一二九号、大神神社、二〇一五に掲載の講演記録を訂正、加筆)

纒向王宮と箸中山古墳

二〇〇九年一一月、纒向王宮最大の建物Dの北側に立ち、カメラを構えて気がついた。柱穴列の延長上に箸中山《はしなかやま》古墳（箸墓）の墳丘が見える。箸中山古墳の被葬者と纒向王宮の居住者はどんな関係なのだろうか？　と考えた。

纒向王宮は、一九七一年に私が飛鳥時代の柿本人麻呂の屋敷と推定した東西一五〇メートル、南北一〇〇メートルの長方形区画内に建物B・C・D・Fが東西一直線に並んでいる。最大の建物Dは東西二間×南北四間（一二・四×一九・二メートル）で、纒向3・4

図48　奈良県纒向王宮と箸中山古墳

類土器を含む溝によって柱穴の一部がこわされており、纒向4類＝三世紀後半以前に建てられ、廃棄されたことがわかる。

つまり、一九〇年頃に即位し二四七年か二四八年に死亡した倭国の女王卑弥呼《ひみこ》か次代の女王台与《とよ》の王宮の可能性がある。ここで、なぜ、卑弥呼や台与が登場するのか、二、三世紀の列島内の大型建物について考えてみよう。

1 三世紀の大型建物

弥生から古墳時代を通じて、計画的に配列された建物は、日本中でほとんどわかっていない。佐賀県吉野ヶ里《よしのがり》遺跡の建物群が有名だが、今、現地に行くと驚く。復元された建物が百棟ほど建っていて、本当にこれだけあったのか、いくらなんでも建てすぎだと思うぐらいたくさん並んでいる。しかし、東西か南北に直列するとか、左右対称とか計画的に建物が配列されたという雰囲気はない。

北内郭の中心建物は、三階建てで、最上階に卑弥呼らしき人物が座り、婢が数名従っているが、建物群はきちんとした配列にはなっていない。ただし、冬至の日の太陽光が、女王・卑弥呼の居所に一直線に射しかける配置にはなっている、という。

なお、それに近い建物は、佐賀県鳥栖市の柚比本村《ゆびほんむら》遺跡にある。弥生中期に二つの建物が一直線に並んでいて、間に大きな甕棺《かめかん》がある。したがって、建物の計画配置は九州にもあるが、今のところは、三棟も四棟もきちんと、左右対称や一直線などに配列されたものは九州にはない。

他方、石川県の能登半島の七尾市万行遺跡には、三世紀後半の高倉が計画的に配置されており、愛媛県松山市の樽味四反地《たるみしたんじ》遺跡には三世紀の屋敷の一部が検出されている。やがて、東西か南北かに並ぶ三世紀の建物群はみつかってくる可能性はあるだろう。

■纒向王宮

今のところ、纒向の東西一直線に並ぶ三世紀の建物はきわめて異質だ。私は、この建物がみつかったときに、現地へたびたび出かけ、疑った。大型住穴が整然と並び、なぜこれが三世紀の邪馬台国時代だということがわかるのか。

それがわかったのは、建物Dの柱穴二基が溝で壊されていたからだ。建物Dの柱穴二つを壊しているかぎ型の溝があり、溝内の土器は、纒向3～4類（寺沢編年の庄内3式～布留0式）で、三世紀第3・第4四半期に相当する。三世紀後半～末に、建物Dの柱穴を二つ壊している。そうであれば、この建物は三世紀後半～末と同時期かそれより古いことになり、三世紀後半～末の段階に列島最大の建物があったことになる。邪馬台国が纒向にあったとすれば、卑弥呼か台与の王宮に相当する。

どちらにしても、邪馬台国時代に、東西に一直線に並ぶ大型の建物を含む建物群があることが確認できた。そのうえ、東西に並ぶということは太陽信仰とのつながりも考えられる。

■王宮と古墳

纒向王宮の中軸線を西に延長すると、纒向石塚《いしづか》と纒向矢塚《やづか》両古墳の円丘中心部分を通る。王宮の中軸線に合わせて、石塚と矢塚が計画的に配列されている。つまり、王宮の主と両古墳の被葬者は強い関係があるということになる。

また、冒頭で述べたように、「纒向王宮」建物Dの柱列の向こうには箸中山古墳（箸墓）が見える。纒向王宮で最大の建物Dの柱列の延長に三世紀後半〜末の築造の箸中山古墳があるということは、纒向王宮に住んでいる人が亡くなって箸中山古墳に葬られた可能性がある。

箸中山古墳は卑弥呼の墓であって、三世紀の中頃だと主張する考古学者が多いが、私は違うと考えている。もし箸中山古墳が卑弥呼の墓だとすると、卑弥

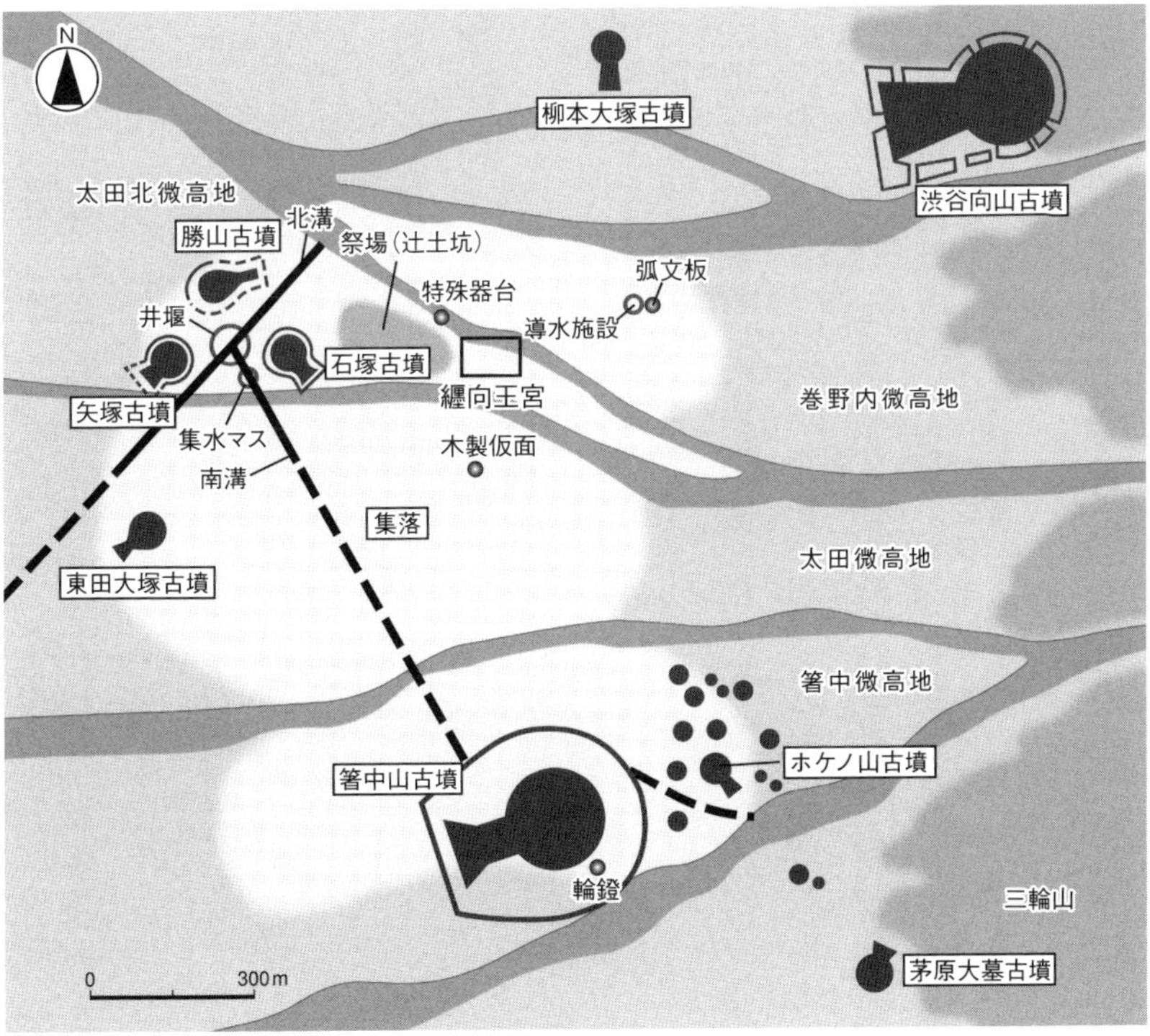

図 49　纒向王宮と纒向の古墳

呼は二四七年か二四八年に亡くなっており、全長二八〇メートルの墳墓をつくるのに一〇年ぐらいかかるだろうということで、都出比呂志氏や白石太一郎氏は箸中山古墳を二六〇年ぐらいの築造と考えているらしい。

しかし、私は箸中山の築造を二八〇年くらいと考えている。そして、纒向王宮は三世紀後半〜末まで存在していた可能性があり、王宮の居住者は卑弥呼とも次代の台与ともいえるが、私は台与と考えている。したがって、箸中山古墳に葬られているのは、台与の可能性が高い。

2　三世紀の纒向の交流

■纒向と九州のつながり

三世紀の纒向には、西は九州から東は関東までの各地域の土器が出土している。

九州系土器は福岡県地域と大分県地域の土器だ。最初に畿内の土器ではないと気づいたのは、発掘調査で出てきた土器ではなくて、纒向勝山《かつやま》古墳をとりまく池から、昭和の初めころに橿原考古学研究所の所友、故・松本俊吉氏が採集された土器の中にあった。これらの土器片は、現在は奈良県立橿原考古学研究所に寄贈されている。纒向を掘っているときに松本家にうかがって、このような土器があるのだと見せていただいた。関西では見たこともない土器で、もしかするとずっと西の方、どう見ても九州南部のどこかの土器のように思えた。

纒向での調査が終わり、報告書を作成する一九七四年に、この土器片とほかの土器片の図面などを持って、福岡からぐるりと九州を一回りした。どの県の考古学者にも〝この土器は私の所のものではない〟といわれた。

土器を研究している人は、共通性よりも土器の違いを強調する。したがって、似ているけれども違うと九州各地で否定された。似ているけれども違うということは、その地域から纒向へ来た人の二世か三世がつくった土器の可能性がある。

数年後になんとか共通性を指摘し、違うけれどもよく似ているのが大分県の土器だった。それがわかるまでは、私は鹿児島県指宿市の成川《なりかわ》遺跡の土器が、もっとも似ている土器だと思っていたが、その後こまかく見ていくと、同じような土器で大分県の国東《くにさき》半島の安国寺《あんこくじ》遺跡の土器とよく似ていることに気がついた。安国寺遺跡には大和型纒向甕の完形品が二点出土していて報告書『纒向』に紹介している。国東半島は、瀬戸内航路の船が着く港に近く、三世紀の瀬戸内ルートがあったという証拠がみつかったのだ（二五ページ図6参照）。纒向には、ごく少量だが、朝鮮半島北部の楽浪系と南部の伽耶系土器があることもわかってきた。

神話を映す土器の分布

図50の右上四点は纒向遺跡で出土した静岡県東部、沼津のあたりの土器だ。沼津市大廓《おおぐるわ》遺跡を標式とする大廓式土器で、うち一点は壺頸部に縄文がついた三世紀後半の土器だ。その後、纒向遺跡から関東平野中部の土器片もみつかっている。

三世紀の大和の纒向からは、西は九州大分県や福岡県から東は関東平野の埼玉県や千葉県、北は北陸の富山県から石川県、近くでは東海の三重県や愛知県などの土器が出土する。隣接する河内以外でもっとも多いのは伊勢（三重県）や三河（愛知県）の土器だ。

多数派の中での中堅は、吉備（岡山県）の土器だ。二、三世紀の吉備と大和とは、古墳の形や葬儀用器台などから考えると、一体の動きをしている。邪馬台国時代に一体の動きをしているのに、搬入土器の数量では三番目ぐらいで、一番多いのが、三重県の津から松阪にかけての伊勢地域の土器であることがわかってきた。

つぎに多いのは、山陰の出雲だ。島根県、鳥取県の土器が二番目に多い。神話の世界では、三輪山のふも

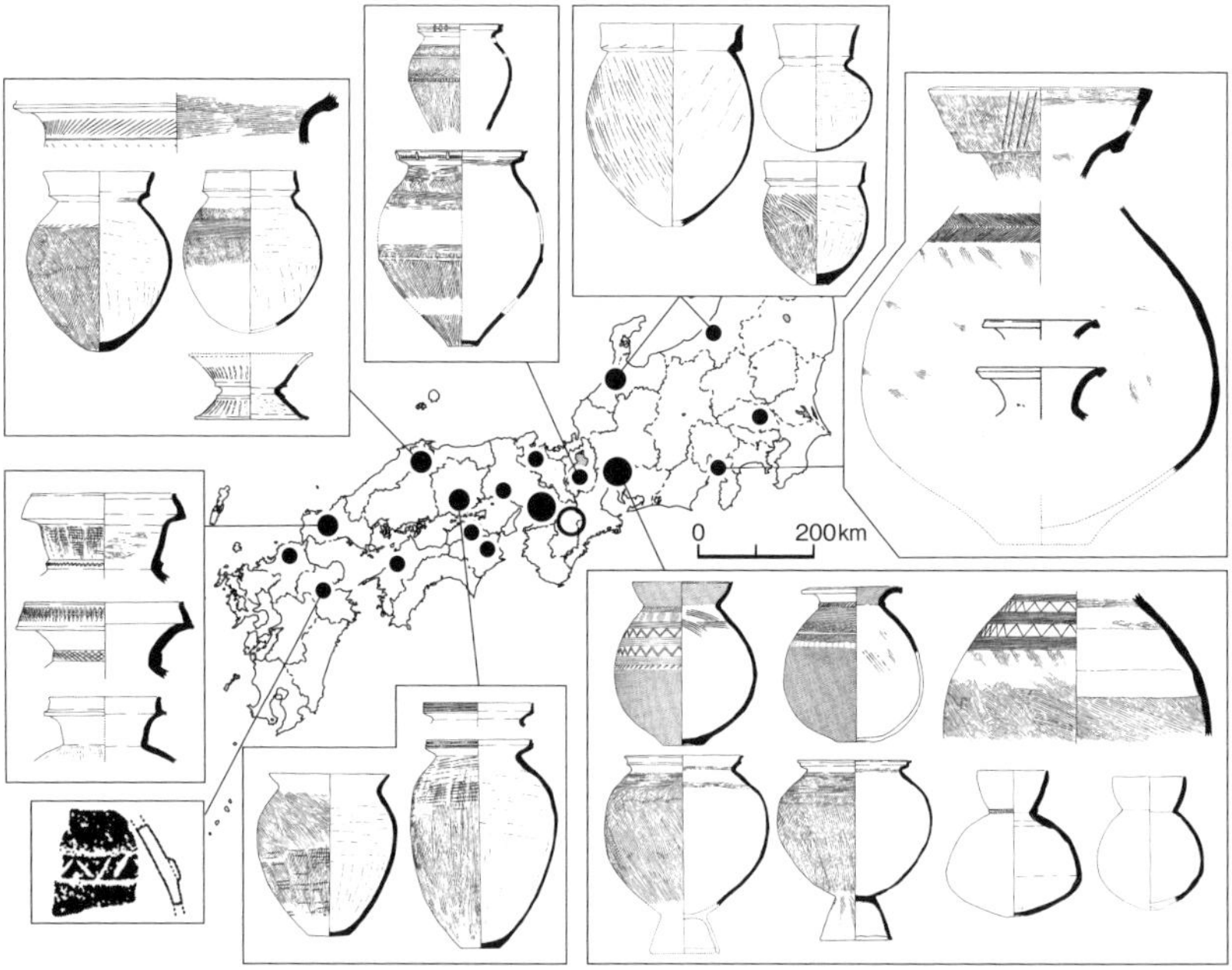

図 50　3 世紀、纒向へ来た人びとの土器

との大神《おおみわ》神社の神は出雲系で一体だ。神話に登場する出雲と大和の関係が、三世紀段階まで遡る可能性を考えておく必要があるのではないか。古代神話の研究者は以前から、出雲と大和は一体だと言っておられると思うが、考古学的にも検討する必要が出てきたのではないだろうか。

吉備の特殊器台は、主として葬儀に使うので葬儀用器台と私はよんでいる。箸中山古墳はじめ、大和の三世紀の古墳にあり、吉備と大和が共通の葬送儀礼をおこなっている可能性がある。つまり、精神的なつながりが大和と吉備の間にあることは、これもまた事実である。

外来系土器の比率を示したのが**図51**だ。東海が四九パーセントで一番多いが、この場合の東海は三重県、伊勢の地域である。ただ、不思議なのは、三河だ。尾張ではなくて、海を越えて三河の土器と伊勢の土器には共通性があるという。

また、近畿系土器が関東の千葉県や東京都内にいっており、とくに多いのは千葉県域だ。大和の土器はいったん伊勢に入り、伊勢から三河、三河から駿河を経て相模・房総に行くというルートをたどっているらしい。ヤマトタケルが伊勢神宮へ寄ってから東国に向かったという神話と奇妙に一致する。相模では海が荒れて出港できないためオ

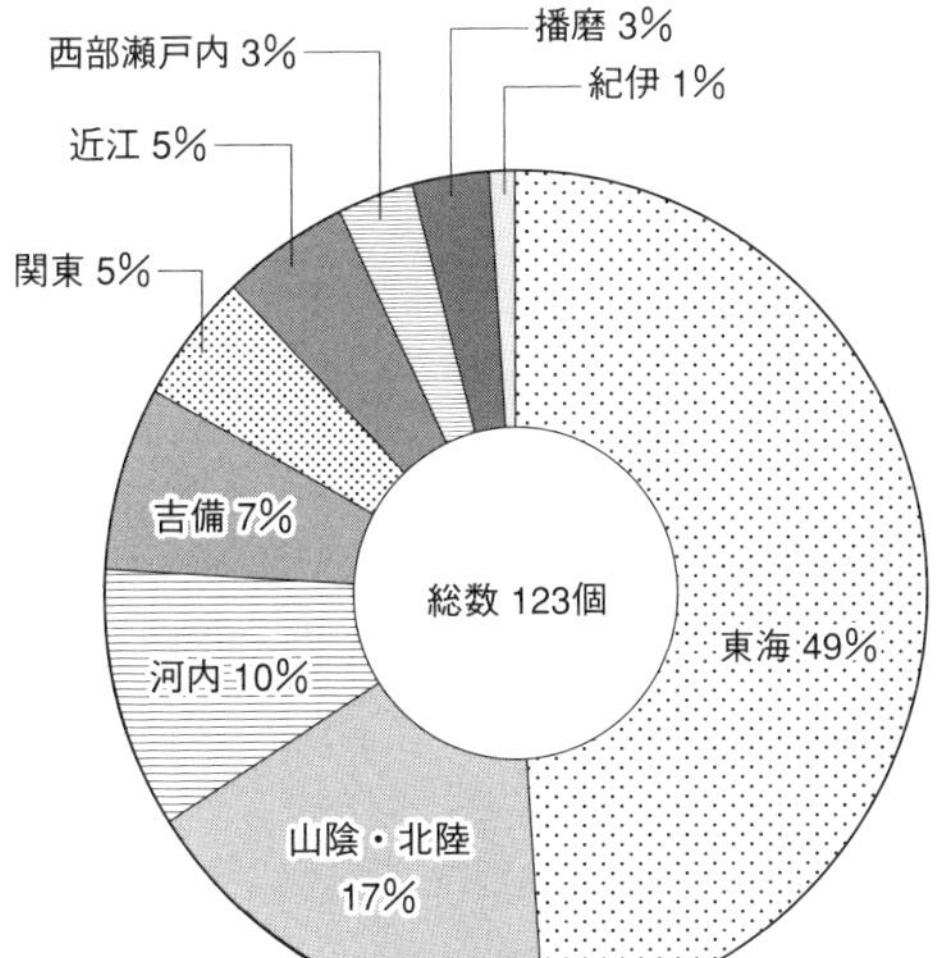

図51　纒向遺跡の外来系土器の比率

トタチバナヒメが犠牲になって投身し、無事に海を渡ったという神話のルートが三世紀段階に遡るかもしれない。神話のルートは三世紀段階の動向を映したものかもしれない。

3　三世紀から四世紀の古墳

つぎに三世紀から四世紀、邪馬台国の時代からヤマト王権の時代にかけての古墳について考えてみよう。

纒向石塚古墳は三世紀前半の長い突起を持った円墳で、長突円墳（前方後円墳）とよんでいる。全長九三メートルで周りには幅二〇メートルの周濠がめぐる。不思議なことに、全体の濠幅は約二〇メートルあるが、突出部の濠は幅六メートルで、非常に狭い（図52）。

岡山大学の近藤義郎氏は、前方後円墳の周濠は被葬者と民衆との隔絶性をあらわすのだと主張した。弥生時代の首長墓は、基本的には民衆の墳墓と変わらない。ムラの中の一番偉い人も、ムラの人びとと同じような方形周溝墓群の中に入っている。それが長突円墳、長い突起をもった古墳になると、ムラから離れた所に自分だけが大きな墓をつくり、墓の周りに堀をめぐらせて隔絶性を強調したのだと言う。

纒向石塚古墳には幅二〇メートルの周濠がめぐっているが、突出部の周濠だけは幅六メートルと狭く、隔絶性のシンボルとしては曖昧だ。突出部先端の濠幅が狭いのは纒向石塚古墳だけではなく、古墳時代早期（纒向1～4類）の箸中山古墳（円丘部の周濠幅約一〇〇メートル、方丘部の周濠幅約三〇メートル）をはじめ各地に認められる。

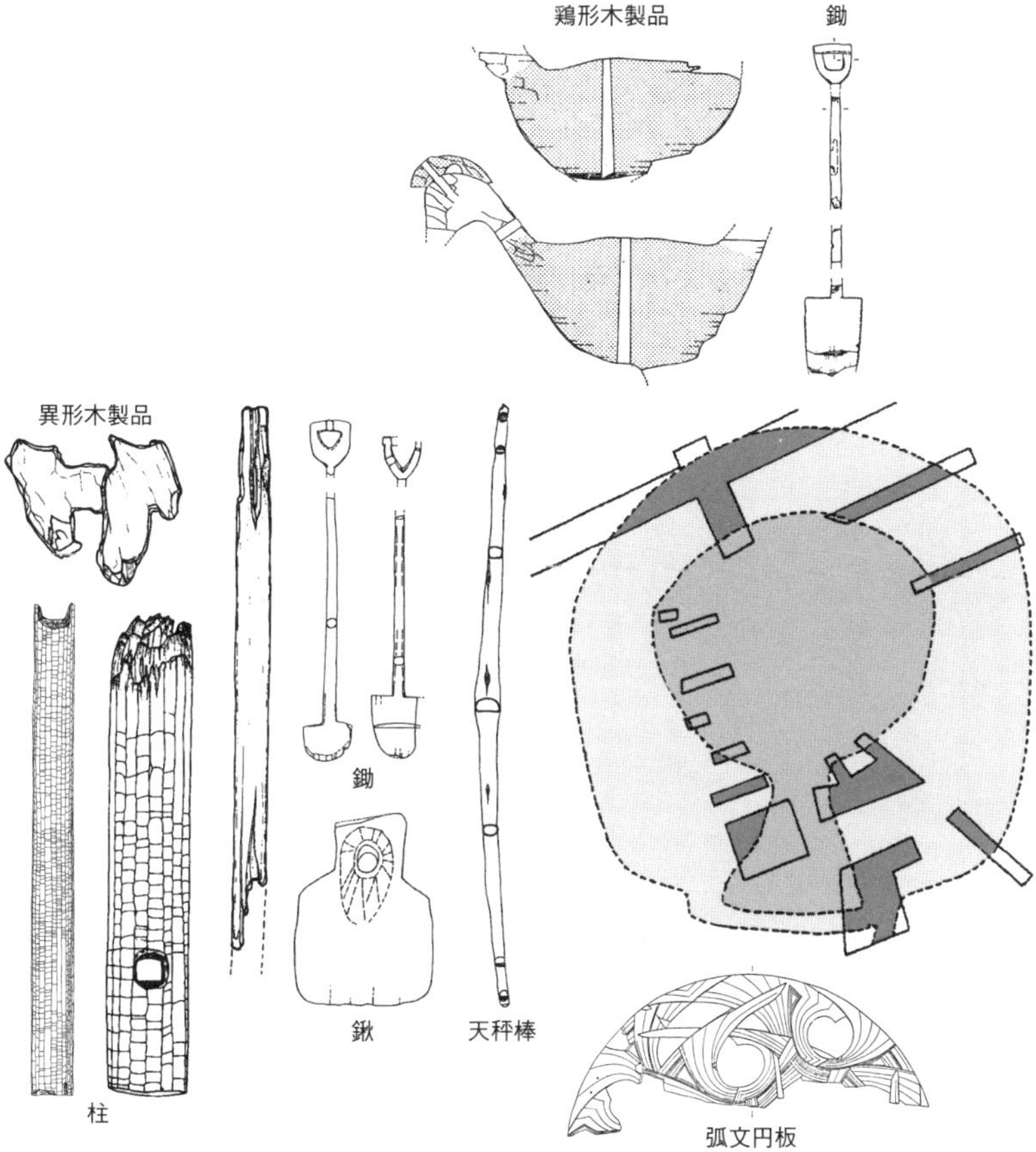

図 52　纒向石塚古墳周濠から出土した土木具と祭祀用具

古墳をつくったあと、人びとが墳丘の中に入ったかどうかも問題だが、私は入ったと考えている。それは祖先祭祀が古墳時代にもあると考えるからだ。多くの人はないと言うが、不思議な例がいくつかある。

奈良県天理市の景行天皇陵といわれている四世紀中葉の渋谷向山《しぶたにむかいやま》古墳の二段目の円筒埴輪の中から、五世紀後半の須恵器の完形品が一点みつかっている。ということは、その時代に人が墳丘の二段目まで入っているということだ。これは宮内庁の『書陵部紀要』に発表されており、ほかにもいくつかの例がある。古墳に対する追祭祀は十分あったと思う。『続日本紀』には平城宮をつくる際に、古墳を壊さざるをえないときは、きちんとお祭りをしなさいというお触れが出ており、奈良時代の人びとにも古墳に対する意識は十分あり、なにも祭りをしなかったということは考えがたい。そのような祭りをする場合に、突出部の周濠の幅を狭くつくっているということはありうるのではないか。

纒向石塚古墳の周濠の中に古墳祭祀にかかわる木製品が残されている。古墳築造に使ったであろう木製鋤、スコップや、大きさが四〇センチぐらいの板で作った鶏などだ。鶏はトサカも胴体も真っ赤に塗ってあった。図52の墳丘の横に天秤棒《てんびんぼう》の図があるが、おそらく古墳をつくるときに、モッコで土を運んだであろう天秤棒だ。

太さが一五センチぐらいで、きれいに皮をむいた長さ一五〇センチほどの柱や、径五〇センチの弧文円板とよんでいる弧文を刻んだ円板などが古墳の周濠からみつかった。古墳をつくるときに使ったさまざまな祭りの用具を、古墳築造やいろいろな祭りごとも終わったあと、古墳の周濠に沈めて帰ったものだと考えている。捨てたのではなくて、納めているのだ。

一つの例証としては、愛知県朝日貝塚の弥生中期の方形周溝墓の周濠の中に、木でつくったスコップが二本、土をかぶせて埋めた状態でみつかっている。それを参考にすると、纒向石塚の場合も、古墳をつくるのに使ったスコップを作業が終わったあと、周濠の底に土をかけて埋めていたものが、その後、風で周濠の水が動いて、浮いてきたのだろう。

そう思ってみると、天秤棒の左側に二本鋤をのせているが、普通のスコップの先にしてはよくすり減っている。新しい道具を使って墓をつくった後、それらを埋めて帰るのではなく、家で使っているものをもっていってお墓をつくり、終わったら周濠に埋めて帰るというように、葬儀用具は家に持って帰らないという風習があったらしい。

纒向古墳群には、全長八〇メートルから一二〇メートル級の長突円墳がいくつかある。その中で、橿原考古学研究所が以前に調査した纒向勝山古墳の周濠外縁から九州系の土器がかなりまとまって出てきている。現場で見た感じでは、古墳の周濠の中に捨てられたようにみえる状態で多量の土器がみつかり、その中に九州系の土器が、上から見ただけでも十数点はあった。

これは九州人をはじめ、各地域の人びとが葬儀に参列していることを示している。邪馬台国が九州にあるか近畿にあるかで、現代人は論争している。これを九州と近畿の邪馬台国時代の人びとが、まるでけんかをしているように錯覚している人がいるが、けんかをしているのは現代の人間であって、邪馬台国時代の人間はお互いに交流しあっているということだと思う。

その一つの証拠としては銅や鉄をつくるときに炉に風を送るふいごの羽口である送風管が纒向勝山古墳の堤から出ているが、筑紫型の送風管で、鉄や銅を溶かしたカスがいっしょに出てきている。北部九州の金属を加工する技術が大和に来ているということで、九州と近畿の仲が悪ければ金属の加工技術は教えてくれないだろう。少なくとも三世紀の九州と近畿の人びとは、交流はしていたということで、邪馬台国が九州にあろうが、近畿にあろうが、別に仲が悪かったわけではない。

■ 葬儀用器台と円筒埴輪

纒向遺跡辻地区では葬儀用器台のカケラが出土した（五一ページ図20右下）。その完全な形は高さが九〇センチぐらいある。近藤義郎氏が五〇年ほど前「埴輪の起源」という論文で発表され、特殊器台が弥生時代の終わりに、吉備地域ではじまり、古墳前期段階まで葬儀に使用されていたことがわかってきた。

特殊器台とよばれている葬儀用器台には四段階あり、最後の都月《とつき》型は円筒型で、その前の三つの段階、立坂《たちざか》型、向木見《むこうぎみ》型、宮山《みややま》型は裾が開いている。裾が開いていれば自立できるが、裾が真っ直ぐの円筒型器台は、さわればすぐ倒れる。したがって、円筒型の器台は穴、あるいは溝を掘って裾部を埋めて立てている。それに対して、裾の開いている葬儀用器台は、墳丘の上にそのまま置いており、両者の違いは埋めて立てるか、置くかである。都月型の器台は、その後の円筒埴輪の起源となる。

葬儀用器台は墳丘頂上の平坦部に五、六基置くだけだが、円筒埴輪は墳丘の裾や斜面にずらっと穴や溝を掘って数百本と立て並べる。墳丘の各段に垣根のような使い方をするのが円筒埴輪で、墳丘の上で供え物をするように使うのが葬儀用器台である。その葬儀用器台は二世紀に吉備で始まり、三世紀に近畿の奈良、大阪、京都まで伝わってきている。近畿で一番多いのが、奈良のおおやまと古墳群の中の五つか六つの古墳で、箸中山古墳（箸墓）や西殿塚古墳や中山大塚古墳などの大型古墳に使用されている。

纒向遺跡の布留式期の旧河道から「特殊器台」片がみつかったのは、宮内庁が箸墓に吉備系の特殊器台があるということを論文で発表した頃のことで、箸中山古墳の特殊器台は纒向から運ばれたのか、と緊張した。

不思議なのは私が五年間調査し、その後、桜井市が三十数年調査しているが纒向からそれ以後、葬儀用器台は出ていない。全部のかけらをまだ整理し終わっていないが、不思議だ。纒向遺跡の中枢部から箸中山古墳までは七〇〇メートルほどである。纒向遺跡は古墳をつくらせていたマチであり、そのマチにも吉備から葬儀用器台が運ばれていた、ということなのだろう。

4　箸中山古墳（箸墓）の出土資料

■ 葬儀用器台

纒向遺跡から箸中山古墳と同型の大型壺や葬儀用器台がみつかったため、私は橿原考古学研究所所長の末永先生を通じて、宮内庁が保管している箸中山古墳の土器や葬儀用器台の見学をお願いした。資料の発表前であったため写真も、メモも禁止ということで、宮内庁の書陵部陵墓課の控室で、壺などを出してもらって見学した。

係の人が横にずっとついていて、箸墓出土の大壺を〝じっと観察して〟は時々トイレに立ってそこでメモをくり返した。その後、宮内庁は「大市墓」出土品として『書陵部紀要』に、それらを発表した。『書陵部紀要』の図面と自分のメモとくらべてみたが、何とか似てるという感じでホッとしたのを思い出す。

宮内庁の資料によると、箸中山古墳の墳丘から多くの土器類が出ており、宮山型と都月型という二つのタイプの葬儀用器台がある。そのうえ、天理市西殿塚《にしとのづか》古墳からは、宮山型と都月型、そして普通の円筒埴輪と、三つの種類がいっしょに出てきている。両古墳とも宮内庁管理で、発掘調査をしていないから、同じ場所から出土したかどうかは不明だが、墳丘上に二種の葬儀用器台と一種の円筒埴輪が使用されていたことは事実である。もし、円筒埴輪だけ出てくれば、西殿塚は四世紀だということになり、宮山型だけ出てくれば、三世紀の纒向式の段階に、全長二〇〇メートルの大きな古墳があるということになる。橿原考古学研究所が調査した中山大塚《なかやまおおつか》古墳も宮山型と都月型がいっしょに出ている。型式の違う葬儀用器台と埴輪がいっしょに出てくる場合、同時に使われたのか追祭祀があったのか、検討が必要になる。その辺は、発掘調査をして出土状況を精査していく必要がある。

■ 箸中山古墳の濠

箸中山古墳の測量図は「大市墓」として末永先生の『日本の古墳』に発表されており、古墳全長は二八〇メートルで四段ないし五段につくられ、円丘部の頂上が直径四〇メートルある。円丘部の頂上には葬儀用器台があり、方丘部の先端も一段高くなっていて、そこから葬儀用の特殊壺が採集されたことが宮内庁によって発表されている。

以前は、箸墓には周濠がないというのが考古学界の常識だったが、五〇年ぐらい前に、末永先生が『空から見た古墳』（アサヒ写真ブック一七）という冊子の中で、飛行機から見ると、箸墓の周りにかなり大きな堀があるように見えると注目された。末永先生の指示で、箸中山古墳周辺を歩きまわり、幅が一〇〇メートルを超える周濠、あるいは周辺区画があることに気がついた。

私は一九八二年の論文「前期古墳周辺区画の系譜」で、箸中山古墳に幅一〇〇メートルの周辺区画があることを提唱したが、あまりにも大きすぎて、当初は信用してもらえなかった。しかし、ここ十数年、桜井市もいくつか調査をおこない、本当に周濠がありそうだということがわかってきた。

■ 木製鐙

木製鐙《あぶみ》(八七ページ図32参照)は、円丘部に接する幅一〇メートルの周濠底部から出土した。年代は、いっしょに

図53　箸中山古墳の墳丘と周濠

出てくる土器で一番新しい土器が三世紀末～四世紀前半の纒向5類（布留1式）で、新しくみても四世紀前半である。私はたまたま現場で出土層位と共伴土器を見ており、鐙が纒向5類（布留1式）の土器といっしょに出たことを確認している。小林行雄氏の論文以来、乗馬の風習は、五世紀になってからだというのが考古学界の常識であった。四世紀で、なおかつ四世紀の初めなど、とんでもないというのが考古学の世界では常識だった。

そこで、四、五世紀の鐙がどこかにないだろうかと探すと、仙台平野にあった。仙台市の藤田新田《ふじたしんでん》遺跡で、仙台市教育委員会が二十数年前に調査し、四世紀から六世紀の川の跡から木でつくった鐙が出ている。木製鐙が保管されている東北歴史資料館に出かけ、木製鐙といっしょに出た土器を見せていただいた。調査担当者にどのような出方をしたのかも教えてもらったが、残念ながら川の中で層位が入り乱れていたという。年代は難しいが新しくみても五世紀だということがわかった。仙台平野の四世紀の土器は塩釜式で、塩釜式土器も同一層位にあるが、慎重にすれば五世紀前半か、という印象である。

他方、四世紀の馬歯が展示されているのが山梨県立考古博物館で、甲府市塩部《しおべ》遺跡出土、四世紀と説明札にある。公の博物館の公の展示室にあるのに、考古学者はほとんど引用していない。博物館に四世紀の根拠をお聞きしたら共伴土器が東海地方の廻間《はさま》2式と3式土器で、纒向様式では4～5類となり、三世紀後半から四世紀前半に相当する。新しくみても、四世紀としか考えられない土器といっしょに馬歯が出てきている。

5　箸中山古墳の墳頂

二〇一二年九月、朝日新聞社の記者が情報公開法に基づいて、宮内庁に資料請求をして、箸墓に関する宮内庁の調査資料が大量に公開された。朝日新聞社から私とあと二人の考古学者に相談があり、宮内庁資料の検討会のあとに、図や写真とともに二〇一二年九月九日と一二日の大阪版夕刊の記事として掲載された。箸中山古墳（箸墓）の円丘部（後円部）頂上に宮内庁の職員が、今から三〇年ぐらい前にトレンチを入れたときの写真で、宮内庁の未発表写真である（図54・55）。

同時に提供された内部文書によるとトレンチを入れたのは、墳頂部の木が台風で倒れたのを整備するときに、ついでに少しだけトレンチを入れたとのことである。

九日の記事には、板石が写っている写真があった（図55）。板石の大きさが人間との比率では、三〇センチぐらいあり、大きさ三〇センチ以上の板石が径四〇メート

図54　箸中山古墳後円部頂上部

図 55　箸中山古墳墳頂部積石下の板石

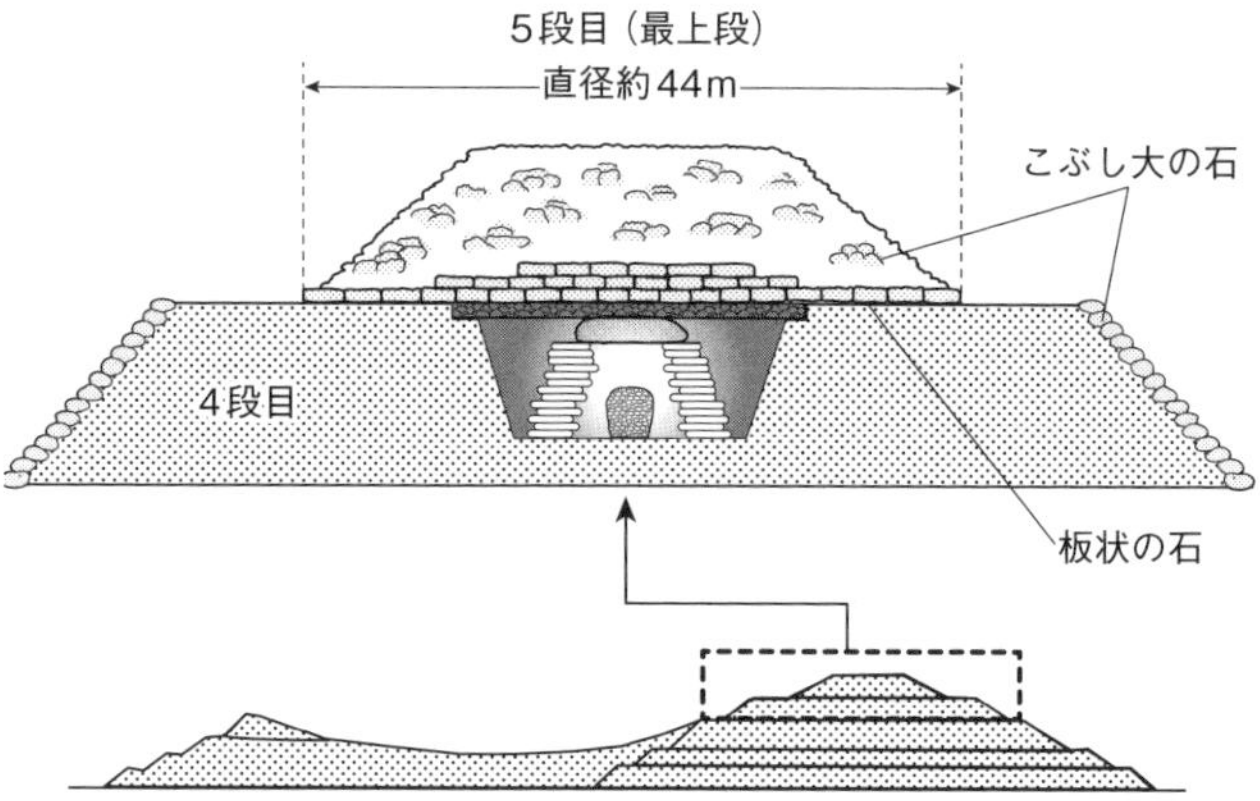

図 56　箸中山古墳墳頂の礫積円壇の復元図

ル余の円丘部最上段下部に一面に敷かれている可能性がある。そして、それより上の箸中山古墳墳頂の直径四四メートルの部分は、土ではなくて石を積んでいるというとんでもないことが、この写真からわかる。三世紀後半に築造された全長二八〇メートルの長突円墳である箸中山古墳の円丘部最上段は径四四メートルで、高さ四メートル余の石積みがあり、その下部は全部板石敷であるという可能性を推定できた点はきわめて重要だ。

三、四世紀の日本列島の積石塚は、二世紀代の徳島県萩原《はぎわら》古墳群や三、四世紀の香川県石清尾山《いわせおやま》古墳群が著名である。三世紀後半の大和の初期大王墓の墳頂部が径四四メートルの積石塚であることはヤマト王権成立の状況を考えるうえで示唆に富む事実である。

私は邪馬台国大和説の場合でも、箸中山古墳は卑弥呼の墓ではなく、台与の墓だと考えており、三世紀の日本列島最大の古墳であることは事実である。邪馬台国に関係があっても、なくても、初期大王墓としてきちんとした立ち入り調査が必要である。

(『箸墓古墳』学生社、二〇一五に掲載の講演記録を改訂、加筆)

大和と筑紫の陵寝制と銅鏡破砕儀礼

1　纒向王宮・王墓と平原王墓の太陽信仰

■纒向石塚古墳と平原王墓

一九八九年六月、奈良県纒向石塚《まきむくいしづか》古墳の円丘部（後円部）からはじめて姿をあらわした方丘部（前方部）にカメラを向けたとき、「オヤッ！」と思った。方丘部の延長上に大和の神山である三輪山の山頂がそびえ立っていた。三世紀初頭、纒向石塚古墳を築造した一族は、三輪山をカミがおさまる山として信仰していたのか、その「カミ」とは？　と思いはじめるきっかけだった。

そして、二〇一三年二月一一日早朝、纒向学研究センターと香芝市二上山博物館の有志で、纒向石塚古墳の円丘部から三輪山頂にのぼる太陽を拝むことができた。

それより前、二〇一二年一〇月二〇日に福岡県糸島市教育委員会の角浩行さんとともに日向《ひなた》峠からのぼる太陽と平原《ひらばる》王墓（福岡県糸島市）を遙拝した。それは一九六五年に原田大六さんによって三九面の銅鏡群をもつ「平原弥生古墳」が発掘され、「被葬者の股間に朝日がさしこむ」ことが注目されていたことから実際に確かめたかったのだ。そして、平原王墓の東一五メートルにある大柱に立てた柱の影が、日向峠にのぼる太陽の光を受けて王墓に突入するのを確認した。

纒向石塚古墳と三輪山の日の出に気づいてから、あらためて平原王墓との奇妙な、そして密な関係が気になりはじめた。

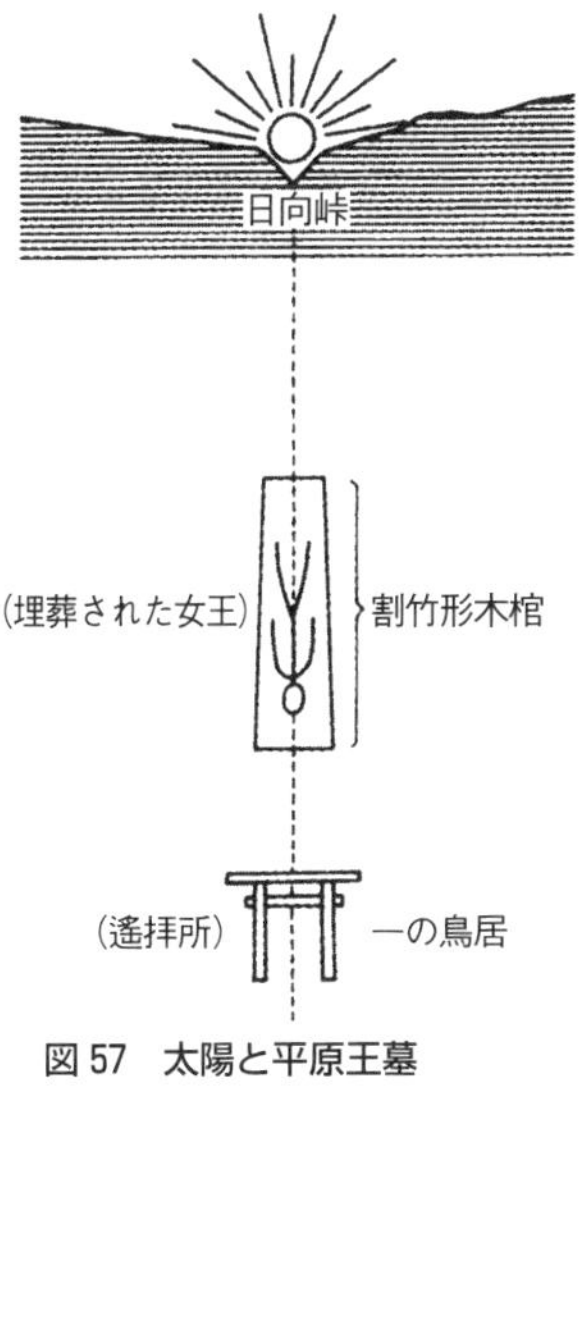

図57　太陽と平原王墓

■纒向王宮

三世紀後半の纒向王宮は、四棟の建物が東西に一直線に配列されている（一四七ページ図47参照）。そのうち、建物Cは伊勢神宮系で、建物Dは偶数間の出雲大社系だという。建物Cは二間×三間の高倉で、棟持柱をもち、建物Dは二間×四間で、主柱間に束柱をもつ。確かに出雲大社は二間×二間の偶数間で、一方の柱間から昇殿し、障壁をめぐって神前に参るので、同規模を連結して神殿としたと考えることはできる。しかし、建物Cに類する高倉は、弥生・古墳時代を通じて無数にあり、建築史にうとい私にとっては、とくに建物Cを伊勢神宮系とする根拠にはとぼしいように思われる。

それにしても、纒向王宮が飛鳥・奈良時代の天皇宮の南北方向と違って東西方位をとる点は重要である。そのうえ、三世紀初頭の纒向石塚古墳の突出部が三輪山山頂を指向し、毎年二月一一日には太陽が山頂から纒向石塚に向かって顔を出す。ただし、纒向地域の他の三世紀代の長突円墳三基（纒向勝山《かつやま》、纒向矢塚《やつか》、東田大塚《ひがいだおおつか》）の長突古墳主軸の方位はバラバラで統一性はない。

2　陵寝制か─墳丘上の建物

■漢代、陵寝制度の波及

中国歴代の帝王が陵寝《りょうしん》（陵墓に付設された寝という営造物）を建設し、朝拝の儀などの祭祀をその場でおこなうという陵寝制度が弥生・古墳時代の日本列島に波及していたのでは、と感じはじめたのは、一九九五八年八月におこなった兵庫県川西市の加茂《かも》遺跡の調査のときだった。弥生中期末の方形周溝墓の三辺を発掘し、二隅に柱穴があった。そのころ、兵庫県尼崎市田能《たの》遺跡で古墳前期の方形周溝墓の周溝内に長さ六メートル余の角材や板材があること（図58）とあわせて弥生・古墳時代の墳墓に立柱、あるいは建物があることを想定しはじめ、全長二五〇メートルの四世紀前半の長突円墳（前方後円墳）の円丘上の大型円筒埴輪の配列が片面庇の建物の配列とまったく同じであることを奈良県桜井市のメスリ山古墳の例で図示した（図59）。

想定が現実となったのは、一九九二年の島根県西谷《にしたに》三号墓墳頂の巨大な四柱穴と副柱だった（二〇八ページ図70参照）。ようやく多くの考古学者が墳丘上の建物の存在を認知しはじめた。

■ホケノ山古墳

そして、あらわれたのが三世紀中葉の全長八〇メートルの長突円墳である奈良県ホケノ山古墳の板囲

図 58　兵庫県田能遺跡の方形周溝墓の建築部材

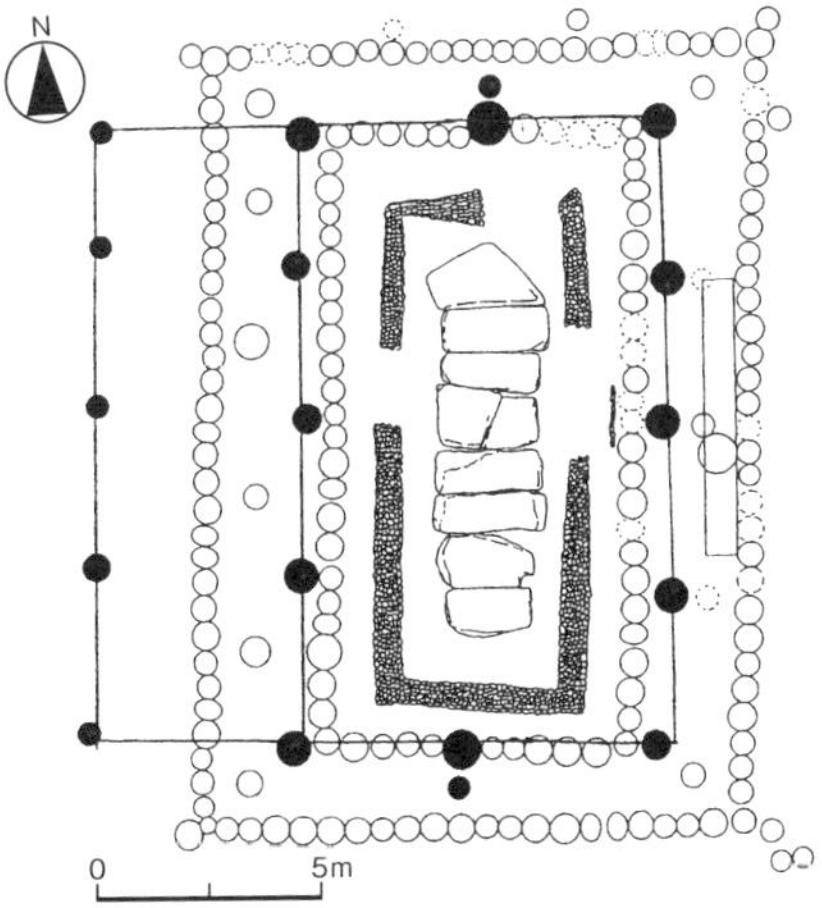

図 59　メスリ山古墳円丘部上の円筒埴輪列
（4 世紀初頭、全長 224m の長突円墳。黒丸の大型円筒埴輪列は 2 間× 4 間の身舎と庇を連想させる）

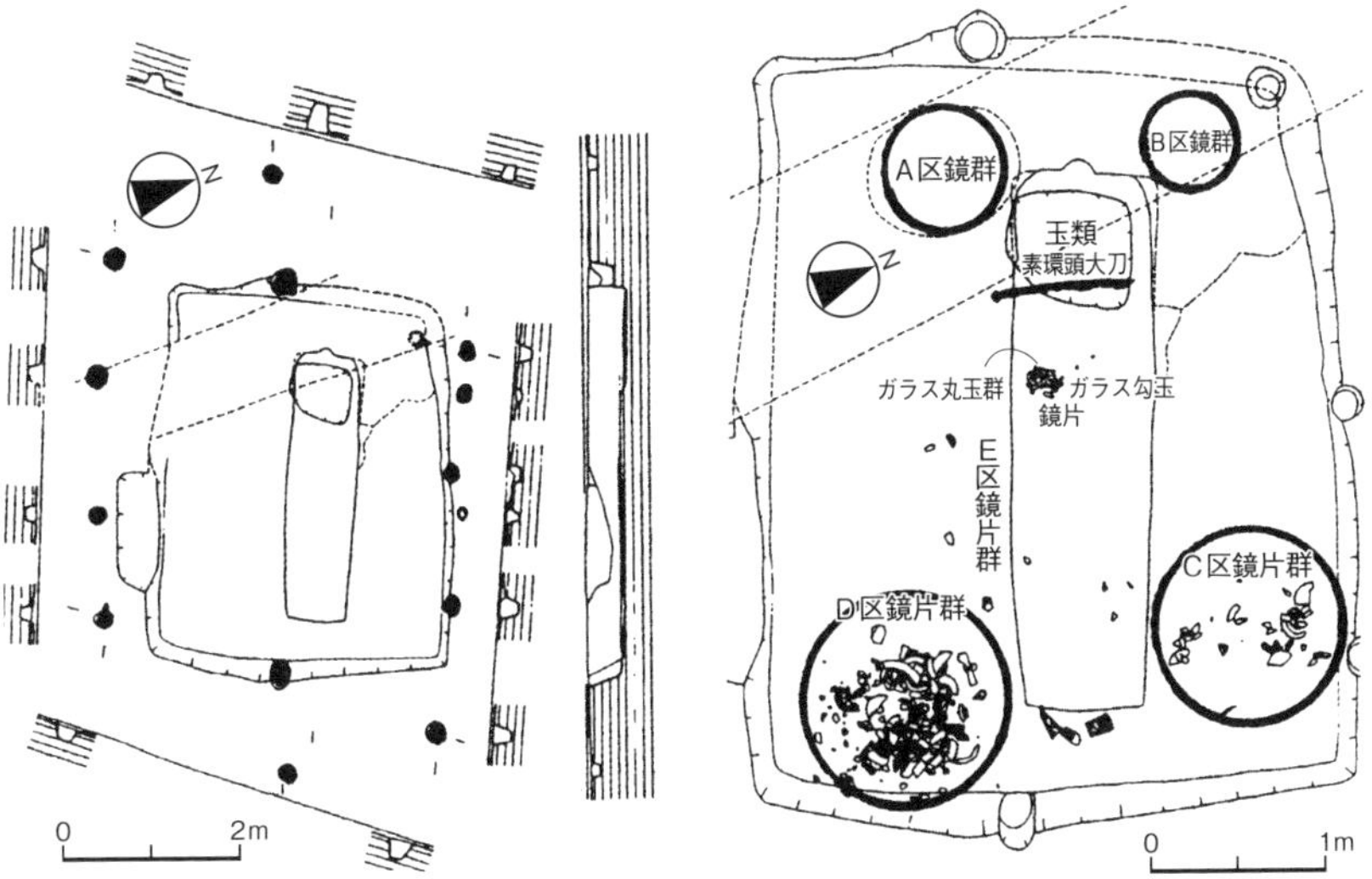

図 60　福岡県平原王墓の墓坑周辺の柱穴列（左）と墓坑内四隅の鏡片群（右）

い木槨内の四本柱（三九ページ図14参照）と三世紀代の全長一二〇メートル余の長突円墳である纒向勝山古墳周濠内出土の丸太材や朱塗板材である。

他方、一九六六年段階に原田大六さんは、「平原弥生古墳」の墳丘上の柱穴群を「モガリノミヤ」として認識していた。しかし、一九九二年の出雲・西谷三号墓以降も列島各地から墳丘上の建物の報告例が少ないのは、調査研究者の認識不足であろう。

3 墓坑内での銅鏡破砕

平原王墓では、「鏡はすべて棺外で方形土坑の四隅に棺を囲んでかたまって出土した。それらの鏡はほとんどがなんらかの理由で、みじんにくだけていた（故意に破砕したものではない）」と原田さんはいう。

ホケノ山古墳の石囲い木槨内には完形の画文帯神獣鏡一面のほか、内行花文鏡と画文帯神獣鏡の同一鏡片がそれぞれ二、三カ所に散在しており、破砕供献されたようだ（図61）。

外山茶臼山《とびちゃうすやま》古墳の銅鏡群は、すさまじい。一九四九年の橿原考古学研究所による発掘調査後に埋め戻された竪穴式石室内・外のすべての土砂を、二〇〇九年の同研究所の再調査のときに数カ月をかけてフルイにかけ、三三一点の同鏡片を採集した（表5）。この銅鏡群を精査したところ、八一面以上の銅鏡があったことが判明し、しかもその八〇パーセントは竪穴石室上に埋め戻された土砂内から検出されたという。

一九四九年の盗掘者が石室内から多量の銅鏡をもちだし、墳丘上に落とした、とは考え難い。八〇面

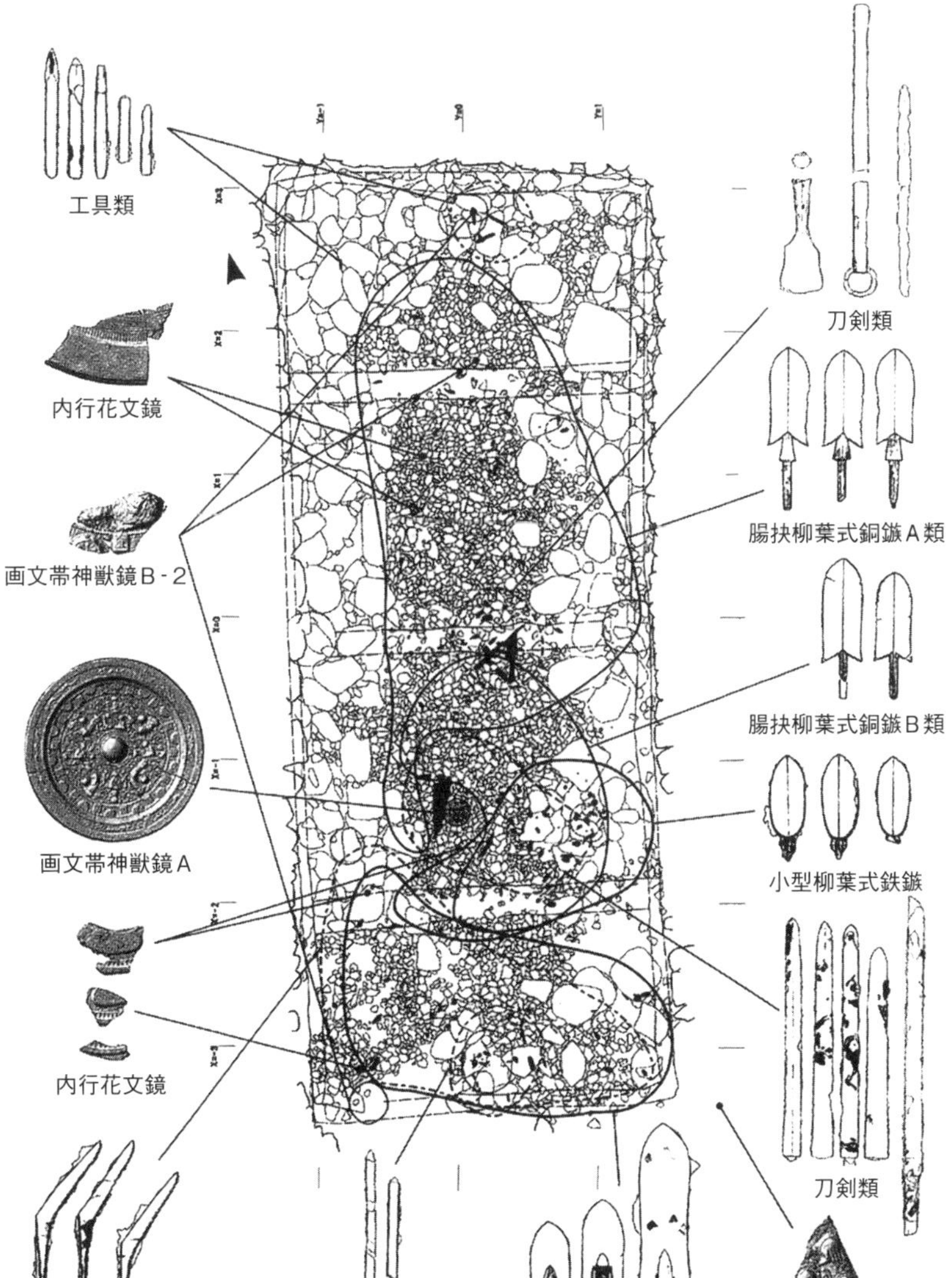

図 61　奈良県ホケノ山古墳の木槨内遺物出土状態

表5　外山茶臼山古墳再調査出土遺物

銅　鏡	銅鏡片	331
石製品	玉杖片	22
	弣形石製品	1
	異形石製垂飾	1
	腕飾類	4
	不明石製品片	34
玉　類	碧玉製管玉	42
	碧玉製丸玉	1
	ガラス製管玉	1
	ガラス小玉	4
	ガラス砕片	2
鉄製品	板状鉄斧	2
	鉄鏃	2
	不明鉄製品	51
	計(点)	498

出土鏡式一覧		
1	内行花文鏡	9面（11%）
2	仿製内行花文鏡	10面（12.3%）
3	夔鳳鏡	1面（1.2%）
4	方格規矩鏡	2面（2.5%）
5	細線獣帯鏡	3面（3.7%）
6	三角縁神獣鏡	26面（32%）
7	盤龍鏡	1面（1.2%）
8	環状乳神獣鏡	4面（4.9%）
9	鼉龍鏡	4面（4.9%）
10	神獣鏡類	16面（20%）
	乳をめぐる蟠龍文をもつ同向式神獣鏡を中心とした鏡式	12面（14.8%）
	画文帯神獣鏡	1面（1.2%）
	斜縁神獣鏡	3面（3.7%）
11	半肉彫獣帯鏡	5面（6.1%）
		計81面

表6　おおやまと造墓集団と磐余の古墳

比較項目	おおやまと	磐余（いわれ）
墳丘突出部	撥形二等辺型	柄鏡型
竪穴石室段面	持ち送り型	直立型
棺	割竹型・長持型？	長持型
副葬品		
銅鏡	三角縁神獣鏡中心（黒塚）	非三角縁神獣鏡多数（外山茶臼山）
その他		玉杖・玉葉の特異性

を超える銅鏡は破砕され、葬送儀礼の一環として石室上に散布されたのだ。

平原王墓の棺外、墓壙内の四〇面の同鏡片は、「故意に破砕されたものではない」と原田さんはいうが、ホケノ山古墳の埋葬時のままの石槨内の同鏡片のあり方や外山茶臼山古墳の多量銅鏡片のあり方をみると、三、四世紀の筑紫と大和に銅鏡破砕供献の風習が存在した可能性がみえてくる。

4　非ヤマト王権的性格をもつ王

奈良盆地東南部の三、四世紀の大王墓を含む二〇基を超える、おおやまと古墳集団は北群（萱生《かよう》古墳群）、中群（柳本古墳群）、南群（纒向古墳群）によって構成されており、北群は西殿塚《にしとのづか》古墳（全長二二〇メートル）、中群は行燈山《あんどんやま》古墳（全長二四〇メートル）・渋谷向山《しぶたにむかいやま》古墳（全長三一〇メートル）、南群は箸中山古墳（箸墓）をそれぞれ盟主墳とする。

さらに、箸中山古墳南方には、大和川を隔てて磐余《いわれ》の地域に外山茶臼山古墳（全長二〇七メートル）とメスリ山古墳（全長二三〇メートル）が存在する。研究者の多くは、両古墳を大和王権の大王墓に比定するが、異質性が眼につく（表6）。

外山茶臼山古墳とメスリ山古墳の墳丘形態や、石室の構築技法、棺形態の相違は造墓集団が、おおやまと古墳集団とは異なることをあらわし、四世紀には列島内に広まる三角縁神獣鏡の枚数の多寡は、王権中枢との密接さをあらわす。そして、玉杖・玉葉などの他に類をみない副葬品は、独自の対外ルートをこの二つの古墳に葬られたイワレの二王が保持していたことを示す。しかし、このイワレの王たちは、反ヤマト王権ではなく、王権には協力するが、ヤマト王権に距離をおく非ヤマト派のようだ。そこに列島西方の国々との連携がみえてくる。

（『伊都国女王と卑弥呼―王権誕生の軌跡を追う―』糸島市教育委員会、二〇一五に掲載の論考を訂正、加筆）

纒向王宮から磯城・磐余の大王宮へ

『古事記』『日本書紀』に磯城《しき》の地名をもつ宮名が登場するのは、崇神天皇の師木《しき》水垣宮《みずかきのみや》と磯城《しき》瑞籬宮《みずがきのみや》だ。崇神天皇は神武天皇とともに「ハックニシラススメラミコト」とよばれている大王の一人で、宮を定めたところが師木・磯城である。

一九七八年、埼玉県稲荷山《いなりやま》古墳の鉄剣からX線撮影によって一一五文字が浮かびあがり、銘文には「乎獲居臣《おわけのおみ》」は「獲加多支鹵大王《わかたきるのおおきみ》」が「斯鬼宮《しきのみや》」で統治していたときに「杖刀人首《たちはきのおさ》」として奉仕していたと記されていた。ワカタケル＝雄略天皇の宮は「長谷朝倉宮《はせあさくらのみや》」「泊瀬朝倉宮《はつせあさくらのみや》」と伝えられており、磯城の地にある。

崇神天皇につづく垂仁・景行両天皇の宮伝承がある纒向遺跡で渋谷向山《しぶたにむかいやま》古墳（景行陵）南部からの導水施設と、箸中山《はしなかやま》古墳（箸墓）西北の南飛塚《みなみとびつか》古墳から建築材が発見された。そして二〇〇九年一一月、纒向遺跡辻地区の推定南北一〇〇×東西一五〇メートルの長方形区画内から三棟の建物跡が検出され、その後の調査でさらに一棟が加わった（一四七ページ図47参照）。四棟の建物うち、建物Dは一二・四×一九・二メートルで、三世紀では日本列島最大規模であり、柱穴も一×一・五メートルと巨大だ。

磯城の纒向の地の南方には、大和川をはさんで磐余《いわれ》の地がある。磐余には、神功皇后と履中天皇の磐《いわ》余稚桜宮《れのわかざくらのみや》をはじめ、磐余甕栗宮《みかくりのみや》（清寧天皇）、磐余玉穂宮《たまほのみや》（継体天皇）、磐余池辺双槻宮《いけべのなみつきのみや》（用明天皇）と磐余の名を冠する大王宮伝承地がある。その中で最近注目を集めているのは、桜井市上之宮《うえのみや》遺跡の「聖徳太子上宮説」と関連をもつ用明天皇の磐余池辺双槻宮だ。磐余池辺双槻宮が磐余池のほとりにあったことは、『古事記』『日本書紀』の記載によってほぼ確かだ。ところが、肝心の磐余池推定地については桜井市池之内西方説と上之宮遺跡北辺説があり、それに関連する双槻宮跡の発掘調査が期待される。

一九七六年、奈良県立橿原考古学研究所は由良学術文化助成基金にもとづき、「磯城・磐余地方に存在する古代遺跡と文献学との関連研究」をおこなった。その折、池之内の方々に集まっていただき、地元の伝承を記録した。氏神である稚桜神社にまつわる話や「サカキ天皇」をまつるという言い伝えなどが古老の話からわかってきた。

崇神天皇は「ミマキイリヒコイニエノスメラミコト」、垂仁天皇は「イクメイリヒコイサチノスメラミコト」といい「入《いり》」の文字がある。景行天皇の兄弟にも「イリヒコ」という名があり、この時期に「イリ」という名の天皇あるいは天皇一族が集中している。上田正昭氏はこれを「イリ王朝」、あるいは「三輪王朝」と呼称された。「イリ」は沖縄方言では西という意味があり、「ハックニシラススメラミコト」という初期大王が西から来たことを示している。

神武天皇伝説では、神武が日向（宮崎県）から来たことになっており、天皇家は西から来たと当時から言われていたことは著名だ。さらに宮崎市には垂仁天皇の活目入彦に近い名前がついた生目《いきめ》古墳群があり、そこには九州で最大の前期古墳群が筑紫ではなく日向に集中していることが明らかになってきた。

大王家には、わが先祖は西から来たという意識があり、大和の西側の山である二上山を特別に意識していたということも十分考えられる。
初期ヤマト王権のイリ王朝の時期の考古学的な資料は希少だ。しかし纒向遺跡辻地区の三世紀の王宮が東西に一直線に並んでいたこと、七世紀に大津皇子の死をいたんで藤原宮の西にある二上山を「いろせ（兄）」とよんだ大伯皇女《おおくのひめみこ》の歌など、崇神・垂仁・景行の三天皇の段階に西方＝イリが特別に意識されていたのではないか。それは単に日の入る山というだけではなく、復活する入り口と意識されていたのだろう。だからこそ纒向遺跡の王宮は、東西に配置されていたのだ。

（「奈良新聞」二〇一七年二月一一日六面記事を加筆修正）

III

邪馬台国論

古代に見え隠れする邪馬台国

■前一世紀の漢系宮闕絵画土器

奈良盆地中央部にある弥生時代の遺跡、唐古《からこ》・鍵《かぎ》遺跡の弥生中期末の大型壺胴部には、中国漢代の宮《きゅう》闕《けつ》（宮殿）を思わせる三棟の建物が描かれていた（図62）。楼閣風建物二棟と平屋一棟で洛陽漢画を想起させる。洛陽漢画の楼閣の屋上には鳥が止まっており、唐古・鍵楼閣絵画の屋上には〜状記号があって鳥を思わせる。

唐古・鍵遺跡の数千箱の整理箱に収納されている弥生時代の土器片の中に中国本土や朝鮮半島系の土器片は皆無であり、大陸系の人物が渡来していた可能性はきわめて低い。しかし、前一世紀・弥生中期末の大和に中国系建造物の情報と思想が伝達されていたことは確実である。

■三世紀前半の「方相氏」を思わせる持物―面・盾・戈

奈良盆地東南部の纒向遺跡の三世紀前半の土坑内に木製仮面と朱塗盾片と戈《かえ》柄が各一点が納められていた（図63）。

木製仮面は、長さ二六センチ・幅二一・六センチの鍬身を転用して眼・鼻・口をつくり、眉の周辺にはわずかに赤色染料が残る。盾は長さ一五・二センチ・幅二・七センチ・厚さ五ミリの残欠で、径一・五ミリほどの小孔の列が約三・六センチ間隔で四列が残り、一面に黒色と赤色の塗彩が他面に黒彩がある。

戈柄は長さ四八・二センチのアカガシ類で、一端に戈を装着するための細い孔があけられている。報告書では本品を鎌柄としているのを、あえて戈柄としたのは中国漢代画像塼などに描かれている「方相氏」（図64）を想起したからである。方相氏とは、『周礼《しゅらい》』に四ツ目の面を付けて戈と盾を持って邪神を払う神とある。方相氏の思想が日本列島に入るのは六世紀末の奈良県藤ノ木古墳出土の鞍金具の図像と考えていたが、すでに三世紀の纒向に伝来していたと考えられる。纒向遺跡には五点未満ではあるが三世紀の楽浪系土器片があり、古代中国思想が入っていたようだ。そう考えるとベニバナ花粉が検出されて、金原正明氏が女王卑弥呼の魏への献上品の中にある「絳青縑《こうせいけん》」はベニバナ染めであろう、という指摘と関連しそうだ。

図62　前1世紀の土器に描かれた楼閣の復元（奈良県唐古・鍵遺跡）

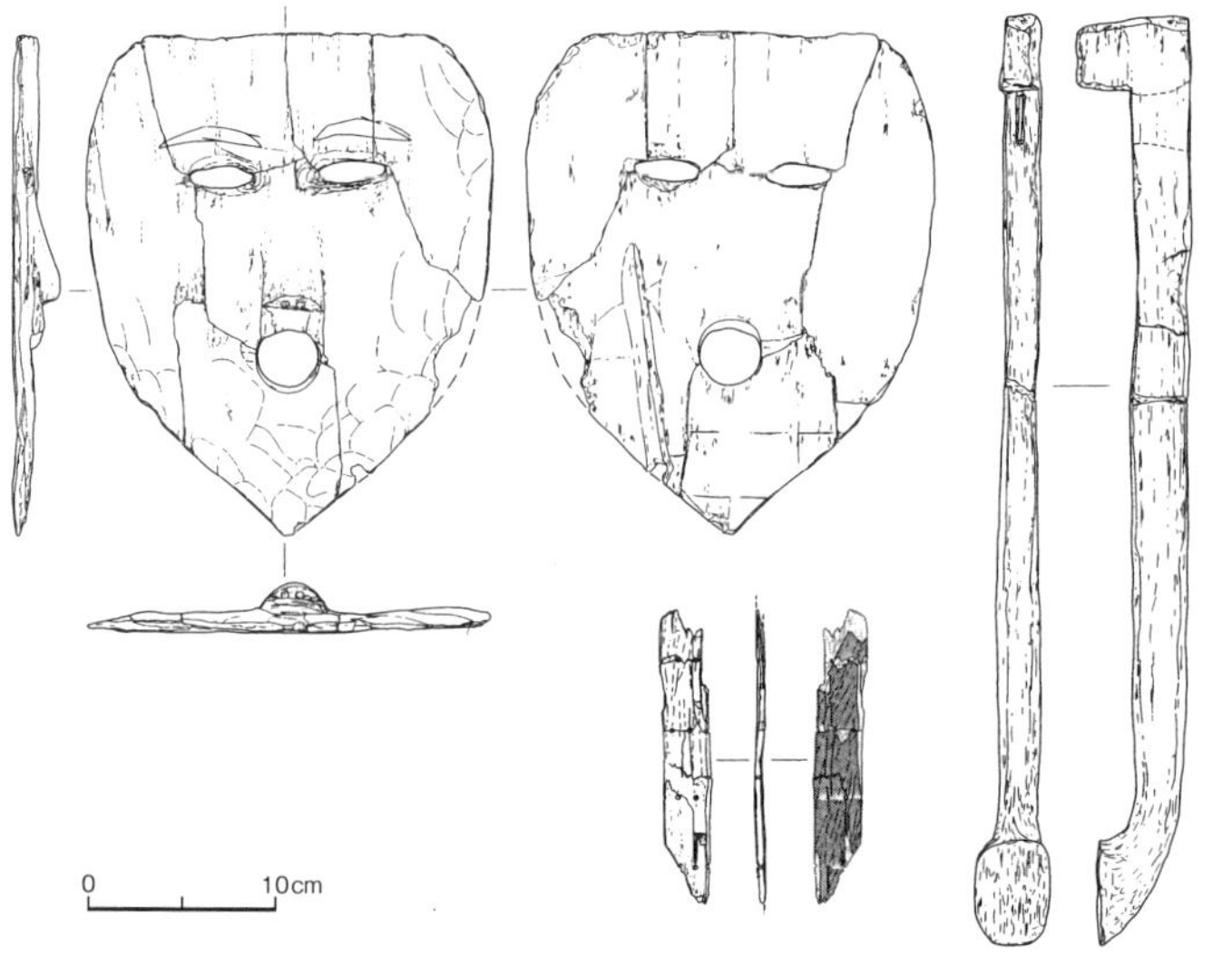

図 63　「方相氏」の追儺儀礼を思わせる仮面・戈柄・盾（纒向遺跡、3 世紀）

図 64　中国漢代画象磚に描かれた方相氏

■神功皇后三九年・四〇年・四三年・六六年の怪

『日本書紀』の編者は『魏書』倭人条を読んでいたらしい。それは神功皇后三九年以降の各年に引用されている下記の文による。

神功三十九年。是年《ことし》、太歳己未《つちのとひつじ》。魏志《ぎし》に云《い》はく、明帝《めいてい》の景初《けいしょ》の三年の六月、倭《わ》の女王《ぢょわう》、大夫《たいふ》難斗米《ら》等を遣《つかは》して、郡《こほり》に詣《いた》りて、天子に詣《いた》らむことを求めて朝献《てうけん》す。太守《たいしゅ》鄧夏、吏《り》を遣《つかは》して将《ゐ》て送《おく》りて、京都《けいと》に詣《いた》らしむ。

神功四十年。魏志に云はく、正始《せいし》の元年に、建忠校尉《けんちうかうゐ》梯携等《ていけいら》を遣《つかは》して、詔書印綬《せうしょいんじゅ》を奉《たてまつ》りて、倭国《わのくに》に詣《いた》らしむ。

神功四十三年。魏志に云《い》はく、正始《せいし》の四年、倭王《わわう》、復使《またつかひ》大夫《たいふ》伊声者掖耶約等八人《らやたり》を遣《つかは》して上献《しやうけん》す。

神功六十六年。是年《ことし》、晋《しん》の武帝《ぶてい》の泰初《たいしよ》の二年なり。晋の起居《ききよ》の注に云《い》はく、武帝《ぶてい》の泰初の二年の十月に、倭の女王、訳《をさ》を重《かさ》ねて貢献《こうけん》せしむといふ。

（『日本書紀』上、日本古典文学大系、岩波書店）

編者は神功皇后を卑弥呼に想定しているらしい。『日本書紀』の神功の出身地と動向に二つの邪馬台国が見え隠れする。

『書紀』の大和説　神功は息長足姫《おきながたらしひめ》であり、息長氏は近江を本拠とし、和邇《わに》氏と密接な関係にある。そして、大和での和邇氏の根拠地は天理市和邇下神社付近にある。そこには四世紀後半の長突円墳である東大寺山《とうだいじやま》古墳があり、卑弥呼即位年に近い後漢の年号「中平」銘（一八四～一八九）を刻む鉄刀を保有する。ここに書紀編者の邪馬台国大和説が垣間見える。

『書紀』の九州説　他方、神功は「三韓出兵」のあと筑紫で応神を生み、応神とともに大和に入る。その折、大和北部の豪族、忍熊王《おしくまのみこ》らと戦って勝つが、まるで卑弥呼東征、邪馬台国東遷説である。飛鳥、奈良時代にも邪馬台国論争があり、書紀編纂時にも決着がつかなかった。そのため二説併論の形をとらざるをえなかったのではないだろうか。そしてこのとき、すでに国家意識が芽生えており、倭人条の「下賜」や「生口」などの倭を下位とする記事や「卑弥呼」などの卑字は引用していない。

そのうえ、書紀引用の年記には奇妙なことがある。先に示したように神功三九年（景初三年）に倭の女王が魏に遣使し、同四〇年（正始元年）に倭国に帰国したと記している。景初と正始の年号は魏書のとおりであるが、景初三年は西暦の二三九年であり、正始元年は二四〇年、正始四年は二四三年、泰始二年は二六六年である。まるで書紀編者は西暦を知っていて神功暦年におきかえているようだ。つまり、西暦の二〇〇年代であることを省略して、倭人条に記載の魏の景初三年、正始元年、正始四年と西晋の泰始二年を神功三九年・四〇年・四三年・六六年におきかえている。

もしかしたら、書紀編者は神功を女王卑弥呼、応神を「男弟」にあてているのだ。さらに考えを広げると、書紀編纂段階の天皇は「天武」であり、その編集過程の天皇は「天武」の皇后である「持統」であることに気がつく。「持統」は書紀編纂担当の舎人《とねり》親王から『日本書紀』稿本の説明を受けたとき、伝説上の神功・応神の物語に加えて、自身を「卑弥呼」に、天武を「男弟」になぞらえ、ほほえんだかもしれない。

『古事記』や『日本書紀』には「卑弥呼」も「男弟」も登場しないが「持統」の脳裏には「壬申の乱」

以来「天武」とともに進めてきた国土統一の日々がよみがえり、『日本書紀』のこの部分をみやげとして野口王墓（天武天皇陵）への合葬の一齣《こま》に加えた、と想像するのもたのしい。

■飛鳥の「胡人」と拝火教（ゾロアスター教）

一九七四年、明日香村酒船石《さかふねいし》など〝謎の石造物〟へ松本清張氏をご案内した。松本氏は末永先生とお知りあいで、橿原考古学研究所で歓談のあと、私が案内役となって現地めぐりがはじまった。酒船石のある丘に登り、しばらく石を凝視されてから、物差しをとり出して酒船石のメモをとられた。清張さんは小説家というよりは研究者だと感じた。朝日新聞の「火の回路」の連載（一九七三年六月〜一九七四年一〇月）は研究論文のようで、とてもむずかしい。おそらく書籍として刊行されるにあたっての確認だったのであろう。飛鳥地域には数多くの「謎の石造物」がある。なかでも石人像の多くは鼻高・鉤鼻で、東洋人というより西洋人の印象が強い（図65）。まさに清張説の拝火教（ゾロアスター教）の浸透を思わせる。

古代ペルシャをルーツとするゾロアスター教が七世紀の日本列島に渡来していたかどうかは定かではないが、ペルシャ系の人物群が中国、そして日本列島に来住していた可能性は高い。

図65　飛鳥の石人像

卑弥呼を「共立」した国々

1　女王卑弥呼の登場した時期

女王卑弥呼の登場した時期については、文献と考古学との両方の資料で考えていく必要がある。『魏書』倭人条などでは「倭国乱」に際し、それを治めるためにそれぞれの国々の王が集まって、「ともに女王を立てた」とある。「倭国乱」の時期については、『後漢書』では、中国の桓帝と霊帝の間（一四七〜一八九）とあり、二世紀の終わりくらいになる。さらに、後の時代につくられた『梁書《りょうしょ》』では、「霊帝の光和中」（一七八〜一八三）とあり、『後漢書』の「桓帝と霊帝の間」と矛盾はしない。『梁書』は、後に書かれた本なので、あまり信用できないという文献史学や中国史からの批判がある。そもそも、後漢末期は中国の国中が乱れており、よくないことが起こったときは、皆、霊帝の時だという傾向があるそうで、あてにはならないと言われている。

しかし、それとは別に考古学の資料で、奈良県天理市東大寺山古墳出土の鉄刀に、光和の次の年号である中平《ちゅうへい》年銘が刻んであり、まさに「騒乱を鎮めた大刀」として、中国の皇帝から贈られた刀ではないか、と金関恕《かなせきひろし》氏は指摘している。そう考えると、『梁書』の記述の「光和という年号のときに倭国が乱れていた」という記事と整合し、文献と考古資料の金石文とがぴったりと合う。そういう点では案外、『梁書』は信用できるのではないかと考え、卑弥呼の登場時期は西暦の一八〇年代末〜一九〇年に比定した。

西暦一八〇年代は弥生時代後期末で、そのあとつづいて出てくるのが纒向式（庄内式）土器の時期である。その土器はおよそ三世紀につくられ、使用された土器である。纒向式土器の時期を弥生時代と考える立場と古墳時代と考える立場があり、私は古墳時代と考える立場だ。従来の弥生時代後期という時期から、纒向式という弥生と古墳の境目の時期くらいの頃に、卑弥呼が登場すると考えられる（一二三ページ表4参照）。

このことについては、拙著『邪馬台国の考古学』の二〜三ページにくわしく書いたので参照されたい。西暦の一八〇年代末、考古学の年代でいうと弥生後期末の頃に、日本列島のどこかに女王卑弥呼が登場した、という前提で女王共立問題を検討していこう。

2　「倭」の地域とは

中国の文献に出てくる「倭」とは、いったい、どういう地域だと書いてあるのだろうか。

西暦五七年に、九州にある奴国の王が漢と外交交渉をして、漢の皇帝に「漢委奴国王」と認めさせている。ここで、大事なことは、福岡県にある奴国が倭の国の範囲だということが、この金印ではっきりとわかる点だ。

『後漢書』に、光武帝が金印を奴国に与えた（建武中元二年〈西暦五七年〉）と書いてあり、それが、博多の志賀島から出てきた。文献に書いてあることと、発掘で出てきたものとが一致し、まさに古文献に書いてある倭国が日本列島の一部を指すのだということが、考古資料から説明された唯一の資料である。

ただし、年代は本テーマの一八〇年代よりは、ずいぶんと古い。したがって、西暦五〇年前後から、倭という国が主に日本列島であって、その中に奴という国があるということを、中国側が認識をしていたということであり、日本列島の中の一つの国は、中国との外交交渉を独自におこなっていたことがわかる。倭という国が日本列島全体をまとめていて、外交権を一手に握っていたわけではない。日本列島内にはいろいろな国があって、それぞれの国が中国とそれぞれ外交交渉をおこなっている、という状況だということも、この金印によってわかる。

それより前にも「倭の初見《しょけん》記事」がある。これは、『山海経《せんがいきょう》』の中の「蓋国《がいこく》は鉅燕《きょえん》の南、倭の北に在り」とある記事で、蓋国がどこにあるのか正確にはわからないが、朝鮮半島の一地域であるらしい。また、『漢書』地理志の中に、「楽浪の海中に倭人有り」という有名な記事がある。楽浪郡は、今の北朝鮮平壌あたりで、そこから見て海の中に倭という国がある、ということが書かれている。「海」とはいっても、方角は定かではなく、陸路では行けない所で、海の彼方にあるというくらいのことだろう。ここでわかることは、楽浪にやって来る倭人は皆、船で来るということを示している。

そして、後漢の建武中元二年（五七年）、倭の奴国王が光武帝から金印を受けた記事へとつづく。さらに「倭人は帯方郡の東南、大海の中に住み……」とあり、これも『魏書』倭人条に出てくるもので、このように倭（倭人）は、たびたび中国の文献にあらわれ、おおよそ朝鮮半島の海の彼方にある国だ、と中国側は認識していた。その地域が一八〇年末代に乱れていて、それを治めるために、ともに立てられたのが女王卑弥呼なのだ。

3 二世紀末～三世紀の日本列島

二世紀末～三世紀の考古学の資料から、その当時の日本列島はどうなっていたかを考えてみよう。今回は、とくに女王卑弥呼登場直前の二世紀末の状況を検討する。このころに、日本列島の広範囲を占めていたと思われる倭という地域（国）の中から卑弥呼という女性が選ばれて、都を邪馬台国に定めた、という。

卑弥呼は邪馬台国の女王ではなく、倭国の女王で、都を邪馬台国に置いたと書かれている。倭国の中に伊都国などたくさんの国があり、邪馬台国はその中の一つにすぎない。ただし、『魏書』倭人条によると人口は七万戸ということで、一番多い。文献にはそのように書かれているが、二世紀末に国が乱れていて、それを治めるために女性（王）を立てた、ということなので、次に二世紀末の日本列島の状態を見ていこう。

■ 銅鐸

九州では弥生時代には銅矛を使い、近畿地方では銅鐸を使っていたとよく言われる。しかし、ここ十数年、九州でも銅鐸がみつかってきた。和辻哲郎の「銅鐸分布圏と銅剣・銅鉾分布圏」説は間違いなのではないかと言われるようになってきた。弥生時代中期に関しては確かにそうだが、弥生後期（西暦一、二世紀）に関しては、七六ページの図28のとおりで、基本的には変わっていない。

銅鐸は工事のときなどに偶然に発見されることが多かったが、最近、銅鐸が埋まったままの状態で発掘される例が全国で十数箇所にもなる。一番最初に発掘調査されたのは、島根県出雲市斐川《ひかわ》町荒神谷《こうじんだに》遺跡の銅鐸群で、二番目が奈良県桜井市大福《だいふく》遺跡の銅鐸だ。銅鐸が埋められた状態で出てくるということは、埋めた時期や再使用の有無など銅鐸祭祀の内容が確認でき、非常によい材料である。

実は、荒神谷よりも前に、私は発掘調査で銅鐸をみつけたことがある。それは奈良県桜井市纒向遺跡で、銅鐸の飾耳《かざりみみ》の小さなかけらが一個だけ出土した。この発掘によって奈良県の銅鐸は、古いタイプの銅鐸ばかりで、新しいタイプの銅鐸はないとそれまで言われていたが、纒向から出た銅鐸のかけらは突線紐2式以降の新式銅鐸片であった。奈良県でも新しいタイプの銅鐸の時期、弥生時代後期まで、銅鐸の祭りがつづいていたことが、はじめてわかったのである。

いっしょに出土した土器によって埋めた年代がおさえられるような条件に恵まれた埋納銅鐸が発見された遺跡は全国で、奈良県桜井市大福遺跡、大阪府八尾市跡部《あとべ》遺跡、同羽曳野市西浦《にしうら》遺跡、徳島県徳島市矢野《やの》遺跡、同名東《みょうどう》遺跡など五カ所程度だったが。荒神谷遺跡や島根県雲南市加茂岩倉《かもいわくら》遺跡の大量埋納遺構が加わった。五カ所の遺跡の土器は、名東遺跡の弥生中期末のほかは、すべて弥生後期末である。ということは、銅鐸が埋められた最後の段階が、弥生後期末（西暦一七〇～一九〇年代）だということをおさえることができる。まさに、女王卑弥呼が登場するほぼ同時期、あるいは直前に埋められたり、破壊されている。

■銅矛

これに対して、北部九州では銅矛が埋まったままの状態で、福岡県北九州市重留《しげとめ》遺跡の住居の中からみつかった。それもやはり九州の弥生後期で、九州の銅矛の祭りも近畿の銅鐸の祭りとほぼ同時期に、いっせいに終わっていることがわかる。

その時、女王卑弥呼が「鬼道」という新宗教とともに登場する。そうすると、分布図のどちらの地域の人たちが卑弥呼を立てたのだろうか。

■葬儀用器台

岡山市を中心にする地域に葬儀用器台が分布している。主に葬儀用器台が分布する吉備や出雲では、銅鐸の祭りは中期末で終わっていて、後期の銅鐸は基本的にない。私は、荒神谷とか加茂岩倉などの銅鐸が埋められたのは後期末だろうと考えている。後期末段階は、七六ページの図28のように吉備地域と出雲地域は、別な祭り＝墓によってその地域を象徴するような祭りの方向に変わっていっている、と松木武彦氏は考えている。

確かに、吉備あたりでは、弥生後期末に大型墓がつくられている。倉敷市の楯築《たてつき》古墳（全長八〇メートル）などがその例で、葬儀用器台という独特の葬儀用具が使われている。弥生の青銅器の祭りはやめて、いちはやく新しい祭りに切り替わったのが吉備の地域である。

大きくみると吉備と出雲や筑紫と大和、あるいは伊勢・尾張などの地域のどこかの人たちが卑弥呼を祭り上げたのだろうか。

■首長墓の墳形

七七ページの図29は、同じく三世紀の、それぞれの地域の首長がどのような形の墓をつくっているかということを示した。

この図では、三世紀の鏡の分布地域と一致して、九州から瀬戸内、そして近畿にかけての範囲では、前方後円形の墓がつくられている。岐阜・愛知、それから関東・東北南部にかけては、前方後方形の墓がつくられている。この図をつくられた松木氏は、前方後円形墳丘墓・前方後方形墳丘墓と考えているが、私は長突円（方）墳（前方後円〈方〉墳）だと考える。よび方はともかく、日本列島の東西で大きく二つに分かれる。

ただし、最近、長野県北部や福島県の会津盆地で、三世紀後半段階の大きさも四〇メートルくらいある長突円墳（前方後円墳）がみつかっている。この地図に若干、東の方で●印がふえるが、大筋としては、近畿を境にして西の方が円墳系（●タイプ）で、東の方は方墳系（□タイプ）と大きく二つに分かれる。

■二世紀末と三世紀の分布図から

図28と図29から、卑弥呼の地域を考えてみよう。

二世紀末段階（銅鐸の祭りの段階）では、大きく三つの地域に分かれているのに対し、三世紀段階（墳墓の分布状況）では円墳系地域と、方墳系地域の二つに分かれている。三世紀段階になると、瀬戸内海を中心として一つの共通文化ができあがってきているように見えるのに対して、二世紀末段階では、そのようにはなっていない。卑弥呼が出てくるのは、二世紀末（一八〇年代末）で、墳墓の分布状況は参考資料であって、大事なのは銅鐸の祭りだろう。

そうすれば、図28の三つの地域の中のどこからか卑弥呼が共立され、そして、図29の墳墓がつくられていく段階が女王卑弥呼を中心とした邪馬台国が発展する時期になる。

■方形墓・円形墓の変遷

弥生時代の前期から後期までを通じて、日本列島は、圧倒的に方形墓の時代である。それなのに、弥生時代後期後半の段階（二世紀後半）になると、北部四国（香川県・徳島県・愛媛県）と山陽地方（岡山県・広島県・兵庫県西部）に、大型円形墓が出現し、近畿地方（大阪府・奈良県）や飛び離れて長野県でも円形墓が出てくる。

方形墓が弥生時代の数百年間を優勢でつづいてくるなかで、瀬戸内海を中心とする地域から近畿地方にかけての地域で、大型円形墓が出てくる段階がある、ということを強調したい。そのうえ円形墓は、三世紀後半から四世紀にかけて日本列島の大王墓として発展していく墳墓である。

邪馬台国とヤマト王権が連続しているとすると、卑弥呼を共立した地域は明らかに円形墓が発達してくる地域、北四国・山陽・近畿にかけての範囲にしぼられてくるが、列島各地域の状況をこまかく見ていこう。

4　二世紀末・三世紀の北部九州

■ 福岡県平塚川添遺跡

福岡県朝倉市平塚川添《ひらつかかわぞえ》遺跡は、図で黒く塗りつぶしているところが川筋で、自然の川が乱れるように流れ、その中の川で囲まれた地域に、居住地域や倉庫地域・祭祀地域・工房地域などがつくられている。まるで現代の都市計画の用途区分のように場所を使い分けている。

弥生集落では、大阪府和泉市池上曽根《いけがみそね》遺跡などもそうだが、最近あちこちで、集落内の用途区分がおこなわれていたことがわかってきたが、それを典型的におこなっている一つの例が平塚川添遺跡だ。

佐賀県吉野ヶ里《よしのがり》遺跡が注目されているが、ここも川の流れをうまく利用して、敵の侵入も防げるような場所・水の都という感じである。

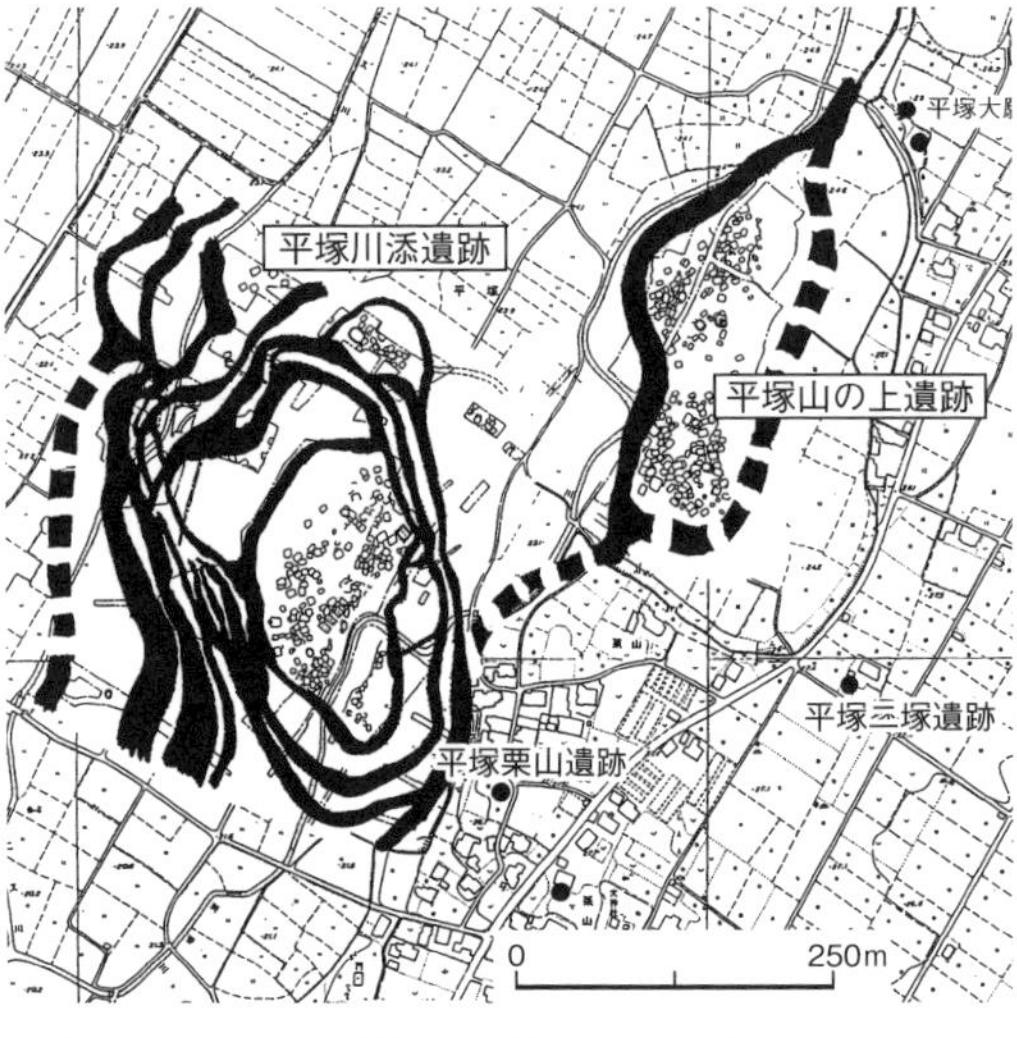

図 66　福岡県平塚川添遺跡と平塚山の上遺跡

■佐賀県吉野ヶ里遺跡

吉野ヶ里遺跡は、南北が約一キロメートル、東西が約三〇〇~七〇〇メートルの非常に大規模な弥生集落である。集落内には北と南に内郭が二カ所ある。北内郭（祭祀槨）には二〇〇一年四月にオープンした日本列島最大の弥生建築（推定復元）が建っている。奈良県の唐古《からこ》・鍵《かぎ》遺跡でも楼閣を復元しているが、それよりも圧倒的に大きな建物である。柱穴の太さや配置など建物の規模からいっても明らかに吉野ヶ里のほうが大規模だが、実際のところ、上屋の構造は不明である。復元建物は、唐古・鍵遺跡の楼閣絵画（一八七ページ図62参照）がヒントになっており、それがなければ、このような復元はできなかっただろう。

吉野ヶ里遺跡で、はじめてわかったことは、弥生集落の環濠内に北内郭と南内郭という中心部分が二つあるということだ。ほぼ、同時に滋賀県守山市伊勢《いせ》遺跡（六二ページ参照）でも、環濠集落の中に方画地割りが二カ所ある可能性があり、そのような例がふえてくれば「環濠集落の中に中心区画が二カ所ある」ということが、二世紀段階の日本列島の弥生集落では、共通したまちづくりとしておこなわれていたことが、みえてくるだろう。

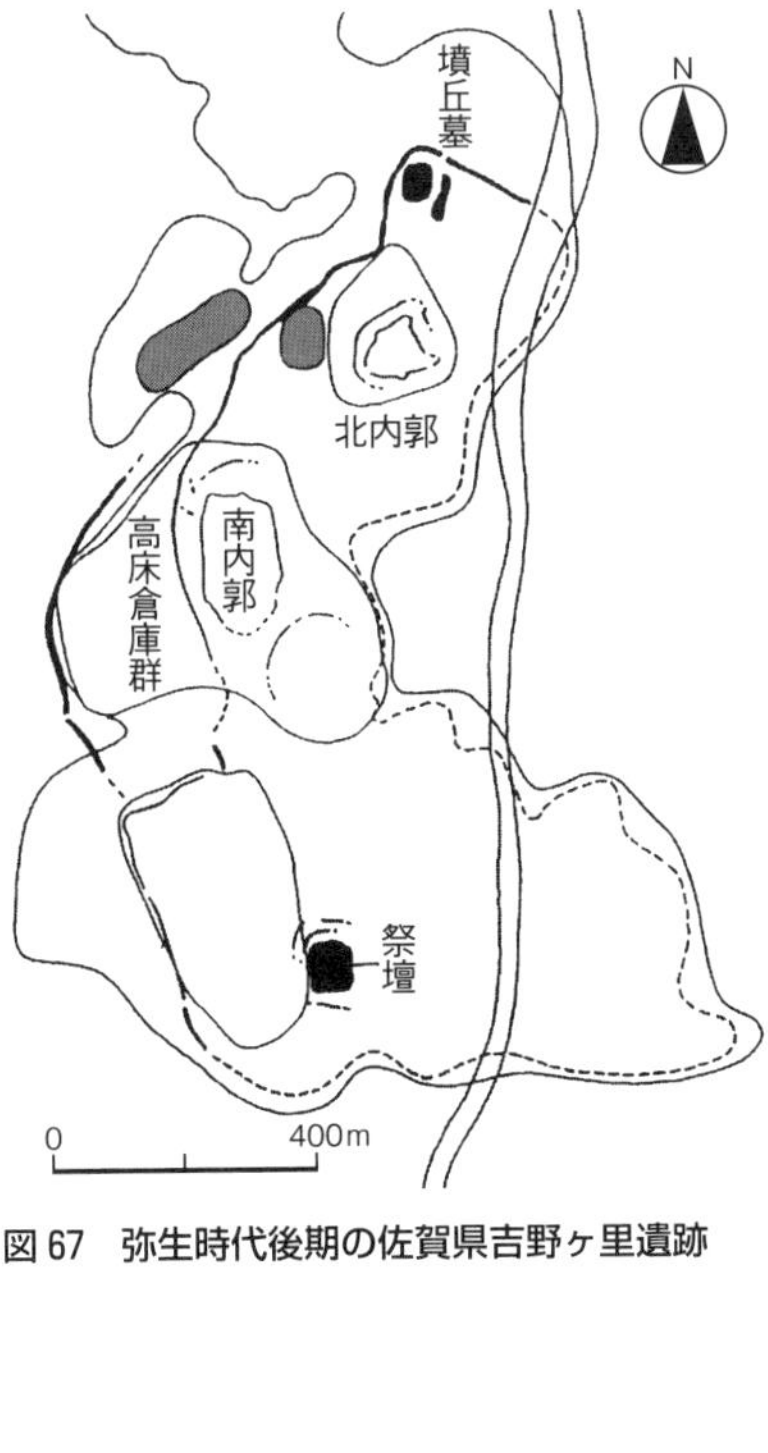

図67　弥生時代後期の佐賀県吉野ヶ里遺跡

■ 福岡県平原古墳

福岡県糸島市の平原《ひらばる》古墳から銅鏡が四〇面出ており、一つの墓からの出土としては日本列島最大量に近い。奈良県天理市黒塚古墳では三四面で同桜井市外山茶臼山《とびちゃうすやま》古墳からは八一面以上の破鏡が出土した。黒塚古墳は全長一二〇メートルの四世紀の長突円墳（前方後円墳）で、平原古墳は三世紀前半だという。副葬品の多い墓が王墓だとすれば、この時期に限って副葬品の量では平原古墳が最大である。

一辺一二メートル余の方形墓が四〇面もの鏡をもっている。墓のランクは、墓の規模できめるのか、副葬品の質・量できめるのか、何を基準にとすればよいのだろうかということを思わせる。〃総合的に考えればよい〃ということだろうが、それにしても何に重点をおくのか、ということの問題提起をさせるのが、この平原古墳である。

これとは反対に、同じ北部九州で佐賀県唐津市久里双水《くりそうずい》古墳は全長一〇〇メートル余の長突円墳で、鏡が一面である。これも被葬者のランクが謎だ。そのようなことを平原古墳などからも考える必要があろう。

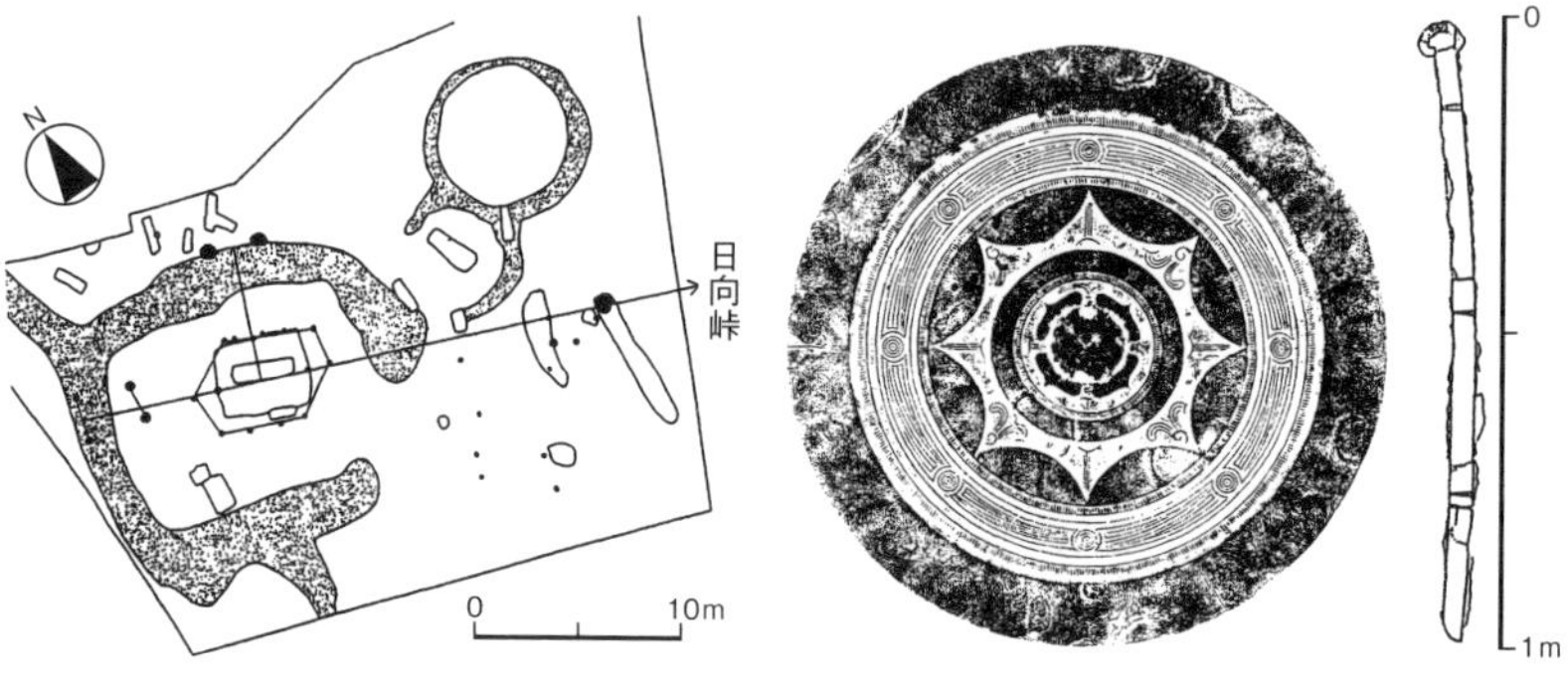

図 68　福岡県平原古墳と銅鏡・鉄刀

『魏書』倭人条には、魏の皇帝から女王卑弥呼に下賜された品物の中に「五尺刀二口」がある（八二ページ参照）。

「五尺刀二口」の後に「銅鏡百枚」とあり、書いている順からいって、鏡よりも刀のほうが貴重品と意識されていたらしい。したがって、二、三世紀の長刀は要注意だ。

■大分県都野原田遺跡

ほかにも遺跡がたくさんあるが、案外注目されてないのが大分県久住《くじゅう》高原の都野原田《みやこのはらだ》遺跡だ。場所は、熊本県に近い高原の大集落遺跡で、海からは遠く離れている。発掘中に見学したが、二〜三世紀の住居の数が約三〇〇棟もあるすごい遺跡である。鉄も大量に出ていて、なおかつ二〜三世紀の大型の長突方墳（前方後方墳）がある。鉄器は「各竪穴（住居）からは鉄鏃二四点をはじめ、刀子一〇点、

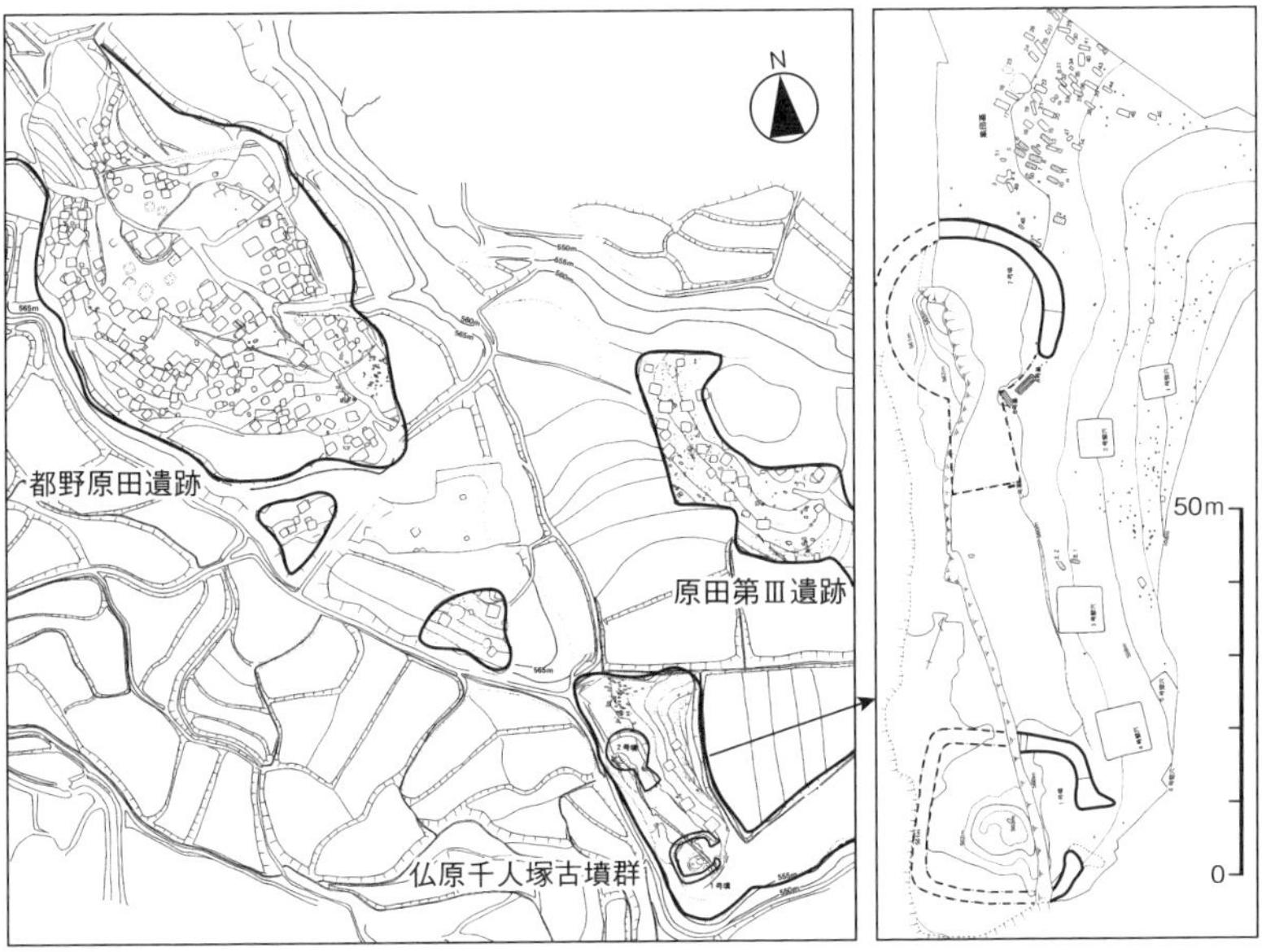

図 69　3 世紀の阿蘇山槐に展開する集落と古墳―大分県都野原田遺跡

鉇《やりがんな》四点、手鎌八点、斧二点、鎌一点、直刀一点」の計五〇点が採集されている。

現地に立ってみて、「なぜ、こんな山の中に？」と思った。しかし、よく考えてみると奈良も山の中だ。つまり、二、三世紀の遺跡の中枢地域を考えるときに、海岸部だけ、あるいは大きな平野をもった地域だけと考えていては歴史を誤まる。その例がこれだ。

熊本県の阿蘇山塊では弥生後期の集落遺跡で、鉄器片が一〇〇～二〇〇点余出土してもさほど驚かないらしい。たとえば、阿蘇町池田《いけだ》・古園《ふるぞの》遺跡には鉄鏃八二点余、鉄斧四点、摘鎌《つみがま》二三点、鉇三〇点余など計一三九点余で、同様の数は同地域の下山西《しもやまにし》遺跡や下扇原《しもおうぎばる》遺跡などにも認められる。二世紀段階の鉄器量をくらべると、仮に九州が一〇〇〇だとして、近畿は一〇〇もないだろう。

5　二世紀末の日本海沿岸

■鳥取県妻木晩田遺跡群

二世紀段階の大集落は、鳥取県大山山麓の妻木晩田《むきばんだ》遺跡群で、二〇〇〇年に国史跡となり公開されている。国史跡になった理由の一つは、住居跡が八〇〇棟も出てきたからで、遺跡を保存するときに「最古・最大」とかよく言われるが、この妻木晩田遺跡が発見されるまでは、大分県久住高原の三〇〇棟が最大であった。当初、妻木晩田遺跡で保存運動がはじまったときは、住居跡はまだ二五〇軒くらいだったが、最終的には八〇〇軒もの数になった。それは一カ所に集まっているわけではなくて、約一五〇〇×一〇〇〇メートルの範囲の丘陵上に、集中地域が七カ所あり、居住地域と墓地とに分かれたまちづくりをしていた。

集落の中枢には大型建物がある。柱穴の直径が一〇〇センチで、柱の直径が三三センチあり、さらに建物に沿って小さな石垣が組んである。こんなものは、ほかにない。

この地域は、山陰独特の四隅突出型方形墓が多いので有名だが、一つの墓の中に、たくさんの木棺が重なるように納められている。なかには一人だけのもあり、家族の墓と個人の墓とに分かれてきている。鉄器が全部で二〇五点出土しており、現在はもっとふえているだろう。鉇がもっとも多く、ほかに鉄斧や刀子がある。

模様を刻んだ砥石《といし》があった。この文様は山陽や近畿地方で二、三世紀に発達した弧文で、古墳時代になると直弧文という呪術的な文様として発達している。ということは、鳥取県の二世紀の大集落は、山陽や近畿と同じ祭文を使っている地域ということになる。ただし、数は少なく一点だけなので、地域の王だけが使っていたようだ。

■鳥取県青谷上寺地遺跡

青谷上寺地《あおやかみじち》遺跡は、弥生人の脳が出てきて注目された遺跡である。貨泉・青銅鏡・銅鐸片などの青銅製品をはじめ、鉄器だけでも二〇〇点を超えている。なかでも私は銅鐸片に線刻された内行花文マークに注目した。それは、弥生の銅鐸工人が鏡製作にかかわっていることを証明する資料になる、と思ったからである。青谷上寺地遺跡から、内行花文マークと同じ文様の内行花文鏡が出ている。

今まで弥生時代に関してはあまり注目されていなかった鳥取県で、妻木晩田遺跡と青谷上寺地遺跡が連続してあらわれた。日本海沿岸文化については、二〇年くらい前から森浩一氏を中心として注目されてきたが、古墳時代だけではなくて弥生に関しても、改めて考え直さなければならない。

なおかつ、この青谷上寺地遺跡は木製品や金属製品だけがすごいのではなくて、人骨九十数体がムラの溝の中に放り込まれた状態で出てきた。そして、その人骨を人類学者が調べていくと刀傷のような痕が、頭蓋骨や胸骨にたくさんついている。そして人骨は成人男子だけではなくて、女性も子供もたくさん含まれている、という点だ。

これはまさに「倭国乱」が、鳥取県を含んでいる、とマスコミでは報道されたが、その可能性が出てきた。ただ、それにしても不思議なのは、女性や子供を含む戦乱というのは、いったいなんだろうか。村が襲われて殺されたという可能性が一番高いのだが、そうだとしたら、なぜ、村の中の溝に放り込むようなやり方をするのだろうか。

弥生時代には、亡くなった人を丁寧に葬る風習がある。それなのに、なぜ襲われて亡くなった人たちを葬らなかったのだろう。ムラが全滅し、敵が放棄したのか。それにしては、ムラはつづいている。発掘している人に聞いてみると、戦乱で殺され、人骨が埋められた後もムラはつづいている、という。ただし、考古学は一〇年、二〇年単位のこまかなことはなかなかわからない。いったん、一〇年間ほどそのムラを離れて、そのあとで再びムラに来た可能性は絶対にないのか、と言われたらそれはわからない。残念ながら、考古学はそのようなこまかい年代まではわからないが、土器型式が変化するほどムラは留守になっていないということは、わかる。

一つの土器型式はどれくらいの期間かというと、二〇〜三〇年あり、逆にいうと二〇〜三〇年、ムラが廃絶していた可能性はあるが、普通にみれば、ずっとムラはつづいている。その状態のなかで村人が大量に殺戮され、そして溝に放り込まれている。まさか敵の捕虜をムラに連れてきて、殺してムラの中の溝へ放り込む、ということはないだろう。事実としては、ムラの中の溝に九〇体を越える大量の人骨が放り込まれていた。そのなかの数体の人に脳が残っていたのだ。将来、脳の中からＤＮＡなどをとり出し、記憶をよみがえらせることができたら、考古学者はいらなくなる。

さらに、鳥取県湯梨浜町宮内《みやうち》第一遺跡の弥生墓から本州「最長の直刀」が出ている。弥生時代の日本には、剣（両刃）はあるが刀（片刃）は少ない。鉄剣は弥生時代にはたくさんあるが、鉄刀は非常に少なく、なおかつ長さが一〇〇センチ前後もあるものは、日本中で五〜六本しかない。そのうちの一本が鳥取県でみつかった。

魏の皇帝からもらった「五尺刀」と言えないとしても、長刀は輸入品であり、権威のシンボルであって、日本海沿岸の二世紀末の弥生文化は、いっそう注目すべきである。

■島根県西谷三号墳

出雲地域は、古代文化ではよく注目されているが、この時期（二世紀末段階）はどうだろう。出雲の地域は、出雲国庁のある東の意宇《おう》と出雲大社のある西の杵築《きづき》に分かれている。

一つ目立つのは、墳丘上の建物だ。西側の出雲大社地域には四隅突出型方形墓の西谷墳墓群があり、その中の三号墳の墳丘上に、直径一メートルもあるような柱穴が、計八基掘られている（図70）。墳丘の上に建物をつくっていることが調査によってはじめて確認された。

墳丘上の建物はいままで注目されていなかったが、弥生時代以来その気配があった。奈良県ホケノ山古墳で墓坑の中から主柱穴が四基出てきて、朝鮮半島南部の墓壙内柱穴との関係が検討できるようになった。その先駆けとなるのが、出雲の西谷三号墳である。

6　二世紀末の丹後

一〇〇点を超える鉄器をもつ遺跡の集中や玉作り、あるいは、青龍三年（二三五）銘鏡に象徴される中国との交流、大型墓の築造など、二〜三世紀の丹後は優勢だ。

　その一つが京都府京丹後市大宮町三坂《みさか》神社三号墓で、鉄刀や玉がある。二世紀代の丹後や但馬《たじま》は、尾根をカットしてテラス状に五〜一〇メートルくらいの平場をつくり、そこに墓を設けるのが普通で、墓の規模は小さいが副葬品が豊富な地域だ。

　このほかにも丹後には、二世紀末に多量の副葬品を

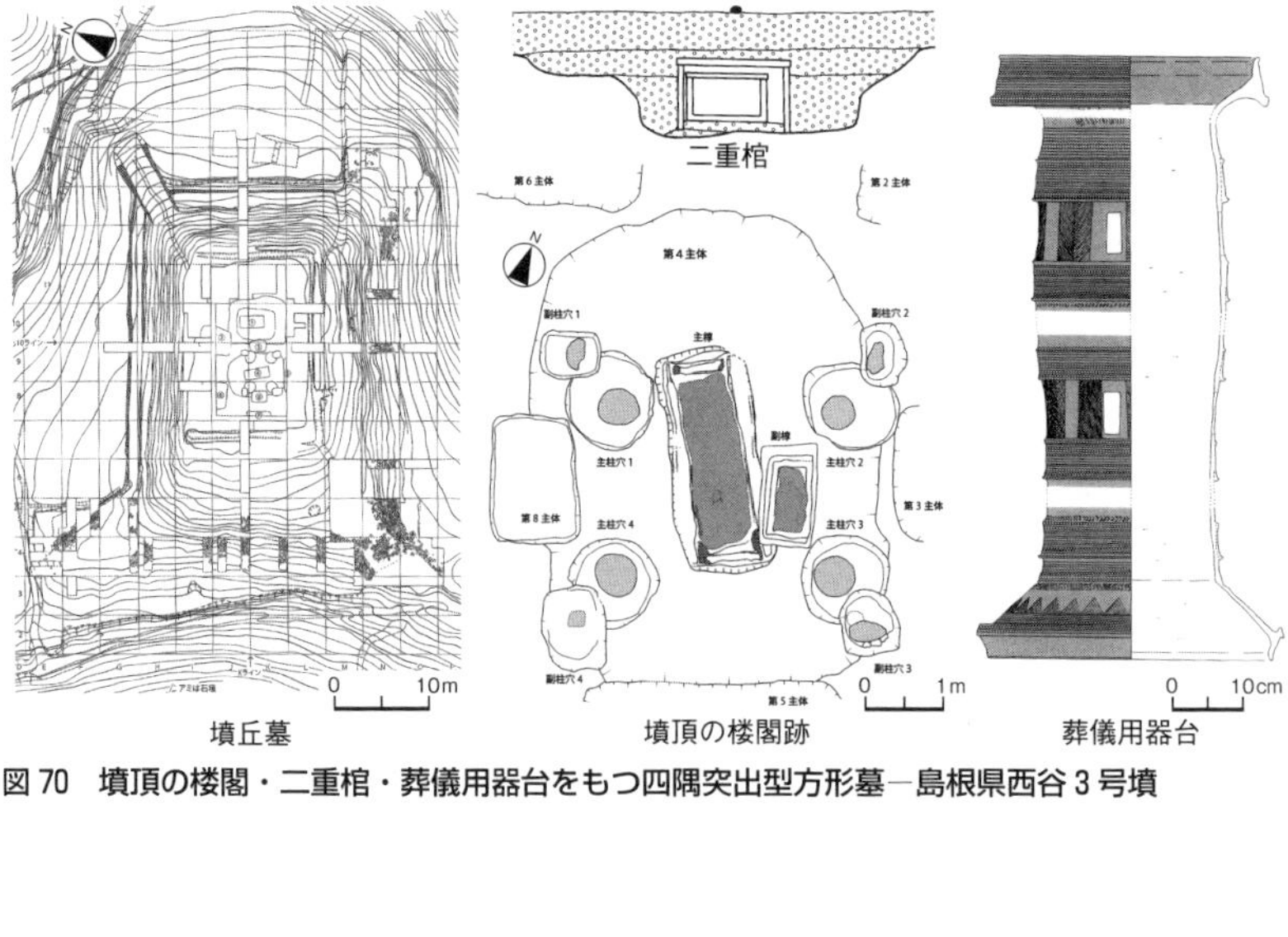

図70　墳頂の楼閣・二重棺・葬儀用器台をもつ四隅突出型方形墓—島根県西谷3号墳

持つ京丹後市丹後町大山《おおやま》墳墓群などがある。墓つくりには大した金は費やさないが、物はたくさんもっている。これが二〜三世紀の丹後地域の特質だ。

7 四隅突出型方形墓

図71は、日本海沿岸の特色である四隅突出型方形墓をまとめものである。後期Ⅲが西暦一七〇〜一八〇年代にあたるので、女王卑弥呼がどこかの地域で共立された時期の日本海西部の人たちの墓である。

ここで、大型墓を見ていくと、左の方に西谷三号墳（墳丘上に建物があった）が出雲地域にあり、右の方の西桂見《にしかつらみ》古墳（鳥取市）は、一辺六〇メートルの大きさだ。二世紀段階で六〇メートルの墳墓というと、方形墓や円形墓などを含めて、列島でナンバーワンになる。ただし、突出部を除くと四〇メートルくらいで、このクラスだと一〇例ぐらいある。

それにしても、日本海沿岸独特の文化である四隅突

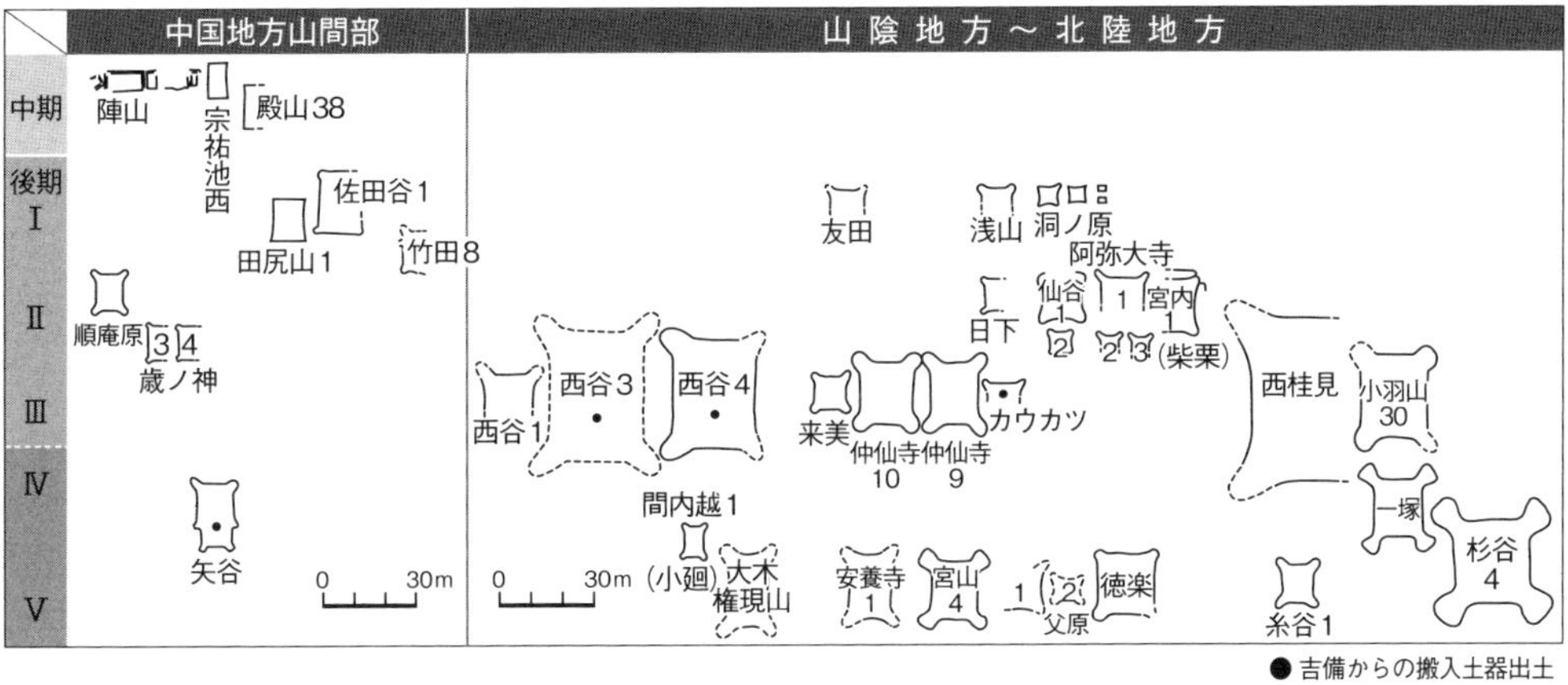

図71 四隅突出型方形墓の分布

出型方形墓の大型のものが、出雲地域と因幡《いなば》・伯耆《ほうき》の地域にある。これは、注目すべきことだ。島根・鳥取両県を含む広義のイズモ世界には、弥生時代末から古墳時代初頭にかけて四隅突出型方形墓という独自の墳墓形態をとり、なお大型墓をもつ。弥生時代末期の列島最大の墳墓は、全長八〇メートルの中円双方墳である吉備の楯築古墳である。

ところが、次の後期Ⅳ・Ⅴ（三世紀＝近畿地方の纒向式）段階になると大型墓が消えて、安来市宮山《みややま》古墳とか、同安養寺《あんようじ》古墳など、島根県の東端に中規模のものが出てくる。図の一番右端の杉谷《すぎたに》四号墳は富山市にあり、出雲世界から飛び離れた北陸で、三世紀終わりになると、日本海西部の大型墓が越《こし》の地域にあらわれたことを示す。

8 二世紀の吉備

■ 楯築古墳—卑弥呼共立の主導者

二世紀末の日本列島最大の墓は岡山県倉敷市の楯築《たてつき》古墳（墳丘墓）で、古墳とよぶか墳丘墓とよぶかはさておいて、列島最大規模の全長八〇メートルの両突起円形墓が二世紀末の吉備にあらわれたのは事実である（五〇ページ図19参照）。楯築古墳は有名だが、歴史的にあまり重要視されていないように思われる。もし、これが奈良県にあったら、「やっぱり、邪馬台国は大和だ！」と言って、もっと大騒ぎをしていただろう。

二世紀末の列島最大の墓ということは、卑弥呼を女王にしようと最初に指名したのが楯築古墳被葬者の可能性がある。この被葬者は卑弥呼が女王になったのとほぼ同時期に死んでいて、その後、ずっと君臨していたわけではない。しかし、卑弥呼が女王になった段階の列島最大の墓に葬られている人物であり「誰が女王になろうが、おれは知らん」という立場ではありえない。

邪馬台国が九州だろうが近畿だろうが、瀬戸内の共通文化圏の真ん中に位置する王者であり、卑弥呼を女王に共立した国々の中の主導者であったと思われる。したがって、大和の箸中山古墳（箸墓）などに吉備系の葬儀用器台、つまり、吉備系の葬送儀礼が加わっていることの意味が理解できる。あるいは、吉備の王が大和を支配したのかもしれない。

■ **黒宮大塚古墳**

他方、倉敷市の黒宮大塚《くろみやおおつか》は当初、間壁忠彦氏らによって弥生後期（上東式＝鬼川市Ⅰ～Ⅲ式）の全長六〇メートルの長突方墳（前方後方墳）として報告されたが、その後の検討によって、配石方墳（二八×三三メートル）か、長突方墳（全長四七メートル）で竪穴石室をもつとされた。石室は〇・九×二・二メートルで、床面は断面U字形の礫床があり、U字底木棺が推定された。石室内から硬玉勾玉一点、碧玉管玉一点が検出されている。

竪穴式石室の上部には、復元で八〇個を超す土器片群がある。その中心は壺と高坏で、墳端には葬儀用器台三点が復元され、時期は纒向5類＝布留1式期併行（三世紀末～四世紀初）と考えられた。しかし、間壁氏らが図示した「後方部」出土の三点の葬儀用器台は、脚端部が開く立坂型・向木見型・宮山型の範疇に入り、脚端部が円筒埴輪のように直立する都月型の布留1式併行にはなりえない。

このように、弥生時代を通じての方形墓の世界に、楯築古墳という大型円形墓が出てくるという点が吉備の特色である。

9 阿波・讃岐の積石塚

阿波（徳島県）と讃岐（香川県）は、弥生末・古墳初の積石塚の多いのが特色だ（三五ページ図10参照）。弥生時代の終わり頃の墓（古墳）は土で墳丘をつくるのが普通だが、石を積んで墳丘にしているのが積石塚だ。そのなかで、円形墓で突出部をもつのが、徳島県鳴門市の二世紀末の萩原《はぎわら》一号墳・同二号墳で。同東みよし町の足代東原《あじろひがしばら》墳墓群も二世紀末の積石塚群である。こういう積石塚が大小つくられてくるのが香川と徳島の両県で、奈良県ホケノ山古墳出土の画文帯神獣鏡《がもんたいしんじゅうきょう》と同じ種類の鏡をもっている。

萩原一・二号墳は棺を囲む木槨となっており、ホケノ山古墳の木槨の祖型となるだけではない。二世紀末〜三世紀には数少ない銅鏡を副葬する点でも共通する。ホケノ山古墳は大和の初期大王墓である箸中山古墳（箸墓）を囲む一群の一基であり、三世紀後半のヤマト王権と阿波・讃岐との連携を考えさせる。

10　二世紀の近畿

■唐古・鍵遺跡と黒石一〇号墓

奈良県の二世紀末段階というと、代表的な集落は唐古・鍵遺跡である。吉野ヶ里遺跡がみつかるまでは、日本列島最大の弥生集落だったが、今では、唐古・鍵を超える集落が、滋賀県や大阪府をはじめ近畿各地にもある。唐古・鍵遺跡は列島最大ではなくなったが、近畿有数の弥生集落には変わりはない。

そして、二世紀末にはほとんど消滅し、その時、突然出現するのが桜井市纒向遺跡である。

大和には三世紀の墓はたくさんあるが、卑弥呼が擁立された段階（二世紀末）の墓は広陵町黒石《くろいし》一〇号墓ぐらいしかわかっていない。一辺が八メートル程度の一辺中央部を開口する方形墓である。副葬品をもたない木棺二基が並列し、木棺の方向は『万葉集』にもうたわれる葛城の名峰二上山に向いている。

■東大寺山古墳の鉄刀

一三一ページで述べたように、卑弥呼擁立時期の後漢の年号である「中平《ちゅうへい》」銘（一八四～一八九）の入った刀が大和にある。ただし、これが出た古墳は四世紀後半の奈良県天理市東大寺山古墳で、もともと大和の豪族が、中国からもらったかどうかは不明だ。「中平」という年号と、古墳に葬られた時間差が、約一五〇年もあるので、邪馬台国位置論には傍証としては使えるが、根拠資料にはなりにくい鉄刀である。しかも、他の刀剣類に混じって棺外に置かれており、副葬品のなかで特別扱いはされていない。

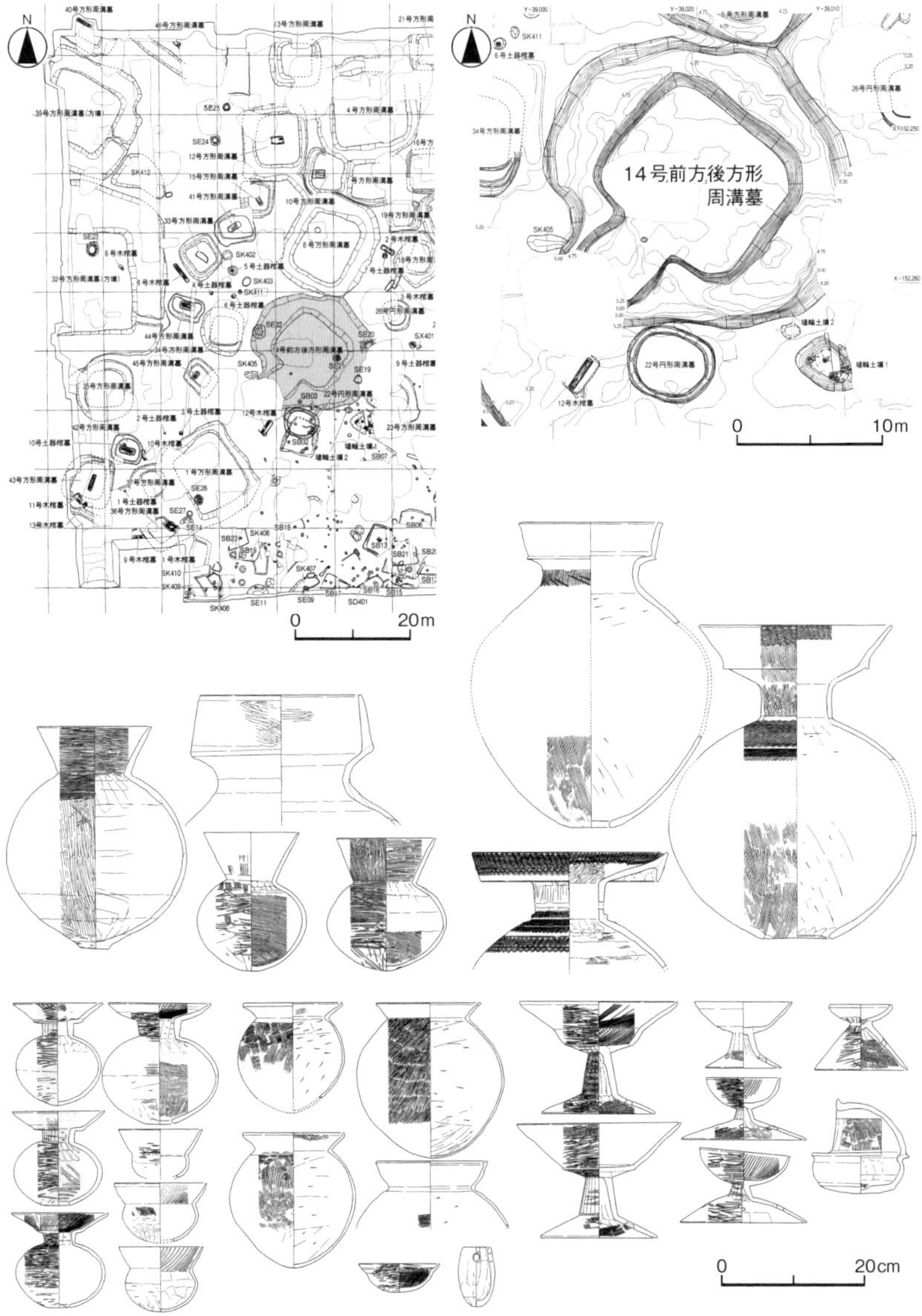

図 72　大阪府加美遺跡 14 号前方後方形の周溝墓と出土土器

ただし、大和出土の事実には留意すべきである。

■ 加美遺跡

大阪府の加美《かみ》遺跡では、弥生時代後期末から古墳時代初頭の周溝墓群が検出された。前方後方形周溝墓二基、方形周溝墓四〇基、円形周溝墓四基で、うち一四号前方後方形周溝墓について抄録する（以下、一四号墓と略称）

一四号墓は全長一四メートル余で、方形部長九・五メートル、突出部長四・五メートル余で、溝内土器は群内でも二番目に多い。赤彩小型二重口縁壺や加飾大型二重口縁壺などをはじめ、二重口縁壺、小型丸底壺、高坏、小型器台、鉢、手焙り形土器など豊富だ。土器の時期は「庄内4期／布留1式期」（纒向5類）という。

調査中に見落としたが、弥生時代末〜古墳時代初頭の近畿周溝墓群の一つの基準となる。

11 誰と誰が卑弥呼を共立したのか

卑弥呼登場の時期にあたる二世紀末の各地域の状況をみてきたが、いったいどの地域の人たちが、卑弥呼を女王に共立したのだろうか。その一つのポイントは、二世紀末最大の墓である吉備の楯築古墳の被葬者である。その人物が中心になって決めた可能性が高い。二世紀末に列島最大の墓に葬られる人物は女王卑弥呼の推薦者にふさわしい。

そうなると、可能性として卑弥呼は、吉備出身だろうか。そうであったら不自然なことがあるだろうか？　と考えてみた。

吉備が邪馬台国なのか？　それは違うのではないか？　吉備地域はたしかに二世紀末には大型墳丘墓があって、三世紀も三〇〜四〇メートルクラスの前方後円形の墓がつづいてつくられている。したがって、地域勢力はずっとつづいている。

三世紀になると大和に纒向古墳群など全長九〇メートル余の前方後円形の大型墓が続出する。大和のいくつかの古墳に対する年代観の違いがあっても、三世紀という大きなくくりでは、年代観は、ほぼ一致している。三世紀の列島最大の墓が連続してつくられるのは、やはり大和であり、そういう点では、三世紀の中心地域は、やはり大和だ。

しかし、卑弥呼が擁立された二世紀末段階での最大の墓は、やはり吉備である。吉備の女性が、大和を都と定めたのだろうか？　そういう可能性も考えなければいけないのだろうか？　そう考えると、吉備の葬送儀礼のシンボルである葬儀用器台（五一ページ図20参照）が、大和の卑弥呼の墓の候補（私は、そうは思っていないが）にされている箸中山古墳（箸墓）から出てくることに注目しなければならない。大和にはほかにも、箸中山古墳よりも古い一二〇メートルクラスの長突円墳（前方後円墳）で、吉備系の葬儀用器台をもっている古墳がいくつかあり、その一つは天理市中山大塚古墳である。吉備の葬送儀礼をおこなった人物が、大和に葬られている可能性がある。

二世紀末最大の古墳が吉備にあり、三世紀最大の古墳で吉備系の儀礼を採用している古墳が大和にあるということから考えると、「吉備・大和連合が、二世紀末から三世紀にかけて成立していた」と考えなければならない。この連合体制が、卑弥呼を共立したのではないだろうか。

（『女王卑弥呼の祭政空間』恒星出版、二〇〇二に掲載の講演記録を訂正、加筆）

卑弥呼と男弟―三世紀のヒメ・ヒコ体制

1　おおやまと古墳集団の分布調査

「卑弥呼と男弟」、このテーマが気になりだした最初は、今から四十数年前、奈良県のおおやまと古墳群を歩いていたころである。

おおやまと地域の古墳群全体のよび方は、伊達宗泰氏の『おおやまと古墳集団』に従う。この古墳集団は、大きく三つのグループに分かれる。北部の「萱生《かよう》古墳群」と、行燈山《あんどんやま》古墳（崇神陵）・渋谷向山《しぶたにむかいやま》古墳（景行陵）を含むまんなかの「柳本《やなぎもと》古墳群」と、箸中山《はしなかやま》古墳（箸墓）を含む南部の「纒向《まきむく》古墳群」のグループである。天理市から桜井市にかけてのヤマト王権発祥の地と言われている前期の長突円墳（前方後円墳）が集中している地域であった。

私は兵庫県教育委員会から、五十数年前に奈良県立橿原考古学研究所に移り、移って二年目くらいに、たまたま纒向遺跡の調査を担当することになった。五年ほど調査を担当し、三世紀から四世紀にかけての大型集落跡であることがわかった。

その時、近くには箸中山古墳をはじめ前期の古墳がたくさんあり、誰もが知っている古墳群だが、どういうわけか発掘調査がほとんどされていない。その当時発掘されていたのは、桜井市の外山《とび》茶臼山《ちゃうすやま》古墳・メスリ山古墳という二〇〇メートルクラスの長突円墳と、行燈山古墳のそばにある天神山《てんじんやま》古墳（全長一〇〇メートル余、長突円墳）ぐらいであった。前期古墳が日本列島中で一番たくさん集まっている地域で、墳丘の内部がわかっているのは、この三基だけである。

これら古墳一つ一つの築造年代を考える手がかりは何かないだろうかと考え、おおやまと古墳群の分布調査をはじめた。田畑が耕され、墳丘上のミカンが収穫されおわった時期に、三シーズンくらい歩いた。古墳の墳丘上や周辺から、土器のかけらを拾うことができ、その土器片をもとにして、この地域の古墳の年代を考えてみたのが図73で、一九七六年に発表した（のちに『古墳文化出現期の研究』に再録）。

古墳から採集した土器の年代は、纒向遺跡の調査成果としてまとめた三〜四世紀の土器編年（纒向1〜5式）をもとに整理した。この時におかしいなと思ったのは、古墳群全体の築造期間からみて、古墳が多すぎるという点であった。

三世紀初頭から四世紀中葉の約一五〇年間に、長突円墳が約二五基ほど集中しているのだ。

2 ヒメ・ヒコ制

一〇〇メートル級の古墳に葬られる人物が一〇年間に一人亡くなったとして、一五〇年間では一五基の古墳が築かれる。おおやまと地区には三〜四世紀の大型古墳が二五基あるので、六年で一人ずつ死ん

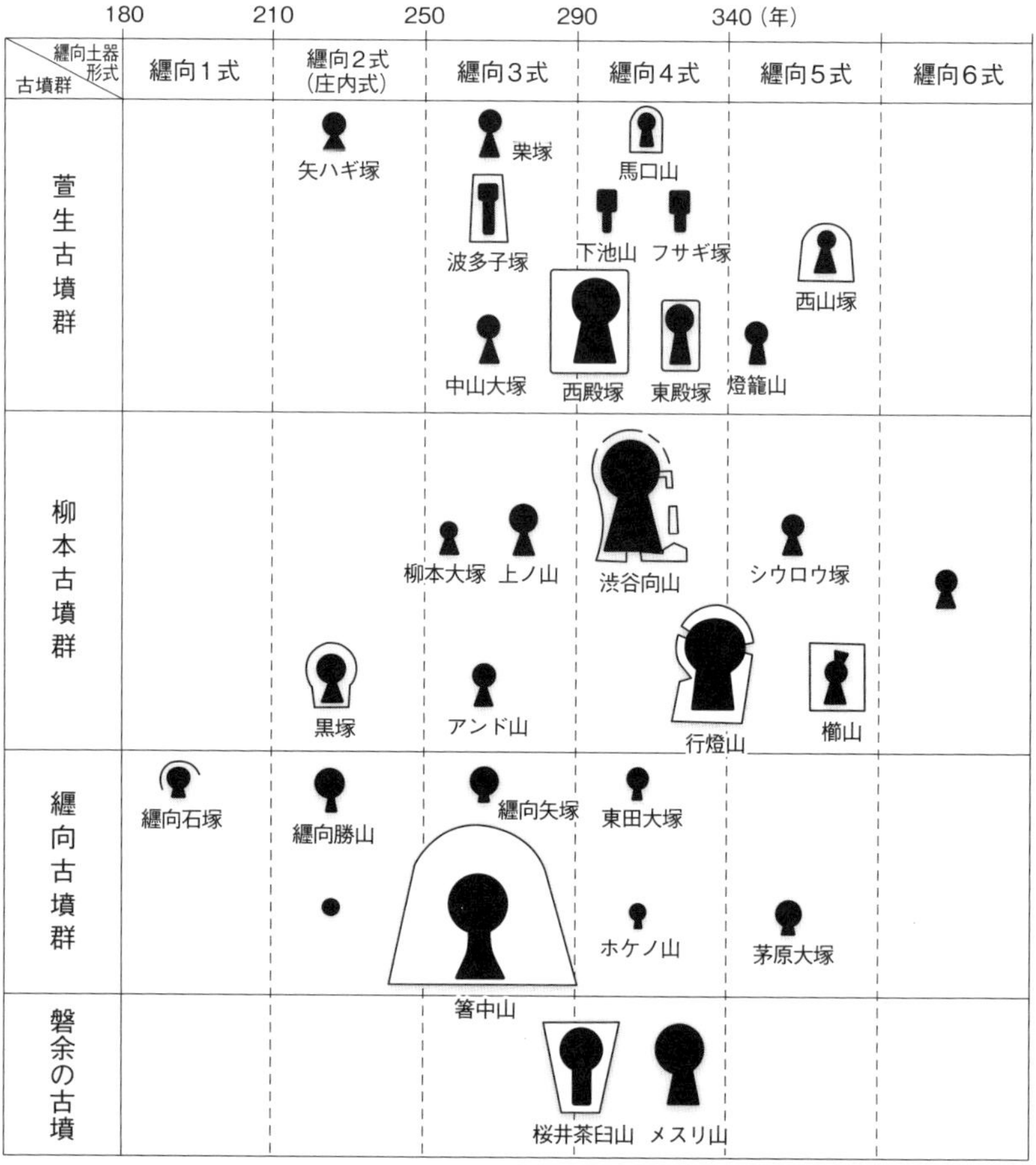

「大和平野東南部における前期古墳群の成立過程と構成」1976年

図 73　おおやまと古墳群の構成

でいることになる。こんなに多いのはなぜだろう。ここは、崇神陵とか景行陵とか言われている大王の墳墓を含んでいるが、大王が六年単位で死亡することはないだろう。なぜだろう、という疑問が湧いた。「卑弥呼と男弟」（ヒメとヒコ）という祭祀王と政治王の二人一組で王権を運営している、と考えるきっかけとなった。古墳の分布状況と年代から、ヤマト王権の政治体制が考えられるのではないか、と『古墳文化出現期の研究』のなかで述べた。

それについては、考古学の分野から批判的な意見が多かった。ヒメとヒコ、女性と男性がセットで政治を担当するのは、古代史では、聖徳太子と推古天皇などの例があり、ヒメ・ヒコ制とよばれている。それがさかのぼって三〜四世紀の段階にあるということを、考古資料をもとに指摘したことになる。

3 『魏書』倭人条のヒメ・ヒコ体制

『魏書』倭人条の一部をみてみよう。

其の国、本また男子を以って王と為し、住《とど》まること七、八十年。倭国乱れ、相攻伐すること歴年、乃ち共に一女子を立てて王と為す。名づけて卑弥呼という。鬼道に事え、能く衆を惑わす。年已に長大なるも、夫壻《せい》なく、男弟あり、佐《たす》けて国を治む。王と為りしより以来、見る有る者少なく、婢千人を以って自ら侍せしむ。ただ男子一人有り、飲食を給し、辞を伝え居処に出入す。宮室・楼観・城柵、厳かに設け、常に人有り、兵を持して守衛す。

（『魏志倭人伝』岩波文庫）

「乃ち共に一女子を立てて王と為す。名づけて卑弥呼という」とある。ここで、卑弥呼という女性が、女王として登場したということがわかる。次に「男弟あり、佐けて国を治む」とあり、同時に卑弥呼の弟が国を治めている。これは推古天皇と聖徳太子の関係と同じで、ヒメとヒコが一組になって国を治めるという体制が、『魏書』倭人条に書かれていて、三世紀の日本列島内にある邪馬台国でとられていた政治体制である。卑弥呼は倭国の女王であり、倭国の政治体制だということは、文献上ははっきりしているが、ただ、不思議な人物が次に出てくる。

「ただ、男子一人有り、飲食を給し、辞を伝え居処に出入す」である。

祭祀担当の「女王」と政治担当の「男弟」とは別に、給仕をするだけの「男子」ならよいが、「辞を伝え」ると書かれている。卑弥呼の言葉を伝える役割の人物がいるということは、危険な存在だと思われる。卑弥呼が言った言葉を、何を強調して言うかによって、伝わりかたが違うわけで、かなり危ない。

江戸時代に将軍の言葉を伝える側用人制度があり、「側用人の力が強くなりすぎて、老中が皆、賄賂を持って側用人のところへ行くようになった」という。側用人は、老中の言葉を将軍に伝え、将軍の言葉を老中に伝える。老中は今でいうと大臣だが、各大臣が将軍の秘書官に当たる人物（現在では官房長官か）のところに賄賂を持っていくという政治が、江戸時代にはびこって乱れたという歴史事実がある。これが、邪馬台国の時代にも起こりうるのが「男子」の存在だ。このあたりは、考古資料では調べようがないが、とりあえず「卑弥呼と男弟」の関係を、考古資料のなかでどの程度探れるのかに絞って検討してみよう。

4　集落遺跡の二つの中枢地

■ 滋賀県伊勢遺跡

弥生時代には、環濠集落が関東以西の各地域に発達している。その一つが滋賀県守山市伊勢《いせ》遺跡である（六三ページ図23参照）。集落の北側と南側に、東西方向に流れる自然の川に挟まれた水郷で、水郷内の西側に一辺一〇〇メートル余の方形区画があり、二重の溝で囲まれている。

その中心部に、高床建物と平屋建物が三棟か四棟建てられている。近畿地方で、弥生時代後期の環濠集落の中枢部分に方形区画があるということと、その中に複数の建物があるということがはじめてわかった遺跡である。

方形区画があるということは、弥生中期段階の兵庫県尼崎市東武庫《ひがしむこ》遺跡とか、兵庫県川西市の加茂《かも》遺跡などでわかっているが、建物配置が全然わかっていなかった。それがはじめてわかったのが、伊勢遺跡である。西の中枢区画から東へ約一五〇メートルの地点に、L字型の溝がある。さらに、それに直行する溝があって、鉤《かぎ》の手に囲んでいる可能性があり、ここが東の中枢区画になりそうだ。

これより古い弥生中期後半、紀元前一世紀の大阪府和泉市・泉大津市池上曽根《いけがみそね》遺跡に大型建物がつくられている区画から一〇〇メートルくらい離れたところに、もう一つ大型建物がありそうな小高い部分があり、注目されている。近畿の弥生社会では、紀元前一世紀くらいの段階から、集落のなかの重要部分が二カ所ある可能性がある。

■佐賀県吉野ヶ里遺跡

集落内に二つの中枢区画があるのは、近畿に限ったことではなく、九州にもある。その例が、佐賀県吉野ヶ里遺跡で弥生時代の集落のなかに、重要な部分が二カ所あることがわかったのは、吉野ヶ里が最初である。

その規模は南北約一キロ、東西三〇〇～七〇〇メートルと、列島最大規模の集落である。弥生後期には南北二カ所に大区画がある。南北一キロメートルの範囲の中の北側には「北内郭」があり、中央部分には「南内郭」とよばれている区画がある。この二つの区画は、それぞれ二重の溝で囲まれている。北内郭には、列島最高の弥生建築が復元されている。

中国では漢代に、高さが五〇丈、約一二〇メートルの井幹楼《せいかんろう》があったと『史記』に記録されている。漢代の中国にそんな大きな建物があるはずがないと言われているが、実際はあったかもしれない。

吉野ヶ里遺跡の北内槨の建物は宗教的な建物なのか、政治的な建物なのかは不明だが、今のところは宗教的な建物であろうと考えられる。柱そのものの太さも三〇～四〇センチで、総柱の大型建物である。

北部九州の二世紀段階にも環濠集落の中に二つの中枢区画がある。そこでそれぞれの人物が仕事をし

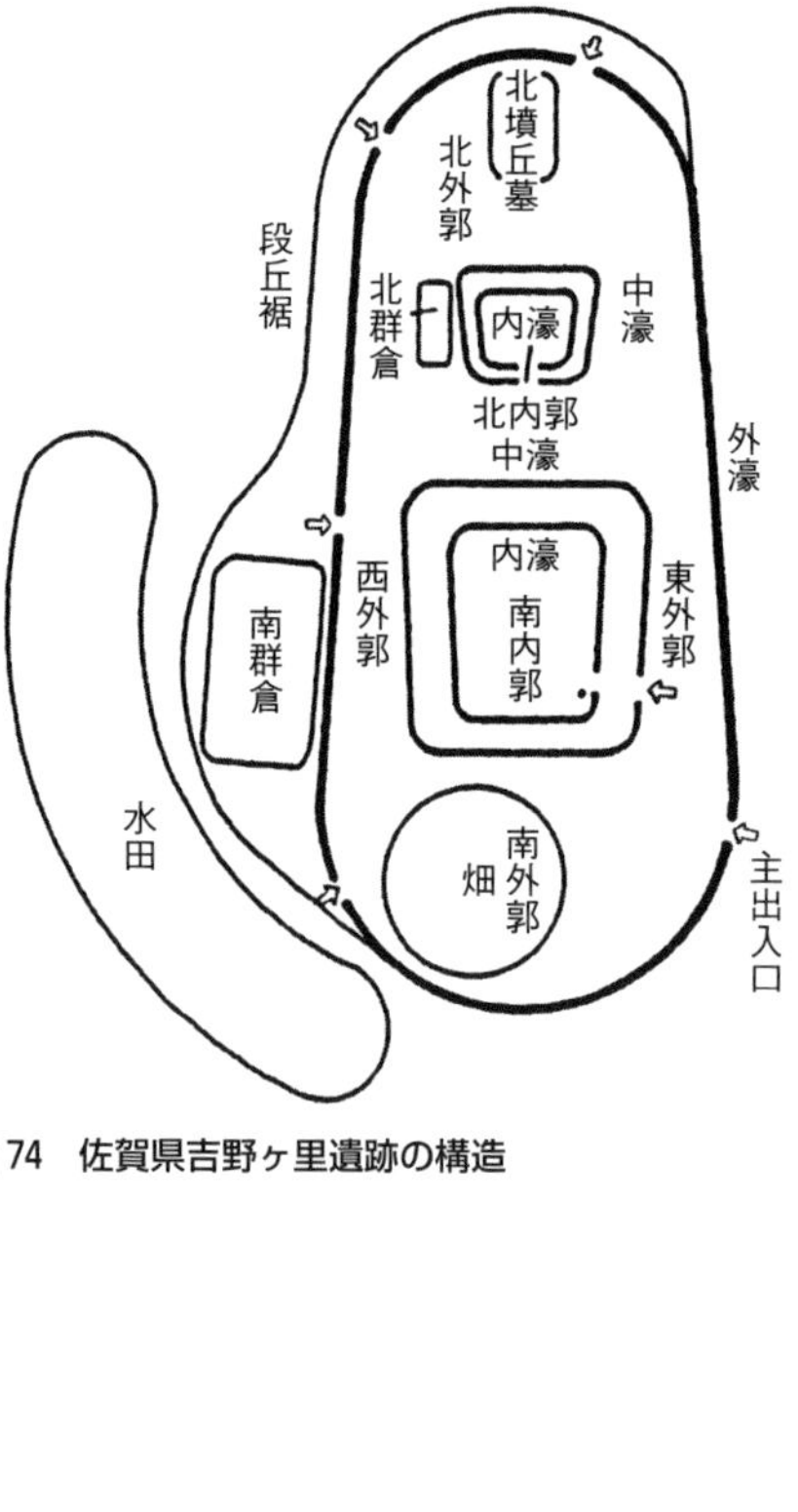

図74　佐賀県吉野ヶ里遺跡の構造

ていたとすれば、二人一組の政治体制、つまりヒメ・ヒコ制の存在が考えられる。

5　三世紀の居館

■ 大阪府尺度遺跡

大阪府羽曳野市尺度《しゃくど》遺跡では、大阪府教育委員会の調査で**図75**の細線で逆三角形に描いている箇所の状況が明らかになった。外側に点線で四角く囲んだのは、私の想定復元で、調査事実は逆三角形部分だけである。

弥生時代の大型建物跡は、九州から近畿にかけて二十数カ所がわかっているが、三世紀、邪馬台国時代の大型建物は少ない。近畿地方では、尺度遺跡ともう一カ所くらいである。材料が少ないので、尺度遺跡の遺構について少し丁寧に説明しよう。幅が五〇〜六〇センチの溝（A_1溝）が鍵型にあらわれ、その内側に柵（a1）がつくられている。さらにその内側に幅が三〇センチくらいの細い溝（A_2溝）があり、その溝の中にも連続した柱穴があり、柵である。その柵の中に建物がある。A_1溝で囲まれた方形区画の外には、U字型の溝に囲ま

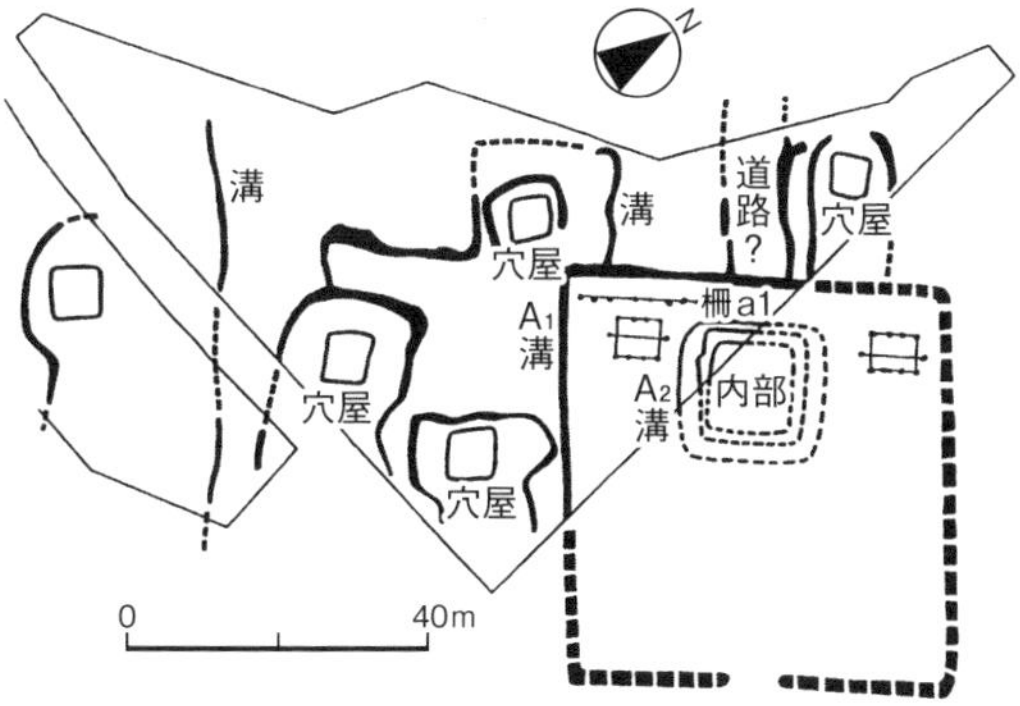

図75　大阪府尺度遺跡の推定復元図

れた穴屋（竪穴建物）が数棟ある。

私は方形区画から上にのびる二本の溝を道路側溝とし、方形区画の中軸線とした。道路幅は七～八メートルくらいで、この道路を中心軸とし、東西に折り返し、同じ幅を南北にもとって、中心の方形区画を約四〇メートル四方と想定した。道路が北にのびるということは、北方にもう一つの方形区画を考えさせ、三世紀には二つの中枢区画は縦に配列されていたことになる。

想像復元のうえにさらに想像であり、これを根拠にして邪馬台国の女王と男弟の建物配置が縦（南北）配置であるというところまでは言えないが、可能性として残しておきたい。

■滋賀県富波遺跡

滋賀県教育委員会と野洲町教育委員会は、四十数年のあいだに富波《とは》遺跡を何カ所か発掘しており、長突方墳（前方後方墳）が二基あらわれた（図76）。左側のほうは県が調査したもので、右側は県と町が少しずつ一部を掘っただけである。

長方形区画の中に二つの長突方墳が並列しており、二基の古墳の間に、小さな円形墓や方形墓が点在している。全体は、この復元案より大きくなる可能性がある。

大小の二基の長突方墳が並列し、その間に小古墳が点在する。これを生前の居館配置を墳墓に採用した、と考えた。つまり、大型と中型の居館が並列し、その間に一般の建物群が配置される。卑弥呼的人物と男弟的人物の居館の間に「婢千人」の建物が配置された。大きな長突方墳のそばの円形周溝墓は「男子」の墳墓であろう。想像がふくらむ。

この場合は建物ではなく、墳墓の配置だが、三世紀段階に滋賀県では二つの大型墓が横並びに造られて、それが一つの区画の中に納まっている。なおかつ、その二つの墓の中間に、小さな墓が付属しているという事実がある。滋賀県から岐阜県・愛知県にかけて、墓地を区画する溝がいくつかあるので、今後、類例が増加するであろう。

愛知県一宮市西上免《にしじょうめん》古墳など、墓の周りに直線的な溝が出てくる地域が、奈良・大阪ではなく、滋賀県から東海地域にかけての二〜三世紀段階に出てくる。

■ 卑弥呼の居館復元

『魏書』倭人条と冨波遺跡の墳墓配置を参考にして、卑弥呼の居館を復元したことがある（図77）。

左側の女王卑弥呼の区画の中には「宮室」という卑弥呼の王宮にあたる建物があり、その隣には「居処」というプライベートな建物を配置した。そして給仕す

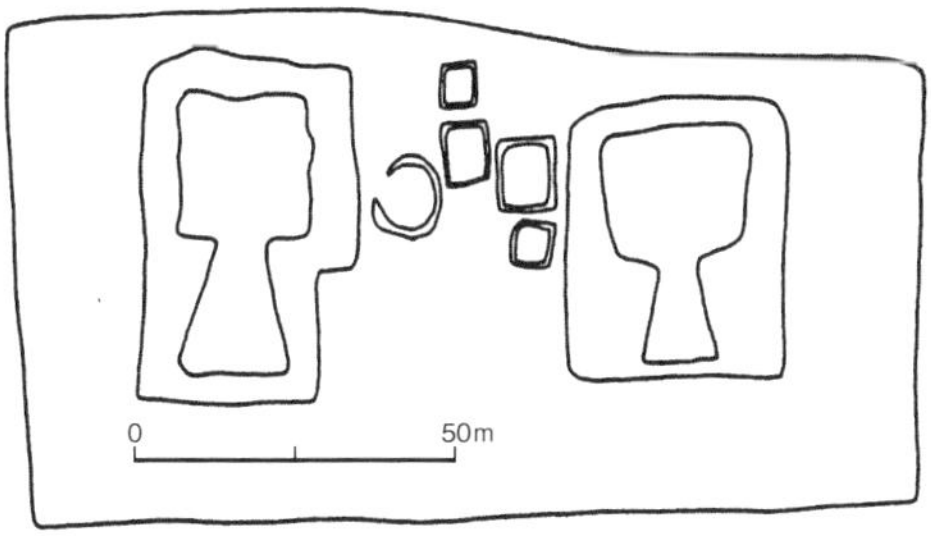

図 76　滋賀県冨波遺跡

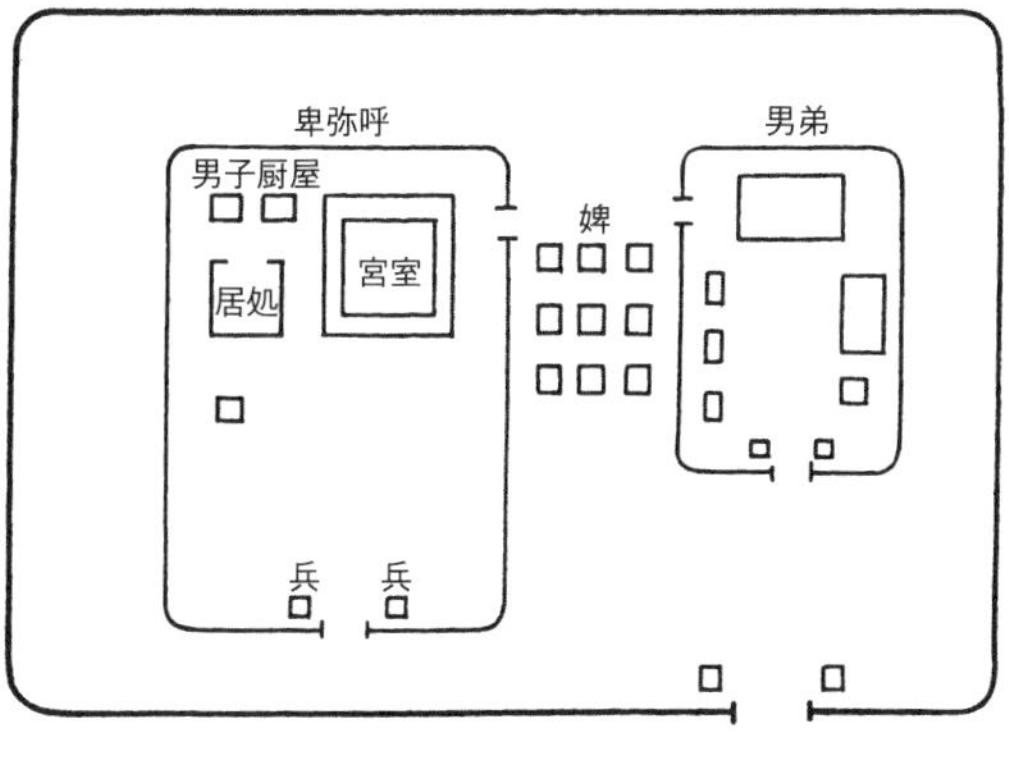

図 77　卑弥呼の居館推定図

る男子がいるので、男子の建物を宮室の横につくった。右側には、男弟の、政治的区画を想像した。卑弥呼には婢千人がいるとあるので、その中間に婢の建物群を配置した。

卑弥呼の居館の原案は、一九九六年にメモしたのが最初で、冨波墳墓の配置を参考にして女王と男弟の居館を配列した。それを最初に発表したのは一九九七年の奈良市文化財講座の講演会資料で、雑誌に書いたのは、一九九八年の『歴史と旅』である。

冨波遺跡の墳墓配置と『魏書』倭人条から考えられる卑弥呼の居館の復元からみると、やはり二つの重要区画、二人の重要人物が存在し、そして、その二つの重要区画が一つの柵の中にあるということが推定できるのではないだろうか。

■四世紀の家屋文鏡の図

そういう状況が、四世紀の「家屋文鏡」にある。四世紀の長突円墳である奈良県河合町佐味田宝塚《さみたたからづか》古墳から出た家屋文鏡で、現在は宮内庁が保管している。この鏡は日本でつくられた独自の鏡で、文様は神や獣ではなく、建物が四棟描いてある（一五ページ図3参照）。四棟の建物の性格については、従来、大きく二つの考え方がある。一つは、「四世紀の大和の豪族の屋敷にあった建物を表している」という考え方、これが主流の考え方で、私もこの考え方に従っている。もう一つは、言語学や建築史の方などで、「この建物は、すべて神聖な建物、宗教的な施設だ」という考え方が出されている。そのへんは、どちらが正しいかは不明で、従来から言われている「豪族の屋敷にある建物だ」という前提で考えてみたい。

一つのポイントは、建物に蓋《きぬがさ》を表現しているのが穴屋（伏屋、竪穴建物）と入母屋造高屋の二棟あることで、高位者の建物が、二棟あるのはどういうことだろう。しかも一方は高屋で一方は穴屋だ。

高位者の日常的な住まいが穴屋で、祭祀用の建物が高屋だ、という考え方を、建築史の宮本長二郎氏が、鳥取県大山町妻木晩田《むきばんだ》遺跡を根拠に新聞談話で言っておられる。私も妻木晩田遺跡の現地へ行って、弥生時代後期に高床の大型建物と竪穴の大型建物が同じ場所にあったことから、高位者が日常は穴屋を、儀式時は高屋を使用するのではないかと考えた。家屋文鏡の穴屋と高屋に、両方とも蓋が差しかけられているということは、一人の人物が両方を使っている、と考えてよいのではないか。

それとは別に平屋がある。これは基壇の上に乗っているりっぱな建物である。高屋が卑弥呼的人物の仕事場・祭祀的な建物で、平屋が男弟的人物の政治的な建物に相当するのであろう。建物の機能が家屋文鏡に表現されているのではないだろうか。

四世紀段階の大和の王者世界に、ヒメ・ヒコ体制があったのかもしれない。

■静岡県大平遺跡

静岡県浜松市大平《おおひら》遺跡に、穴屋と高屋と平屋の建物が入りまじった四世紀の屋敷がある（図78）。比高が約三〇メートルの丘の縁に沿って、柵が約三〇〜四〇メートル単位で内側を区画し、屋敷群としている。

四世紀段階に複数の建物が、一つの区画の中にそれぞれ、整然とした配置ではなく適当に建てられて、広場らしいものをもっている。そういう建物群が同じ丘の上に連続してつくられている。

問題は丘の端にある二つの方形区画である。二つの区画を抜き出して並べて描いてみた（図78下）。左側のほうには、「方形区画溝で囲まれた屋敷」と書いているが、一辺約三〇メートルの方形区画溝と柵がある。その方形区画の中には、平屋か高屋が建てられている。

その右側に、方形柵列とその下に重なって、また四角い区画が、垣根と書かれたところにある。これは同時に二つがあるのではなくて、時期を違えて二つの区画が重なっ

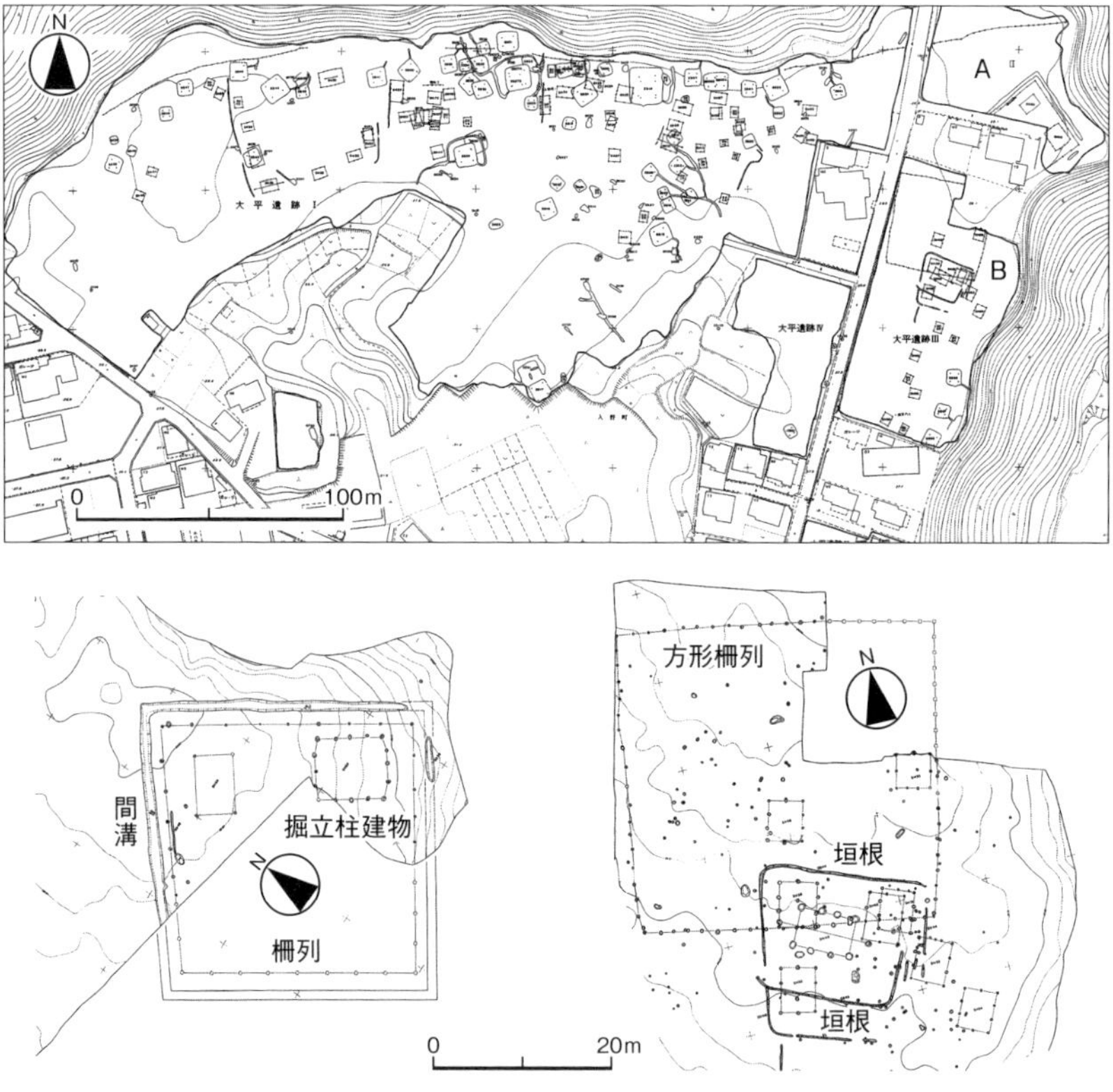

A　方形区画溝で囲まれた屋敷　　B　方形の垣根と方形柵列で囲まれた屋敷

図78　静岡県大平遺跡（上）**と居館拡大図**（下）

ている。
同時には、左側の区画と、右側の重なっているうちの一つの区画が存在していた。
四世紀の遠江に、一般的な自然集落の一画に、やや高位者の二つの区画があるようだ。

■ 大分県小迫辻原遺跡

大分県日田市小迫辻原《おざこつじばる》遺跡には、一号条溝を境にして左側に大きな方形区画（三号）と長円形区画があり、周囲には黒く塗りつぶした穴屋群と小さい建物群がある。一号条溝の右側には溝で囲まれた二つの居館がみつかっている。二つの居館は年代差が想定されているが、つくられた時期は多少前後したとしても、同時に存在した期間があることは充分に考えられる。

そう考えると、北部九州の四世紀にも、方形区画が二つ並び、それとは別に不整形の大型区画が並ぶようなまちづくりをしていることがわかる。その建物を抜き出したのが図79で「一号環濠居館」は、幅が約五メートルの溝で囲まれた中に柵があって、さらにその柵の中に数棟の建物が建てられている。

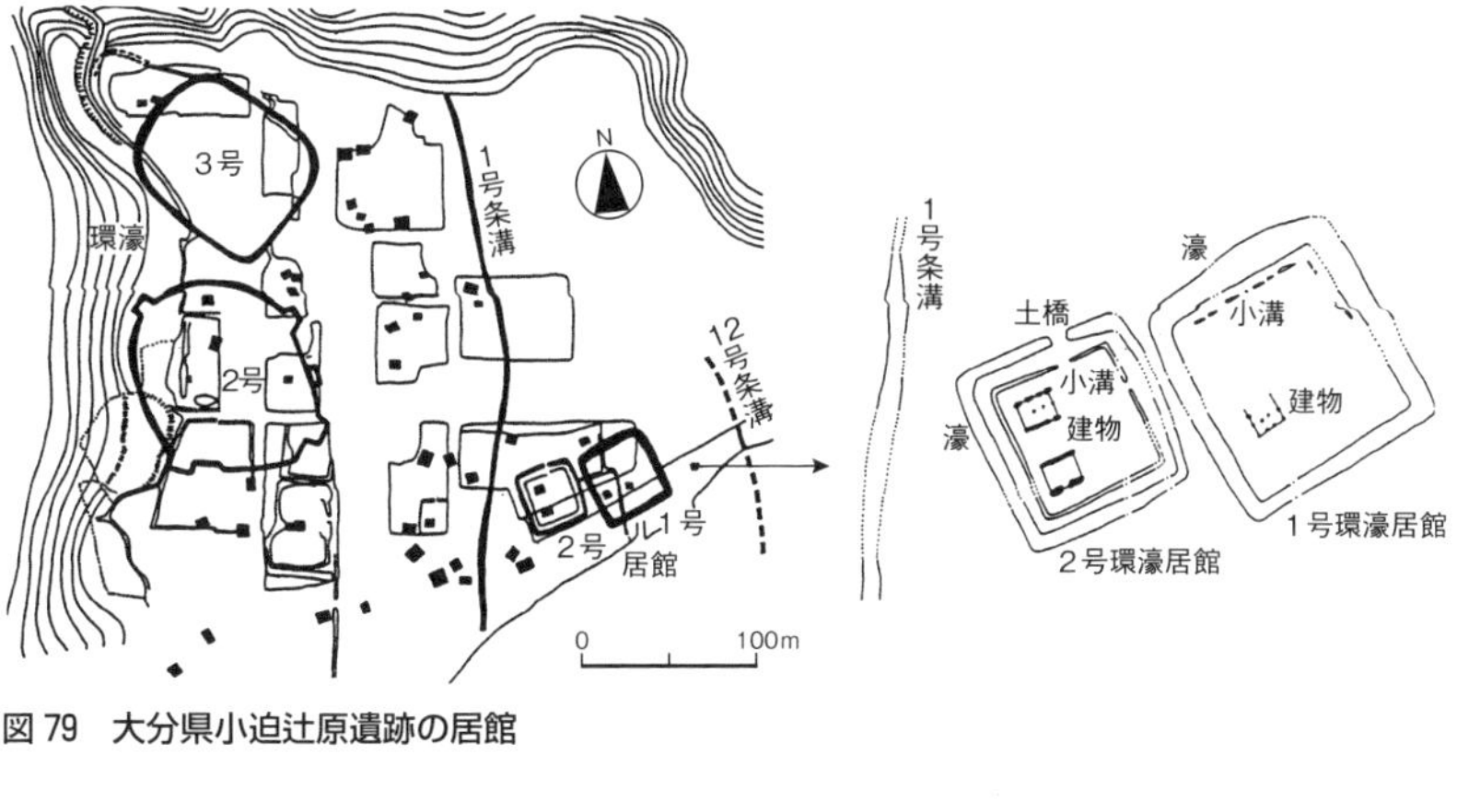

図79　大分県小迫辻原遺跡の居館

そして、「一号環濠居館」の左側には「二号環濠居館」があって、「卑弥呼と男弟と男子」的な人物群を想定させる。

6 おおやまと古墳集団のヒメ・ヒコ体制

最初に述べたように、おおやまと古墳集団は三つの古墳群に分かれ、それぞれに特色がある。葬儀用器台をもつグループが纒向古墳群と萱生古墳群で、そこには三世紀代に入る古い古墳が含まれている。柳本古墳群は葬儀用器台がなく、三つのグループのなかでは一番新しいグループと思われる。その中に黒塚古墳がある。

■柳本古墳群

渋谷向山古墳は、全長三一〇メートルの長突円墳で、周濠があり、墳丘裾から纒向5類の土器が発掘されており、「景行陵」として、宮内庁が管理している。宮内庁の『書陵部紀要』に報告されている土器が纒向5類＝布留1式＝四世紀前半の土器で、以前からいわれているように、四世紀前半の古墳としてよい。

行燈山古墳には纒向5類の土器があり、渋谷向山古墳とほぼ同じ時期である。

行燈山古墳の西南にある天神山古墳は、纒向5類で、これも墳丘の盛土の中に入っている土器が、布留1式＝四世紀前半だということを根拠にしている。

問題は、黒塚古墳だ。一九七〇年代の分布調査では纏向1類あるいは2類の古墳としていた。纏向1類は、弥生式土器の最終段階の土器で、二世紀の終わりから三世紀のはじめで、纏向2類は、庄内式の古い段階で三世紀前半となる。弥生時代の終わりから纏向式の古い段階の土器ばかりが、墳丘の上に落ちていたのを根拠として、私は一九七六年の論文では、黒塚は柳本古墳群のなかでは一番古いのではないか、と考えた(図73)。ただし、この当時、黒塚古墳は五世紀の古墳だと言われており、「たかが土器のかけらを拾っただけで、そんなことが言えるのか」と先輩に批判された。発掘調査によって鏡が出土し、石室の構造がわかり、墳丘の中や堀の中から土器が出てきた。結果としては、私が思っていたより新しくて、四世紀前半(布留1式)の古墳だということがわかった。

■なぜ、土器で古墳の年代が分かるのか

墳丘内外に散布している土器で、古墳の年代がわかるのかという基本的な問題がある。古墳をつくる盛土の中に三世紀中頃の土器が入っていれば、その古墳は三世紀中頃以前の築造ではなく、三世紀中頃以降につくられた古墳であることがわかる。

古墳をつくるときに周りの土を盛ってつくっているので、古墳の盛土の中に含まれている土器は、その古墳がつくられた時期の上限を示している。それよりは、古くはならない資料である。そういうことの積み重ねで検討し、作成したのが図73である。

現在、纏向1類の年代のはじまりは一八〇年ころ、纏向2類のはじまりは二〇〇年頃、纏向3類のはじまりは二二〇年代、纏向4類のはじまりは二四〇年頃、纏向5類のはじまりは、二八〇年頃と推定し

ている（一二三ページ表4参照）。

天理市矢ハギ塚古墳は、全長一二〇メートルの長突円墳で、採集した土器は纒向1式・2式（現、2類・3類）である。矢ハギ塚古墳は全く発掘されていないが、二、三世紀につくられた古墳として注目している。

纒向勝山古墳は年輪年代法で、三世紀前半だと奈良県立橿原考古学研究所は発表した。私の四十数年前の年代観とたまたま一致しているが、今のところは纒向勝山古墳が、本当に三世紀前半かどうか不明だ。

図73で言いたいことは、纒向2式とか3・4式（現、3〜5類）のところには全長一〇〇メートル以上の古墳が箸中山古墳を含めて七基ある。およそ二〇〜三〇年の年代幅のなかで、一〇〇メートル以上の長突円墳に葬られるような人物が、七人も死亡しているということになる。

これは、土器の一様式を三〇年くらいの幅で考えているが、三〇年間にこんなに多くの人が死んでいるということは、本当は土器の各様式の幅を六〇年くらいの年代幅で考えたほうがよいのではないか、ということになる。しかし、同時に祭祀担当と政治担当の二人の王がいると考えれば二分の一になって、土器で考えている年代幅と一致する。

■二つ並んだ大型古墳

大型古墳が二基並んでいる古墳がある。たとえば、西殿塚《にしとのづか》古墳と東殿塚《ひがしとのづか》古墳で、西殿塚古墳は、宮内庁の資料でも天理市教育委員会の周辺の発掘でも古い葬儀用器台の埴輪が出ている。その東側の東殿塚古墳は、天理市教育委員会の調査で、四世紀の古い段階の土器や埴輪が出た。この二つの古墳がそれぞれ長方形区画をもち、東西に並んでいるのだ。

四世紀段階のヤマト王権は『日本書紀』では、女王と男弟の二人が統治していたとは記していないが、実際には大王家の中でも、それ以外の豪族の中でも、政治担当と宗教担当という役割分担をした統治者がいたのではないか、と思われる。

（『女王卑弥呼の祭政空間』恒星出版、二〇〇二に掲載の講演記録を訂正、加筆）

邪馬台国時代再考

1　邪馬台国時代

今から一八〇〇年ほど前に日本列島のどこかに邪馬台国というクニが存在していたと『魏書』倭人条に記録されている。当時、倭国にはクニが三〇あったと書いてあり、三〇のクニが倭国連合をつくっており、都を置いたのが邪馬台国だと記録されている。

倭国では男性の王が七〇～八〇年つづいていたが、国が乱れて卑弥呼という女性を、三〇の国の王が集まって「共立」した。共立した時期は、おそらく西暦一九〇年前後でそのときに魏の国王、あるいは公孫氏の王から贈られたと思われる鉄刀が奈良県天理市東大寺山《とうだいじやま》古墳出土の「中平《ちゅうへい》銘鉄刀」と考えられている。東大寺山古墳は四世紀中葉の全長一四〇メートルの長突円墳（前方後円墳）である。大学院時代に発掘の現地を見学したが、小型のビニールハウスのような粘土槨の被覆粘土の厚さを改めて思い出す。

卑弥呼が倭国の女王になったのが西暦一九〇年のちょっと前ぐらいで、『魏書』倭人条によると女王卑弥呼は二四七年か二四八年に狗奴国との抗争中に亡くなっている。その後、また男性の王が立ったけれどもおさまらず、女王の親戚の娘である台与（トヨあるいはイヨ）が女王になって、二六六年には中国にまた使いを出している。台与がいつまで女王であったかは記録に残っていないが、おそらく二八〇年か二九〇年ぐらいまでは二人の女王の時代、つまり西暦の一八七〜一八八年ごろから二八〇年か二九〇年ぐらいまでの約一〇〇年間は倭国連合の中の邪馬台国に都をおいた二人の女王の時代であると考えて話を進めていきたい。

そのときに使われていた土器は、もし邪馬台国が近畿地方にあったとすれば、纒向式（庄内式）土器であり、もし福岡とか佐賀とかにあったとすれば、西新式《にしじん》土器で、もし関東にあったとすれば弥生町式か前野町式《まえのまち》土器であろう。今、邪馬台国候補地は北は東北中部から西は九州北部まであり、明治のころにはジャワ、スマトラ説もあった。一応有力な候補地としては、近畿、あるいは北部九州といわれている。

2　弥生のカミの否定

邪馬台国の時代がはじまる直前、弥生時代のカミまつりの道具である銅鉾や銅鐸が一斉に壊された時期を、「弥生のカミの否定」として考えてみよう。

兵庫県立考古博物館は播磨《はりま》大中《おおなか》遺跡の中にあり、同遺跡は弥生時代後期（近畿弥生5様式）から纒向式併行期＝卑弥呼の時代にかけてつづいている集落遺跡である。その遺跡で銅鐸をつくって、たたき割る実験をおこなった。実験考古学と言えば聞こえはいいがロケットを飛ばした東大阪の鋳物屋さんに銅・錫・鉛の成分比率に違いがある新旧両タイプの成分で銅鐸をつくってもらい、破壊実験をおこなった。大きな木槌でたたき壊すという実験をやったが、まったく割れない。思い切りたたいても、ちょっとへこむぐらいだった。

熱して水をかけたら割れやすいだろうと言われていたこともあって、博物館の友の会の考古学倶楽部の皆さんとがんがん火をたいて、八〇〇度を超えるぐらいのところで、水をかけてたたいたが、割れない。どうやったら割れるんだろうと考えながら、もう一度熱して今度は水をかけずにたたいたら、さくっと割れた。あとで鋳物屋さんに聞いたら、水をかけるとかえって固くなるんだと教えてもらった。

但馬の豊岡市久田谷《くただに》からは一個体未満の銅鐸片群が出ている。銅鐸を壊して素材として使うためなのかどうかは不明だが、大量のかけらが埋めてあった。ちょうどカルタぐらいの大きさのかけらが多く、こういう状態に割れるのは、どのように割るのか実験をやってみた。できたカケラは出土銅鐸と似ているといえば似ているが、破壊実験でできた銅鐸片は、幅七〜八センチ、長さ二〇センチ余で、もう一つぴったりしない割れ方だった。熱し方や成分の違いなど、さらに何回かの実験が必要なのだろう。

他方、徳島県板野町矢野《やの》遺跡では、完全な銅鐸が埋納状態で発掘された。銅鐸全体を粘土で包み、それを木の容れ物に入れて埋納した、と調査担当者は推定している。奈良県桜井市大福《だいふく》遺跡でも、銅鐸内を粘土で充塡した状態で埋納していた。大福南遺跡と桜井市脇本《わきもと》遺跡では銅鐸のかけらと金属を溶かすために風を送る送風管がいっしょに出ている。

つまり、弥生のカミを祭る用具である銅鐸をたたき割って、さらに別なものにつくりなおそうとする動きが大和の神山である三輪山麓でおこなわれていたのだ。弥生のカミが壊されている。一方では埋め殺しにあっている。そういうことが、卑弥呼が登場する直前に、各地であったのではないか。

九州でも、福岡市辻田《つじばたけ》遺跡では銅矛のかけらが旧河道から出てきており、埋め殺しあるいは破壊ということが日本列島の各地で一九〇年前後から三世紀末にかけて起こっているようだ。他方、それよりもさらに早く、弥生中期末・後期初頭に銅鐸の祭りを早くやめてしまったのが吉備、出雲、つまり岡山県、島根県の地域であった。大和や筑紫（奈良県や福岡県）では一方は銅鐸の祭りを、一方は銅矛の祭りを弥生時代後期の最終段階一九〇年代の終わりぐらいまで延々とつづけており、早くやめてしまったところと、永くつづけているところという大きな違いがあるのではないだろうか。

弥生時代の西日本、九州と近畿は弥生時代の先進国だと思われているが、それは錯覚であって、少なくとも弥生時代後期末では、本当は後れている地域なのではないだろうか。私は近畿の研究会で「奈良の弥生は後れている」と言うと、多くの弥生研究者は否定的だ。少なくとも大和の弥生人は奈良県唐《か》古《こ》・鍵《かぎ》遺跡や平等坊《びょうどうぼう》・岩室《いわむろ》遺跡など環濠集落を維持しつづけ、むしろ伝統を守ろうとした保守派だったと考えている。

弥生時代の保守的な地域である大和では、弥生末期に大型の古墳が続々とつくられる時代に入っていく。保守的な地域に、いきなり新しい文化がどっとやってくるというそういう動きが、銅鐸と銅矛の祭りをおこなう後れた地域、よく言えば弥生の伝統派の地域に突然起こってくるという時代があったと考えている。

3　居館配置

■祭祀的空間と政治的空間のある遺跡

弥生の終わりから古墳の初めにかけて、ここ数年、新しい資料や見解が発表されたが、建物配置についてはよくわかっていなかった。

九州でも、近畿でも、弥生時代に大型建物があることはわかっていた。大阪の池上曽根《いけがみそね》遺跡では、弥生時代中期末の大型建物が復元されており、九州でも吉野《よしの》ヶ里《がり》遺跡では三階建てに見えるような巨大な建物が復元されている。

しかし、邪馬台国の時代、三世紀代の建物配置については不明だった。最近、九州では吉野ヶ里遺跡は三世紀に入ると言われているが、周濠内には三世紀の纒向型（庄内型）甕片があり、三世紀に入ったとたんに集落は消えていると思う。

吉野ヶ里遺跡を仮に三世紀に含めても、九州では吉野ヶ里遺跡のような二つの区画の中に、それぞれ独立的な建物があり（二二四ページ図74参照）、愛媛県松山市樽味四反地《たるみしたんじ》遺跡では大きな高床か平地の建物が推定一辺七〇～八〇メートルの柵に囲まれた範囲に三棟ある。大阪府羽曳野市尺度《しゃくど》遺跡では約五〇メートル四方の柵囲いの中心部分に高床建物があり、周りには竪穴建物が配置されている（二二五ページ図75参照）。大分県小迫辻原《おざこつじばる》遺跡では、二代か三代にわたって方形区画と不整形区画がセットで同時に存在したらしい（二三一ページ図79参照）。

三世紀の大型集落には機能の異なるふたつの区画があるのではないか。地域と時期による違いがあると思われるが、祭祀的空間と政治的空間のふたつが大型集落の場合にはありそうだ。

滋賀県守山市伊勢《いせ》遺跡では弥生後期末に環濠内の方形区画と外に想定される区画があり、石川県万行《まんぎょう》遺跡に八棟の高倉群があるが、それに対応する政治棟などはみつかっていない。しかし、東海から北陸を含めて、広い範囲に大型集落の中には祭祀的な空間と政治的な空間が存在していた可能性が考えられる。

言いかえれば、三世紀段階に大事な区画が一つの集落で二カ所みつかったとしても、そこが邪馬台国とは決められないということだ。三世紀の日本列島の各地には広い範囲に重要な区画を二つもつ大型集落はありうると考えている。

二二七ページの図77は『魏書』倭人条の文章から、女王卑弥呼の館を想像した配置図だ、大きな長方形区画内に卑弥呼の区画と男弟の区画を描いている。それは滋賀県野洲市冨波《とは》遺跡の四世紀初頭の古墳の配置を参考にして推定した。卑弥呼の祭祀空間と政治担当の男弟の居館が同じ地区にあり、それを来世にも表現したのでは、という考えの参考にした。しかしその後、伊勢遺跡の円形配置の建物群や愛知県一宮市八王子《はちおうじ》遺跡の祭祀的長方形区画が検出され、一つの屋敷の中に卑弥呼的空間と男弟的空間、すなわち祭祀空間と政治空間をいっしょに入れる考え方は間違っていると思っている。

したがって、邪馬台国時代の大型集落には、祭祀的空間と政治的空間がそれぞれ別にあった可能性が高いと考えている。

■纒向遺跡の一直線に並ぶ建物群

纒向遺跡の三世紀の建物群は二〇〇九年一一月に桜井市埋蔵文化財センターの調査によって確認された。その場所は、奈良盆地東南部の三輪山麓にあり、近くには箸中山古墳（箸墓）や渋谷向山古墳（景行陵）などがある。

約二キロの範囲に、二世紀末に突然現れ、四世紀中葉に突然消えるのが纒向遺跡だ。四棟の建物が東西一直線に並んでおり、北辺と南辺には自然の川が流れ、南北約九〇メートル、東西で約一五〇メートルの長方形区画におさまりそうだ。

その後、もっとも大きな建物Dの南側の土坑から水洗調査によって大量の桃の種が検出された。ただし、桃が大量にみつかったから女王卑弥呼の居住棟とは言えない。建物Dの南四・五メートル離れた所に径五、六メートルの大きな穴があり、穴の土を全部水洗いして、三七六五個の桃の種をはじめ、魚の小骨から鳥や獣の骨、木製品の端切れなどが大量にみつかった。日常用具がないので、カミへの供え物であろう。何をお供えし、その後どういうふうにして穴に納めたのだろうか。不思議なのは、S字状口縁甕とよんでいる東海系土器のミニチュア品が六点ほどみつかっている点で、建物内での祭祀のとき、あるいは建物群を壊す儀礼のときに、東海地域（伊勢・尾張）の人びとがこの祭りに参加していたらしい。そうなると、邪馬台国大和説の場合、戦争相手の狗奴国が東海西部、三重県、愛知県といわれているることが問題になる。

卑弥呼は二四七～二四八年の狗奴国との戦争中に死亡した。倭国連合と敵対する狗奴国が戦争直前の三世紀中頃に倭国の王宮の祭祀に参列するだろうか。私は倭国連合の首都が邪馬台国であったとしても、狗奴国連合の中心が東海西部（愛知・三重・岐阜各県）説に疑問を感じていた。松木武彦氏がつくった図面によると、弥生後期後半には近畿中心に銅鐸、九州中心に銅矛、北陸、山陰の地域には四隅突出型墳墓、吉備には葬儀用器台とそれぞれ独特の文化があった（七六ページ図28参照）。銅鐸祭祀を最後までおこなっているという点では、近畿地方と東海地方は共通している。

祭りの道具を共通にしているということは、同じカミを拝んでいる可能性があり、「素より和せず」と倭人条に書いてある邪馬台国と狗奴国が共通のカミを祀るということがありうるのだろうかという疑問だ。私は七五ページに述べたように、ついに狗奴国を静岡から東に追いやってしまった。狗奴国は東海地域ではないことを傍証する資料が、纒向王宮内の東海系のミニチュアS字甕だ。

■直列型建物群はみつかるか

邪馬台国時代の居館配置は、吉野ヶ里遺跡のような散在的建物群と纒向遺跡のような一直線に並ぶ直列型建物群があったのではないかと思うようになった。

『日本書紀』の五世紀のワカタケル大王（雄略天皇）の宮殿配置を参考にしよう。ワカタケル大王が亡くなったときに星川皇子が反乱を起こして、「大蔵」を占領するが、結果として焼き殺された。『日本書紀』の記述から考えられることは、大蔵という財務担当の建物群が別な区画になっているということだ。

五世紀の居館群が奈良県南郷《なんごう》遺跡群にある。奈良県立橿原考古学研究所の調査によると、祭祀的な建物が百数十メートルの長方形区画内に二、三棟まとまって出てきた。これは葛城氏の館の一部らしいが、ワカタケル大王の宮殿と同じように、葛城氏も祭祀用建物の空間と政治用建物と、その他もろもろの機能の建物群を別々につくっている、ということが四世紀の終わりから五世紀の奈良盆地の実態としても存在する可能性を文献と遺構からも考えられる。そうなると、纒向遺跡の三世紀の建物群がきわめて異質なことになる。纒向の建物群のように三世紀段階で一直線に並んでいる建物群は、その後の古墳時代にはみつかっていない。

私は発掘現場で纒向の建物群は本当に三世紀なんだろうかと疑い、しつこく調査担当者に年代の根拠を確かめた。年代を決めるためには幸いなことに、幅一メートルぐらいの、三世紀の中ごろ、纒向3・4類土器（庄内式の中ごろ）の溝によって建物Dの柱穴が二つほど壊されていた。そのおかげで建物Dは古い、一直線に並ぶ建物は纒向3〜5類土器と同時期かそれ以前ということが判明した。それはわかったが、その結果、三世紀後半かそれ以前の建物群としては、きわめて異質であることも判明した。飛鳥・奈良時代の建物群は南北に一直線に並ぶが、古墳時代にそのような例は今のところない。纒向遺跡の東西一直線に並ぶ三世紀の建物群は今現在では孤立した資料だ。現在のところ、四〜六世紀の建物配置につづかない資料である。

今期待しているのは、纒向でこういう例が出たことによって現在、飛鳥時代あるいは奈良時代と考えられている各地の建物群、一直線に並ぶ建物の時期を見直してほしい。そうすると、九州でも東海地方でも、あるいは関東でも、古墳時代の一直線に並ぶ建物群がわかってくる可能性がある。掘立柱とよんでいる平地や高床建物の年代の決め方はむずかしい。

なおかつ、纒向遺跡の建物Dは柱穴がほぼ一辺一メートルの方形か、一×一・五メートルの長方形で、そんなものは古墳時代にあるわけがないという先入観が私にもあった。それが三世紀であることがはっきりしたので、飛鳥時代と思われている方形柱穴の建物も本当は三世紀か四世紀の可能性を含めて検討し直してもらえば、必ず日本列島の多くの地域でも三世紀の直列型建物群がみつかってくるに違いない。そういう材料が出てきたときに、はじめて纒向の建物群の評価ができるのではないか。その時、はじめて建物群による邪馬台国論争が対等にできると期待している。

4 墓の変容

■ 古墳主丘部の方と円

弥生時代の数百年間の墳墓は基本的には方形墓である。そういう傾向の中で、瀬戸内中・東部の香川県とか徳島県、あるいは兵庫県の西側の播磨地域では、円形墓が少数ながら弥生時代前期から存在する。弥生前期の円形墓が瀬戸内の中部から東部にかけて点々とある。たとえば香川県あわじ市志知川沖田《しちがわおきた》南《みなみ》遺跡では十数基の方形周溝墓群の中に一基か二基、円形墓が存在するという状態が数百年つづいている。それが三世紀になると、はじめて円形墓だけの集団墓が出てきた。

それが神戸市深江北町《ふかえきたまち》遺跡や大阪府豊中市服部《はっとり》遺跡など、大阪湾岸に三世紀段階になるとかなりまとまって円形墓群が出てくる。京都府綾部市の新庄《しんじょう》遺跡などもそうだ。円形墓が群をなしてくる時期、これも三世紀だ。その段階に、同時に円形墓に長い突出部のついた長突円墳、いわゆる前方後円墳が大型化して登場する。そういう傾向のなかで、突出部付き方形墓である長突方墳、いわゆる前方後方墳が近江から美濃、尾張という地域、滋賀県から愛知県の地域にかけて方形を主丘部とする墓があり、同時に、長突円墳が大型化していく傾向がある。

私は古墳時代がはじまるころには角丸戦争、墳形の丸派と角派が戦っている、という言い方をしている（七八ページ参照）。全体としては角と丸の対立があるが、一部では共存する地域もある。

たとえば纒向遺跡の中にも、メクリ一号墳という短突方墳が三世紀の終わりぐらいにあるし、一〇〇メートルクラスでは、おおやまと古墳群の中に長突方墳の下池山《しもいけやま》古墳がある。ヤマト王権の中枢地といわれるおおやまと古墳群内にも限られた地域と限られた時期には方形墳も存在するが、全体的には丸と角はかなり違う性格のものだと考えている。しかし、造墓思想はちがっても必ずしも全部が対立的とも言えない。たとえば、岐阜県養老町の象鼻山《ぞうびざん》古墳群では廻間《はさま》1式期の方形墓群の中に円形墓が存在する（七一ページ図27参照）。山の斜面に、一辺約七〇メートルの方形区画を設け、その中央に径約一六メートルの円壇をつくる。現地を見たときには、角丸戦争と簡単には言えないと思った。

しかし、全体の傾向としては、角派と丸派の対立があるなかで、地域によって、時期によっては共存している場合がある。それが、おそらく二、三世紀の実態であろうと感じている。播磨では、姫路市に全長一〇〇メートル余の丁瓢塚《よろひさごづか》古墳がある。奈良県箸中山古墳と同じ設計図でつくられたといわれている長突円墳だ。しかし同時に、たつの市権現山《ごんげんやま》五一号墳のような長突方墳があり、五面の三角縁神獣鏡をもっている。これもまた播磨という地域の特色であろう。

■各地域における葬儀用器台の出現と集約

岡山大学におられた近藤義郎氏が弥生時代の終わりから古墳時代のはじめにかけて墳墓に使用された

特殊な器台の歴史的意義を提唱された。

現在の目で見ると、吉備を中心とする特殊器台と同時期に出雲でも、丹後でも播磨でも大和でも、地域独自の葬儀用器台がつくられていると考えられる。そして、最終的には、大和型と吉備型を中心にして円筒埴輪へと発展していく。しかしその前段階には、各地域にそれぞれのタイプの葬儀用器台があり、それぞれの地域に合った墓の形があるということも同時に考えておく必要があるだろう。その一例が山陰地方、広い意味での出雲世界の四隅突出型方形墓である。

5 古墳と銅鏡

■年号鏡をもつ小古墳と大古墳

三世紀の年号の入った鏡が日本中で十数面ある（六〇ページ表3参照）。たとえば丹後の青龍三年銘鏡をもつ大田南《おおたみなみ》五号墳（京丹後市）は約一二×一八メートル、出雲の景初三年銘鏡をもつ神原《かんばら》神社古墳（島根県雲南市）は約二七×三〇メートルの方形墳で小型の部類に入る。

大田南五号墳は、方墳といっても山の尾根を平らにした程度のもので、埋葬施設は箱形石棺で、丹後地域にはどこにでもある小さい墳墓だ。そこに西暦二三五年、魏の青龍三年銘の鏡が副葬されていた。ただし、この鏡は踏み返し鏡の可能性があるとのことで、製作年代は二三五年より新しくなる。この尾根には六基の古墳があるが、現地での公開シンポジウムのとき樋口隆康氏は、「もし鏡をくれるんだったら、青龍三年銘鏡よりも二号墳の画文帯神獣鏡をもらいたい」と冗談まじりに言っておられた。鏡を専門にされている研究者から見て、鏡そのものの質からすると、年号のある鏡よりはるかに質のいい鏡が同じ尾根の古墳から出ているという事実が重要だ。ということは、年号の入っている鏡は、学問的には非常に大事だけれども、その当時の人にとって本当に大事なんだろうかという意味も含んでいるように私は聞こえた。

兵庫県北部の豊岡市にも以前から有名な森尾《もりお》古墳の正始元年銘鏡がある。墳丘がなくなっているので、古墳の形とか大きさとかわかりにくいが、現場に立ってみると、長辺三〇メートル程度の方形墳らしい。北但馬の古墳は、山の尾根を階段状に削ったような小さい墓が中心で、そういう地域の中のやや大きめの古墳の被葬者が年号の入った鏡をもっていた。

それにくらべて、年号鏡をもつ長突円墳は大型だ。たとえば大阪府和泉黄金塚《いずみこがねづか》古墳は、景初三年という卑弥呼が中国に使いを出した年号を刻んだ鏡をもっているが、古墳の年代は四世紀末から五世紀初めと言われている。刻まれている年号は二三九年だが、鏡の年号と古墳の年代とは一五〇〜一六〇年の開きがある。それに対して、大田南五号墳の年代と鏡の年代差は四〇年程度で、日本海沿岸の神原神社古墳や福知山市広峯《ひろみね》一五号墳などは、古墳と鏡の年代差は七〇年余である。これも年代差はあると言えばあるが、和泉黄金塚にくらべると年代差は小さい。

私はそれを拡大解釈して、日本海沿岸の人たちは、中国あるいは朝鮮半島の国々と直接交易をしていたから、と考えた。定説的にはヤマト王権が中国から鏡を手に入れて、それを配布したと言われているが、森浩一氏が言っておられるように当時の表玄関である日本海沿岸の人びとは大陸・半島と、直接交易をおこなって鏡を手に入れている可能性が大いにある。それをあらわしているのが年号鏡と古墳との年代の近さであろう。しかも小さい古墳からも出てくるということもヤマト王権から服属の証に下賜した、という考えには適合しない。

広峯一五号墳の景初四年銘は実在しない年号である。魏の国では、景初三年一月一日に皇帝が亡くなっており、次の年には年号が確実に変わるということがわかっているのに、景初四年銘鏡があるのが問題である。

五九ページで述べたように四世紀の実在しない年号を刻んだ考古資料が中国の敦煌博物館にある。敦煌文物研究所が調査した辛店台と義園湾付近の四世紀の古墳から出土した東晋の「升平一三年」銘の墨書がある五穀瓶である。「升平」の年号は五年で終わっているのにもかかわらず、東晋の年号を使いつづけている。この事例から「景初四年銘鏡」は、倭国に魏の高官がすでに来往していたが、魏の皇帝が亡くなって年号が変わっていることを知っていながら、その皇帝をしたって年号を使いつづけていた、という解釈ができるのではないだろうか。

■三角縁神獣鏡と葬儀用器台の共存

兵庫県の三世紀の古墳と鏡には不思議な現象がある。たつの市権現山五一号墳は近藤義郎氏が調査された長突方墳で、そこには吉備系の葬儀用器台と三角縁神獣鏡が共存していた。私は非常に不思議に感じた。現地調査しているときに見学に行き、近藤氏にずいぶん質問をした。特殊器台とは、近藤氏自身が提唱された弥生時代以来の葬儀用の器であり、他方の三角縁神獣鏡は古墳時代の新しいカミ祭りの器具であり、権威のシンボルであると近藤氏は主張されている。両者を共に使用するのは矛盾ではないのか、ということや事実としての共存は、播磨の一つの特色なのかなどをうかがった。

現場で近藤氏は「おれは特殊器台と三角縁神獣鏡がいっしょに出ることをずっと期待していた」と言われた。

私は思わず「そんなことないでしょう、近藤理論からするとおかしいんじゃないですか。一方は弥生のシンボルであり、一方は古墳時代のシンボルで、いっしょにあるということを期待されていたなんてことは」と、生意気にそう言ってしまった。

近藤氏は、「発掘現場に学生がいっぱいおるから、おれが講義のときに、そう言っているからおまえ聞いてみろ」と言われました。私も言い出した以上、引き下がれず、すぐに学生に聞いたら、「先生は確かにそう言っておられた」という返事だった。先生が横におられたから合わせたわけではなく、実際に言っておられたようだ。近藤氏は理論的な人かと思ったら、そうではないときもあるのかなと感じた。

このように、弥生時代の墳墓祭祀を象徴する葬儀用器台と古墳時代の王権祭祀を象徴する銅鏡がいっしょに出土するという不思議なことが播磨の西で起こっている。

摂津の西求女塚《にしもとめづか》古墳は神戸市にある長突方墳で、七面の三角縁神獣鏡をもち、山陰系の土器が供献されている。

権現山五一号墳の鏡も西求女塚古墳の鏡も、京都府の椿井大塚山《つばいおおつかやま》古墳の鏡より古い三角縁神獣鏡の一群らしい。これも私にとって不思議なことで〝前方後円墳はヤマト王権の権威のシンボルであって、各地域の王が、ヤマト王権に服属することを誓ったときに、その証《あかし》として築造を承認された〟と言われている。また、〝三角縁神獣鏡もヤマト王権から服属の証に下賜された〟と言われているのに、ヤマト王権に服従せず、前方後方墳に葬られている人物が、ヤマト王権の命によって鏡の配布を担当した人物の椿井大塚山古墳よりも古い一群の鏡をもっていることの不思議さを感じている。

一つの解釈の仕方として、前方後円墳も前方後方墳も同質だと考えている研究者が最近ふえているような気がする。前方後方墳も前方後円墳と同じようにヤマト王権から築造を承認された墳墓だというのだろうか。

しかし、それは違う。墳丘形態は設計段階から違うので、円と方をいっしょにはできない。側面観は草もはえてきて数年たつとわからないようになるが、造営段階は違う。円と方はいっしょにできない。摂津の西求女塚古墳も播磨の丁瓢塚古墳も、どちらも地元の土器よりも日本海沿岸系（丹後、因幡、伯耆、出雲）の土器をもっている。ことに日本海沿岸と瀬戸内沿岸の交流を考えさせる。

そういう古墳が、一方では、大和を中心とするという三角縁神獣鏡をもっている。そうすると播磨地域の豪族は、よく言えば日本海と大和をつなぐルートをにぎり、まるでのちの『播磨国風土記』の野見宿禰《すくね》伝承のルートを生かして、日本海とも大和とも交流をしていたといえば簡単かもしれない。しかし、これは単なる文化現象ではない。やはり政治的な絡みがあるので、そう簡単な話ではないだろう。

三世紀から四世紀にかけての播磨の王は、大和と日本海沿岸をつなぐ、大きな鍵を握っているような働きをしていたのではないだろうか。播磨北部の加西市に四隅突出型方形墳と思われる周遍寺山《しゅうへんじやま》古墳があり、瀬戸内海と日本海の両海民の動向を改めて考えていく必要があるようだ。

■銅鐸破壊と墳丘上の建物

福岡県の伊都国歴史博物館で開催された福岡県平原一号墳の特別展を見学した。調査された原田大六氏がまるで健在なような、ユニークな展示でなかなかおもしろい。墓壙の中央部にU字底木棺の痕跡があり、墓壙内周辺には四〇面の鏡が割れた状態で出てきた状況がよくわかる。原田大六氏は鏡を木か何かにぶら下げていたのが落ちて割れたと言っておられたが、九州の研究者は〝割っている〟と言い、今回の展示もそうなっていた。

そう考えると、奈良県桜井市外山《とび》茶臼山《ちゃうすやま》古墳で奈良県立橿原考古学研究所が二〇〇九年に再調査し、一九四五年発掘時の埋土をすべてをふるいにかけて、三三一点の鏡片を検出し、銅鏡片から考えられる銅鏡面数は少なくとも八一面以上とし、その鏡種を示している（一八〇ページ表5参照）。

現地を見学した印象では〝割っている〟と感じた。一九四五年の調査後、竪穴石室の中に調査後の土を埋め戻しているが、銅鏡片は竪穴石室に埋め戻した土から少ししか出ておらず、大半は天井石の上に埋め戻した土の中から採集された。ということは、石室の中にも小さい鏡片はあるが、三〇〇片余のうち二百数十片は石室の天井石の上に埋め戻した土から採集されたのである。六〇年ほど前の盗掘や調査で石室の中の土を外へ出したときに、混じったという解釈をするよりは、当初の葬送儀礼に際し、石室の天井の上で鏡を割ったのだと私は考えた。そうなると、平原古墳で大量に鏡を割って墓坑内に散らばって置いてあるということと共通する儀礼があったことになる。

これは、邪馬台国大和説には不利になるかもしれない。二世紀末、三世紀初頭に銅鏡破砕儀礼をおこなっている伊都国の平原一号墳の葬送儀礼が大和の三世紀末、四世紀初頭の全長二〇〇メートルの大王級墳墓である外山茶臼山古墳に採用されていることになり、邪馬台国東遷説の根拠になりうる。

古墳時代の銅鏡研究者は三角縁神獣鏡は割らない鏡だというのが定説らしいが、事実として、外山茶臼山古墳の場合は割れて出てきている。それが割れて出たのか割って出たのかというのは、これからこまかくかけらを検討、観察していくとわかってくるだろうと期待している。

一方では九州と近畿の文化の違い、あるいはそれを超えての共通性というのがお互いにあるようだ。なお、三角縁神獣鏡以外の破砕鏡は丹後・黒田《くろだ》古墳（京都府南丹市）や大田南二号墳などの日本海沿岸に見られるのも重要だ。

■ 邪馬台国時代の日本列島

大和という地域と筑紫という地域、あるいは尾張でも関東でも、それぞれの地域に独自の文化があった。

ここ十数年、古墳の形、鏡を大事にする風習、墳丘の葺石の方法など、それぞれの地域の特色ある文化を総合して前方後円墳体制をつくり上げていった、という考え方がかなりふえてきているように思われる。そう言われてみると、なるほど、わかりやすい考え方だと思うが、一つ一つの事実をこまかい年代差も含めて整理していくとどうなるのか。

大和の弥生時代は、列島の中では文化的に後れていると思う。特に唐古・鍵遺跡は大きな遺跡ではあるが、それよりも大きく内容も豊かな遺跡が、列島各地でわかってきている。

そういうなかで、三世から四世紀にかけての一〇〇メートルクラスの古墳が三〇基前後大和につくられていることも事実である。だから私は、弥生文化が後れている地に新しい文化、新しい政治体制をつくることもできたと考えている。弥生後期末の僻地であった大和に二世紀末、三世紀初に外来者集団によって新政権が出現し、古墳に象徴される新たな時代に入ったのだ。

（日本考古学協会　二〇一〇年度大会　記念講演録を訂正・加筆）

あとがき——漢魏洛陽城への憧憬

二〇一七年九月、洛陽市文物考古研究院が発掘調査中の漢魏洛陽城大極殿跡に立った。一七七八年前の一二月、ここにそびえ建つ大極殿に到着した倭の「大夫難升米」一行は、魏の明帝に拝謁して「親魏倭王」印を受け、倭魏外交が始まったことを想いおこした。ここへは、発掘調査以前の一九八二年以来、四度の訪問で、一九九一年一二月には洛陽古城の夕景を楽しみ、ノートに以下の印象を記していた。

漢・魏の頃、洛陽の関門に立つ仏たち
伊河のほとり　冷々として石灰岩の肌　窟の中に仏たちは立つ
真中のみ仏は柔和に　脇侍は丸顔　両端には阿吽《あうん》の呼吸
岩壁を山のように抉《えぐ》り　仏たちが城を造る
かつて漢・魏の頃　ここは洛陽の関門　たびたび戦さがくり返された
そこに仏たちが立つ　紺碧の流れを追って
人が造るもの　時には人を超える

一九九一年一二月二一日　漢・魏洛陽城の故地にて

二〇〇一年以来、毎年つづけてきた奈良県香芝市二上山博物館と同・友の会のふたかみ史遊会による邪馬台国シンポジウムは、博物館が二〇一七年四月から指定管理者運営になることを受けて、同年三月末に第一七回ふたかみ邪馬台国シンポジウム「魏都・洛陽から『親魏倭王』印の旅―楽浪・帯方・三韓から邪馬台国へ―」を最後に幕を閉じ、ふたかみ史遊会は解散となった。

したがって毎年、シンポジウムのあとにおこなってきた現地研修は中止としたが、シンポジウム参加の会員有志数名から〝魏都・洛陽から帯方郡を経て倭に至るルートをたどりたい〟という要望があり、有志の努力によって実施できた。

そのおかげで、漢魏洛陽城大極殿に立つことができただけでなく、当時発掘中だった洛陽市西朱村の曹魏墓を見学でき、〝あり得ないことが起こった〟。魏の創始者・曹操墓にも匹敵する発掘調査中の墓室の中に入り、座り込んでしまったのである。

帰りには、倭の遣魏使一行が帰途、半島の帯方郡庁が想定される風納土城か夢村土城に寄り、謝意を述べて倭に帰国したと想定し、ソウル近郊の夢村土城にも立ち寄った。丘陵上の城内で、きれいな青い小鳥を数多く見かけ、思わずカメラを向けた。一九七三年八月の韓国考古の旅のときに〝あれが鵲《かささぎ》だ〟と国文学者の土橋寛さんに教えていただいた鳥だ。

『魏書』倭人条には、魏の使節団が倭を訪れたときの印象のひとつに「牛・馬・虎・豹・羊・鵲なし」とあり、虎や豹などの大型動物だけでなく、鵲という小鳥の有無に触れているのは、魏の使節団一行に帯方郡使が含まれていたことを示している、とかつて考えたことをあらためて思い出した。

そう考えると本書でも触れているように、福岡県糸島市の旧伊都国の地域や博多湾岸の旧奴国の西新町遺跡には三、四世の楽浪系や伽耶系の土器が多量に含まれていて、在住韓人の存在が十分に考えられる。そうなると、奈良県纒向遺跡をはじめ、瀬戸内沿岸や近畿にも半島系土器がわずかだか存在しているので、北部九州のはるか東方に国々が存在することを魏・帯方郡の一行は熟知し、在留していた可能性が高い。三世紀の近畿には、すでに列島最大の古墳を継続的に築造する勢力がすでに存在していたのだから。

鵲はカッチンともいう、と土橋さんに教えてもらった。カッチンは城内を跳びはね、ときには停泊中の船に乗ったまま九州に渡来したのだろうか。

今、カササギは佐賀県の県鳥となっている。〝いとをかし〟(『枕草子』清少納言)。

なぜここで突然、清少納言が登場するのだろう。その〝をかし〟さを、それぞれ想像して楽しんでみませんか。邪馬台国九州説論者も、近畿説論者も、そうでない方々も、私も。

二〇一九年二月吉日

石野博信

参考文献

I　邪馬台国時代の王国群

1　倭人は文字を使っていた

石野博信　一九九八「弥生人の竟思伝達」『図説　日本の漢字』大修館書店
岡田英弘　一九七七『倭国』中公新書
武末純一　一九七三『弥生時代の考古学』学生社、二五九〜二七〇ページ

2　三、四世紀の祭殿—家屋文鏡の世界

石野博信　一九七六「大和平野東南部における前期古墳群の成立過程と構成」『横田健一先生還暦記念日本史論集』（のち『古墳文化出現期の研究』学生社、一九八五に収録）
石野博信　一九九四「弥生楼閣と建築材」『月刊文化財発掘出土情報』（のち『古代住居のはなし』吉川弘文館、二〇〇六に収録）
石野博信　二〇〇五『大和・纒向遺跡』学生社
池　浩三　一九八三『家屋文鏡の世界』相模書房
梅原末治　一九二一『佐味田及新山古墳研究』（一九七三に名著出版から再版）
香芝市二上山博物館　二〇〇五『邪馬台国時代の筑紫と大和』ふたかみ史遊会
北中恭裕・十文字健　二〇〇五『御所市極楽寺ヒビキ遺跡』奈良県立橿原考古学研究所
木村徳国　一九七五「鏡の画とイへ」『日本古代文化の探究　家』社会思想社
木村徳国　一九八八『上代語にもとづく日本建築史の研究』中央公論美術出版
辰巳和弘　一九九〇『高殿の古代学』白水社
鳥越憲三郎・若林弘子　一九八七『家屋文鏡が語る古代日本』新人物往来社
松村一男　一九九二「蛇の神話学」『ヤマト王権の成立』学生社

3　近畿勢力はどうやって大陸や半島と交易したのか

武末純一　二〇一一「沖ノ島祭祀の成立前史」『宗像・沖ノ島と関連遺跡群』研究報告Ⅰ、宗像・沖ノ島と関連遺産群世界遺産推進

4　住居からわかる海洋民の西部瀬戸内への進出

石野博信　一九八八ａ「文化の十字路　近畿」『図説検証　原像日本3』旺文社（のち『古代近畿と東西交流』学生社、一九九一に収録）

石野博信　一九八八ｂ「弥生・古墳時代の住居の屋内区分施設」『橿原考古学研究所論集』一〇、奈良県立橿原考古学研究所（のち『日本原始・古代住居の研究』吉川弘文館、一九九〇に収録）

5　阿波・讃岐・播磨の連合はあったか

石野博信　一九七一「20 溝の土師器群」『川島・立岡遺跡』兵庫県太子町教育委員会

石野博信　一九八四「古墳出現期の播磨」『龍野市史』三巻、竜野市

上田哲也・河原隆彦・中溝康則　一九七一『門前遺跡』（兵庫県文化財調査報告五）兵庫県教育委員会

大久保徹也　一九九〇『下川津遺跡』香川県教育委員会

菅原康夫　一九八七「吉野川流域における弥生時代終末期の文化相」『考古学と地域文化』同志社大学考古学シリーズⅢ

中溝康則　一九九八「西播磨における積石塚墳墓群について」『網干善教先生古稀記念論集』上

松下　勝　一九九〇「播磨の中の四国系土器」『今里幾次先生古稀記念播磨考古学論叢』

6　ホケノ山古墳の大壺は何に利用されたのか

石野博信　二〇〇〇「大和ホケノ山古墳と東部瀬戸内の早期古墳」『東アジアの古代文化』一〇五、大和書房

石野博信　二〇〇一『邪馬台国の考古学』吉川弘文館

石野博信　二〇〇七「海洋民と積石木室墓」『楽しい考古学』大和書房

梅木謙一　二〇〇六「東田大塚古墳出土の大型複合口縁壺の検討」『東田大塚古墳』桜井市文化財協会

岡林孝作・水野敏典・北山峰生　二〇〇八『ホケノ山古墳の研究』奈良県立橿原考古学研究所

橋本輝彦　二〇〇六「纒向古墳群の調査成果と出土土器」『東田大塚古墳』桜井市文化財協会

7　二、三世紀の筑紫と大和を結ぶ太平洋航路
石野博信・豊岡卓之　一九九九『纒向　第五版補遺篇』奈良県立橿原考古学研究所
香芝市二上山博物館　二〇一一『邪馬台国時代の南九州と近畿』ふたかみ史遊会
蔵本晋司　二〇〇一「四国島における畿内系の土器の動向（予察）」『庄内式土器研究』二五、庄内式土器研究会
田中　琢　一九六五「布留式以前」『考古学研究』第一二巻第二号
寺沢　薫　一九八八「纒向型前方後円墳の築造」『考古学と技術』同志社大学考古学シリーズⅣ
出原恵三　二〇〇三「南四国の畿内系土器」『初期古墳と大和の考古学』学生社
橋本裕行　一九九六「弥生時代の絵画」『弥生人の鳥獣戯画』香芝市二上山博物館
林田真典　二〇〇六「阿波南部海岸地域の様相―芝遺跡を中心として―」『邪馬台国時代の阿波・讃岐・播磨と大和』香芝市二上山博物館
柳沢一男　二〇〇六『南九州における出現期古墳の実証的研究』平成一五年～一七年度科学研究費補助金研究成果報告書

8　三世紀の大和と吉備の関係は？
秋山浩三ほか　二〇〇〇「近畿における吉備型甕の分布とその評価」『古代吉備』二二
石野博信・関川尚功　一九七六『纒向』桜井市教育委員会
石野博信　二〇〇二『邪馬台国と古墳』学生社
宇佐晋一・斉藤和夫　一九七六「纒向石塚古墳周濠から出土した弧文円板の文様について」『纒向』桜井市教育委員会
香芝市二上山博物館　二〇〇二『邪馬台国時代の吉備と大和』ふたかみ史遊会
近藤義郎編著　一九九二『楯築弥生墳丘墓の研究』楯築刊行会
豊岡卓之　一九九九『古墳のための年代学―近畿の古式土師器と初期埴輪』奈良県立橿原考古学研究所附属博物館

9　三世紀の三角関係―出雲・吉備・大和
石野博信　二〇〇一『邪馬台国の考古学』吉川弘文館
香芝市二上山博物館　二〇〇三『邪馬台国時代の出雲と大和』ふたかみ史遊会
近藤義郎編　一九九一『権現山五一号墳』権現山五一号墳刊行会

10　丹・但・摂の紀年銘鏡

香芝市二上山博物館　二〇〇七『邪馬台国時代の丹波・丹後・但馬と大和：資料集』ふたかみ史遊会
東山健吾　一九九六『敦煌三大石窟』講談社

11　卑弥呼擁立を図った祭場か？—伊勢遺跡

伊庭　功　二〇〇九「近江の弥生集落と大型建物」『大型建物から見えてくるもの』滋賀県立安土城考古博物館
香芝市二上山博物館　二〇〇一『邪馬台国時代の近江と大和』ふたかみ史遊会
守山市教育委員会編　一九九三～二〇〇九『伊勢遺跡確認調査報告書』Ⅲ～Ⅶ、守山市教育委員会

12　独自の文化圏を保った近江

香芝市二上山博物館　二〇〇一『邪馬台国時代の近江と大和』ふたかみ史遊会

13　二世紀の東海の祭祀

石野博信　一九八二「前期古墳周辺区画の系譜」『森貞次郎博士古稀記念　古文化論集』同刊行会（のち『古墳文化出現期の研究』学生社、一九八五に収録）
石野博信　一九八三「古墳出現期の具体相」『関西大学考古学研究室開設三〇周年論集』
石野博信　一九八五『古墳文化出現期の研究』学生社
中島和哉ほか　二〇一〇『象鼻山古墳群発掘調査報告書』養老町教育委員会
和田晴吾　二〇一四『古墳時代の葬制と他界観』吉川弘文館

14　二、三世紀の東海と近畿

香芝市二上山博物館　二〇一〇『邪馬台国時代の東海と近畿』ふたかみ史遊会
岸本一宏　二〇〇一「弥生時代の低地円丘墓について」『兵庫県埋蔵文化財研究紀要』一、兵庫県教育委員会
寺沢　薫　一九八八「纒向型前方後円墳の築造」『考古学と技術』同志社大学考古学シリーズⅣ

15　角丸戦争のゆくえ
香芝市二上山博物館　二〇一三『邪馬台国時代の関東と近畿』ふたかみ史遊会

16　二、三世紀の日本海と甲斐・信濃
香芝市二上山博物館　二〇一四『邪馬台国時代の甲・信と大和』ふたかみ史遊会
吉原佳市ほか　二〇〇二『根塚遺跡』長野県木島平村教育委員会

17　三、四世紀の会津と大和
会津坂下町教育委員会編　一九九九『森北古墳群』創価大学

18　土器のみち
赤塚次郎　一九九二「東海系のトレース―三・四世紀の伊勢湾沿岸地域―」『古代文化』四四―六
赤塚次郎　一九九九「三世紀への加重―古墳時代初頭の様式変動と共鳴―」『考古学フォーラム』一一
赤塚次郎　二〇〇九『幻の王国・狗奴国を旅する』風媒社
五十嵐純一　二〇一四『郡山遺跡区』会津若松市教育委員会
石野博信・関川尚功　一九七六『纒向』桜井市教育委員会
石野博信　二〇一〇『弥生興亡　女王・卑弥呼の登場』文英堂
香芝市二上山博物館　二〇一五『邪馬台国時代の〝みちのく〟と大和』ふたかみ史遊会
細田和代　二〇一三「大廓式土器の広がり」『駿河における前期古墳の再検討―高尾山古墳の評価と位置づけを目指して―』静岡県考古学会
柳沼賢治　二〇一二「古墳時代前期の交流と地域間関係」『福島考古』五四
芳賀英美・阿部篤・古澤亜希子　二〇〇三『新金沼遺跡』石巻市教育委員会

19　三、四世紀の豪族居館
香芝市二上山博物館　二〇一五『邪馬台国時代の〝みちのく〟と大和』ふたかみ史遊会

20　墳墓の伝播

青山博善　一九九五「東北地域の前方後方墳資料」『前方後方墳を考える』東海考古学フォーラム
石野博信　一九九九「三・四世紀の会津と大和」『森北古墳群』創価大学、会津坂下町教育委員会
石野博信　二〇〇八『邪馬台国の候補地　纒向遺跡』シリーズ「遺跡を学ぶ」五一、新泉社
香芝市二上山博物館　二〇〇一『邪馬台国時代の近江と大和』ふたかみ史遊会
黒田篤史　二〇〇五『東日本における古墳の出現・東北南部』東北・関東地方前方後円墳研究会
福島雅儀　二〇一一「会津平における古墳時代のはじまり」『会津縦貫北道路遺跡発掘調査報告』一〇、福島県教育委員会
堀　大介　二〇〇四「コシ政権の誕生」上・下、『古代学研究』一六六・一六七

II　纒向王宮への道のり

纒向遺跡は邪馬台国の候補地となるか

岸　俊男　一九六〇「ワニ氏に関する基礎的考察」『律令国家の基礎構造』吉川弘文館
木村徳国　一九七五「鏡の画とイヘ」『日本古代文化の探究　家』社会思想社
田中　琢　一九六五「布留式以前」『考古学研究』第一二巻第二号

纒向王宮への道のり

黒田龍二　二〇一二『纒向から伊勢・出雲へ』学生社

纒向王宮と箸中山古墳

石野博信　一九八二「前期古墳周辺区画の系譜」『森貞次郎博士古稀記念　古文化論集』同刊行会（のち『古墳文化出現期の研究』学生社、一九八五に収録）
小林行雄　一九六一「上代日本における乗馬の風習」『古墳時代の研究』青木書店
近藤義郎　一九六七「埴輪の起源」『考古学研究』第一三巻第三号
末永雅雄　一九六一『日本の古墳』朝日新聞社
橋本輝彦・村上薫史　二〇〇五「巻野内地区遺構群の特殊性と韓式系土器」『大和・纒向遺跡』学生社

大和と筑紫の陵寝制と銅鏡破砕儀礼
石野博信　一九八八「古墳立柱」『考古学叢考』下巻、斎藤忠先生頌寿記念論文集刊行会（のち『古墳時代史』雄山閣、一九九〇に収録）
岡林孝作・水野敏典・北山峰生　二〇〇八『ホケノ山古墳の研究』奈良県立橿原考古学研究所
黒田龍二　二〇一二『纒向から伊勢・出雲へ』学生社
末永雅雄ほか　一九六八『摂津加茂』関西大学
原田大六　一九六六『実在した神話』学生社
奈良県立橿原考古学研究所　二〇〇九『桜井茶臼山古墳の調査』同研究所
楊　寛　一九八一『中国皇帝陵の起源と変遷』学生社

Ⅲ　邪馬台国論

古代に見え隠れする邪馬台国
坂本太郎・家永三郎・井上光貞・大野晋校注　一九六七『日本書紀』上、日本古典文学大系、岩波書店
松本清張　一九七五『火の路』文藝春秋

卑弥呼を「共立」した国々
石野博信　二〇〇一『邪馬台国の考古学』吉川弘文館
田中清美編著　二〇一五『加美遺跡発掘調査報告』Ⅵ、公益財団法人大阪市博物館協会　大阪市文化財研究所
松木武彦　一九九九「副葬品からみた古墳の成立過程」『国家形成の考古学』大阪大学
間壁忠彦・間壁葭子・藤田憲司　一九七七「岡山県真備町黒宮大塚古墳」『倉敷考古館研究集報』一三
宮内克己　二〇〇一『都野原田遺跡』久住町教育委員会
村上恭通　二〇一〇「肥後・阿蘇地域における弥生時代後期鉄器の諸問題」『小野原遺跡群』第二分冊、熊本県教育委員会
和辻哲郎　一九二〇『日本古代文化』岩波書店

卑弥呼と男弟
石野博信　一九八五『古墳文化出現期の研究』学生社

石野博信　二〇〇一『邪馬台国の考古学』吉川弘文館
和田清・石原道博編訳　一九五一『魏志倭人伝』岩波文庫

邪馬台国時代再考

石野博信　二〇一〇『弥生興亡　女王・卑弥呼の登場』文英堂
原田大六　一九六六『実在した神話』学生社

写真提供（所蔵）

図1：田原本町教育委員会
図2：桜井市教育委員会（筆軸?）、松江市教育委員会（硯）、筑前町教育委員会（硯）、津市教育委員会（「奉?」字土器）
図4：桜井市教育委員会
図5：佐賀県教育委員会
図13：兵庫県立考古博物館
図32：長野市埋蔵文化財センター（帯鉤）、山梨県立考古博物館（馬歯）、桜井市教育委員会（鐙）、香芝市教育委員会（鞍）
図34：長野市埋蔵文化財センター（帯鉤）
図38：国営海の中道海浜公園事務所所有（吉野ヶ里遺跡復元建物）
図41・44：桜井市教育委員会
図54・55：宮内庁書陵部
図58：尼崎市立田能資料館
図64：末永雅雄先生旧蔵
図65：奈良文化財研究所
上記以外は著者

図版出典（一部改変・加筆）

図1：田原本町教育委員会
図2：武末純一「金印外交と交易」『弥生時代の考古学』学生社、一九七三／平川南「福岡県前原市三雲遺跡群の刻書土器」『考古学ジャーナル』四五〇、一九九九／久米雅雄「福岡県三雲遺跡刻書土器の文字学的検討」『立命館大学考古学論集』V、二〇一〇
図3：若林弘子『高床式建物の源流』弘文堂、一九八六
図6：『入佐川遺跡』兵庫県教育委員会、二〇〇二／奈良県立橿原考古学研究所附属博物館『新作発見！ 弥生絵画―人・動物・風景』二〇一七／武末純一「沖ノ島祭祀の成立前史」『宗像・沖ノ島と関連遺跡群』研究報告I、宗像・沖ノ島と関連遺産群世界遺産推進会議、二〇一一
図10・11・12：香芝市二上山博物館『邪馬台国時代の阿波・讃岐・播磨と大和』二〇〇六
図13：兵庫県立考古博物館『卑弥呼がいた時代』二〇一二／篠宮正・岡本一秀・水野敏典・友久伸子「西条五二号墳出土品の共同研究」『研究紀要』七、兵庫県立考古博物館、二〇一四
図14：岡林孝作編『ホケノ山古墳の研究』奈良県立橿原考古学研究所、二〇〇八
図15：宮崎市教育委員会所蔵、石野メモ
図16・17：出原恵三「南四国の畿内系土器」『初期古墳と大和の考古学』学生社、二〇〇三
図19：岡山大学埋蔵文化財調査研究センター『吉備の弥生時代』吉備人出版、二〇一六／近藤義郎ほか『楯築弥生墳丘墓の研究』楯築刊行会、一九九二
図20：清喜裕二「大和の特殊器台」『邪馬台国時代の吉備と大和』香芝市二上山博物館、二〇〇二

図23：小谷正澄（伊勢遺跡の想定復元図）
図25：黒崎秀樹「高月町古保利古墳群」『邪馬台国時代の近江と大和』ふたかみ史遊会、二〇〇一
図26：藤田富士夫・駒見和夫「ちょうちょう塚の概要と若干の考察」『大境』七、富山考古学界、一九八一／赤塚次郎（瑞龍寺山頂墳墓）
図27：中島和哉編『象鼻山古墳群発掘調査報告書』養老町教育委員会、二〇一〇
図28：松木武彦『日本列島の戦争と初期国家形成』東京大学出版会、二〇〇七／渡辺貞幸『出雲王と四隅突出型墳丘墓』シリーズ「遺跡を学ぶ」一二三、新泉社
図29：松木武彦『日本列島の戦争と初期国家形成』東京大学出版会／森下衛ほか『船阪・黒田工業団地予定地内遺跡群発掘調査概報』京都府園部町教育委員会、一九九一／小沢洋『房総古墳文化の研究』六一書房、二〇〇八
図30：滝沢誠ほか『神明山一号墳発掘調査報告書』静岡大学人文学部考古学研究室、二〇一二／高尾好之ほか『高尾山古墳発掘調査報告書』沼津市教育委員会、二〇一二
図31：小沢洋『房総古墳文化の研究』六一書房、二〇〇八／田中新史「神門三・四・五号墳と古墳の出現」『邪馬台国時代の東日本』六興出版、一九九一
図32：石野博信「二・三世紀の日本海と甲・信」『邪馬台国時代の甲・信と大和』ふたかみ史遊会、二〇一四
図33：中島庄一ほか『高遠山古墳発掘調査概報』長野県中野市教育委員会、二〇〇〇
図34：根塚遺跡発掘調査団編『根塚遺跡』長野県木島平村教育委員会、二〇〇二
図35：吉田博行『森北古墳群』創価大学、一九九九
図36：吉田博行ほか『杵ガ森古墳・稲荷塚遺跡発掘調査報告書』会津坂下町教育委員会、一九九五
図38：『邪馬台国時代の〝みちのく〟と大和』ふたかみ史遊会、二〇一五
図40：『発掘「倭人伝」—海の王都、壱岐・原の辻遺跡展』長崎県教育委員会、二〇〇二
図45：石野博信・関川尚功『纒向』桜井市教育委員会、一九七六
図47：桜井市教育委員会「纒向遺跡一六六次調査現地説明会資料」二〇〇九／黒田龍二
図51：石野博信・関川尚功『纒向』桜井市教育委員会、一九七六
図52・53：石野博信『邪馬台国の候補地　纒向遺跡』シリーズ「遺跡を学ぶ」五一、新泉社、二〇一〇
図56：朝日新聞二〇一二年九月一二日に掲載図より
図57：原田大六『平原弥生古墳』葦書房、一九九一
図59：伊達宗泰『メスリ山古墳』奈良県教育委員会、一九七七
図60：『平原遺跡』前原市教育委員会、二〇〇〇
図61：『ホケノ山古墳の研究』奈良県立橿原考古学研究所、二〇〇八
図63：福辻淳「纒向遺跡の木製仮面と土坑出土資料について」『纒向学研究』一、桜井市纒向学研究センター、二〇一三
図66：甘木市教育委員会『平塚川添遺跡』一、甘木市文化財調査報告書第五三集、二〇〇一
図67：佐賀県教育委員会『佐賀県　吉野ヶ里遺跡　日本最大の環濠集落跡』二〇〇〇／大阪府立弥生文化博物館『弥生

都市は語る』二〇〇一
図68：『平原遺跡』前原市教育委員会、二〇〇〇
図69：大分県教育庁文化課編『仏原千人塚古墳群』大分県教育委員会、二〇〇二
図70：渡邊貞幸ほか『西谷三号墓発掘調査報告書』島根大学考古学研究室・出雲弥生の森博物館、二〇一五
図71：渡邊貞幸「四隅突出型墳丘墓研究の諸問題」山陰考古学研究集会、一九九七
図72：田中清美・森毅ほか『加美遺跡発掘調査報告』Ⅵ、公益財団法人大阪市博物館協会　大阪文化財研究所、二〇一五
図73：石野博信「大和平野東南部における前期古墳群の成立過程と構成」『横田健一先生還暦記念日本史論集』一九七六（のち『古墳文化出現期の研究』学生社、一九八五に収録）
図74：高島忠平「環濠集落吉野ヶ里遺跡とクニの成立」『邪馬台国』吉川弘文館、一九九八
図75：石野博信『邪馬台国の考古学』吉川弘文館、二〇〇一（大阪文化財センター「羽曳野市尺度遺跡現地説明会資料」一九八八より作図）
図76：現地見学し推定作図
図78：浜松市博物館編『佐鳴湖西岸遺跡群』（財）浜松市文化協会、一九九二
図79：田中裕介編『小迫辻原遺跡』一、大分県教育委員会、一九九九
上記以外は著者

初出一覧

Ⅰ　邪馬台国時代の王国群

1～20　ふたかみ史遊会編「邪馬台国シンポジウム」資料集に掲載の論考、二〇〇一～二〇一七

Ⅱ　纒向王宮への道のり

纒向遺跡は邪馬台国の候補地となるか：「外来系土器、中平銘鉄刀そして長突円墳」『市民の古代』一八、ビレッジプレス、一九九九

纒向王宮への道のり：「邪馬台国時代・纒向王宮への道程」『大美和』一二九号、大神神社、二〇一五

纒向王宮と箸中山古墳：「纒向王宮と箸中山古墳（箸墓）」『箸墓古墳』学生社、二〇一五

大和と筑紫の陵寝制と銅鏡破砕儀礼：「ヤマト王権の成立と伊都国―ヤマトとツクシの陵寝と銅鏡破砕と非ヤマト王」『伊都国女王と卑弥呼―王権誕生の軌跡を追う―』糸島市教育委員会、二〇一五

纒向王宮から磯城・磐余の大王宮へ：奈良新聞　二〇一六年一二月一一日の記念講演の特集記事二〇一七年二月一一日付六面「纒向王宮から磯城・磐余の大王宮への道のり」

Ⅲ　邪馬台国論

卑弥呼を「共立」した国々：「卑弥呼登場―卑弥呼を『共立』したクニグニ」『女王卑弥呼の祭政空間』恒星出版、二〇〇二

卑弥呼と男弟：「卑弥呼登場と男弟―三世紀にヒメ・ヒコ体制はあったか」『女王卑弥呼の祭政空間』恒星出版、二〇〇二

邪馬台国時代再考：「邪馬台国時代の居館と古墳」日本考古学協会二〇一二年度大会講演記録

著者紹介

石野博信（いしの・ひろのぶ）

1933年、宮城県生まれ。

関西学院大学文学部史学科卒業、関西大学大学院修了。

兵庫県教育委員会、奈良県立橿原考古学研究所副所長を経て同研究所顧問、奈良県桜井市纒向学研究センター顧問、兵庫県立考古博物館名誉館長。

主な著作『古墳文化出現期の研究』学生社、『邪馬台国の考古学』吉川弘文館、『アジア民族建築見てある記』小学館、『古墳時代を考える』雄山閣、『三角縁神獣鏡・邪馬台国・倭国』（共著）『邪馬台国の候補地　纒向遺跡』『邪馬台国とは何か』『古墳とは何か』『倭国乱とは何か』新泉社、『弥生興亡 女王・卑弥呼の登場』文英堂、『研究最前線 邪馬台国：いま、何が、どこまで言えるのか』（共著）朝日選書ほか多数。

装　　幀：新谷雅宣

図版制作：菊地幸子

邪馬台国時代の王国群と纒向王宮

2019年 4 月 5 日　第 1 版第 1 刷発行

著　者＝石野博信

発行者＝株式会社 新 泉 社

東京都文京区本郷2-5-12

TEL 03(3815)1662／FAX 03(3815)1422

印刷・製本　太平印刷社

ISBN978-4-7877-1908-9　C1021

シリーズ「遺跡を学ぶ」Ａ5判並製／九六頁

035 最初の巨大古墳　箸墓古墳
清水眞一 著／一五〇〇円＋税

049 ヤマトの王墓　桜井茶臼山古墳・メスリ山古墳
千賀　久 著／一五〇〇円＋税

051 邪馬台国の候補地　纒向遺跡
石野博信 著／一五〇〇円＋税

115 邪馬台国時代のクニの都　吉野ヶ里遺跡
七田忠昭 著／一六〇〇円＋税

123 出雲王と四隅突出型墳丘墓　西谷墳墓群
渡辺貞幸 著／一六〇〇円＋税

130 邪馬台国時代の東海の王　東之宮古墳
赤塚次郎 著／一六〇〇円＋税

石野博信討論集

邪馬台国とは何か　吉野ヶ里遺跡と纒向遺跡
石野博信 編　四六判上製／三二八頁／二三〇〇円＋税

古墳とは何か　祭と政の象徴
石野博信 編　四六判上製／三二八頁／二三〇〇円＋税

倭国乱とは何か　「クニ」への胎動
石野博信 編　四六判上製／三一二頁／二三〇〇円＋税